大/学/公/共/课/系/列/教/材

学生职业规划
就业创业教育

DAXUESHENG
ZHIYE GUIHUA YU
JIUYE CHUANGYE JIAOYU

孙 培——主 编
方 莉 杨丽芳 邹铠同——副主编
李琼霞 吕 坚

北京师范大学出版集团
BEIJING NORMAL UNIVERSITY PUBLISHING GROUP
北京师范大学出版社

图书在版编目（CIP）数据

大学生职业规划与就业创业教育 / 孙培主编. —北京：北京师范大学出版社，2024.8（2025.8 重印）

（大学公共课系列教材）

ISBN 978-7-303-29947-8

Ⅰ.①大… Ⅱ.①孙… Ⅲ.①大学生－职业选择－高等学校－教材 Ⅳ.①G647.38

中国国家版本馆 CIP 数据核字（2024）第 107144 号

DAXUESHENG ZHIYE GUIHUA YU JIUYE CHUANGYE JIAOYU

出版发行：北京师范大学出版社 https：//www.bnupg.com
北京市西城区新街口外大街 12-3 号
邮政编码：100088

印　　刷：北京溢漾印刷有限公司
经　　销：全国新华书店
开　　本：787 mm×1092 mm　1/16
印　　张：16.75
字　　数：354 千字
版　　次：2024 年 8 月第 1 版
印　　次：2025 年 8 月第 2 次印刷
定　　价：49.80 元

策划编辑：王婧凝　　责任编辑：吴纯燕
美术编辑：李向昕　　装帧设计：李向昕
责任校对：陈　民　　责任印制：马　洁

编委会

主　编

孙　培

副主编

方　莉　杨丽芳　邹铠同

李琼霞　吕　坚

参　编

罗曌紫怡　陆　祥

张建梅　李　静

前　言

随着教育规模的逐步扩大，越来越多的年轻人如愿以偿，迈进了朝思暮想的大学校门。而这些大学生很快就会发现，他们面临的是竞争激烈的就业市场。因此，如何指导大学生有针对性地进行职业发展规划，如何通过全面系统的训练来提升大学生的综合素质和职业技能，就成为所有高校必须正视和解决的当务之急。习近平总书记指出，就业是最大的民生。要坚持就业优先战略和积极就业政策，实现更高质量和更充分就业。要提供全方位公共就业服务，促进高校毕业生的青年群体多渠道就业创业。《大学生职业规划与就业创业教育》一书正是在这样一个背景下精心编撰而成的。

本书在具体的编撰过程中，进行了三个方面的努力：一是全面分析中外职场发展道路的基本规律、最新趋势和主要特征，潜心研究全社会给予当今大学生的期望、机遇和压力，由此确定全书的整体架构；二是认真反思各行各业对大学生的综合素质和职业技能所提出的具体要求，观察当前社会对大学生的思维方式和行为方式所产生的特殊影响，由此确定全书的表述重点；三是科学评判当今大学生的优势与特长，以期精确发现当今大学生的优势与不足，由此确定全书的核心素材。

本书分为四个模块，分别为“职业认知”“就业指导”“创业谋划”“创业实施”。“职业认知”包括职业素质和职业认知、职业规划；“就业指导”包括就业准备、就业权益保障；“创业谋划”包括创新思维与创新发明、创业机会和创业风险、创业者与创业团队；“创业实施”包括撰写创业计划书、创业融资、创办公司。每一章都设计了学习目标、案例导入、拓展阅读、案例分析等环节，既有助于教师全面指导，又有助于学生系统训练。

本书结构合理、观点新颖、取材实用、内容科学、表述精练。内容体例设计突出指导性、实用性和可读性。

尽管编者竭尽全力，精心编撰，但由于水平及时间所限，本套教材难免存在疏漏之处。恳请有关专家、广大师生批评指正，以便我们再版时予以完善。

编　者

目　录

模块一　职业认知

模块二　就业指导

模块三　创业谋划

模块一　职业认知

第一章　职业素质和职业认知

【学习目标】

1. 知识层面：掌握自我认知的方法、职业认知方法和途径。

2. 态度层面：建立职业意识，愿意为个人的生涯发展和社会发展主动付出积极的努力。

3. 能力层面：能对自我的兴趣、性格、能力、价值观等进行全面了解；掌握自我探索技能、信息搜索与管理技能、生涯决策技能等。

4. 思政层面：树立正确的人生观和价值观，培养社会责任感和家国情怀，认识到个人的职业发展与国家和社会的发展紧密相连；积极探索自身职业能力和兴趣，并依此尝试制订自身职业规划。

案例导入

小高，某公司市场部经理，29 岁。小高大学毕业时赶上互联网蓬勃发展时期，年轻的他庆幸自己驶入了事业发展的快车道，认为自己将来能够在互联网的开发和服务方面干出一番天地。由于基础知识扎实，他很快进入了一家网络公司，作为新人的他勤奋努力，因而得到了领导的器重。他在这家公司里学到许多新的技能和很好的工作方法，感觉很充实。

然而不到两年，随着对周边行业的认识和了解，他渐渐发现自己在市场营销方面更有天赋和兴趣，于是开始认真思考和规划自己的职业发展。最后，他选择了另外一家公司，干起了市场营销。如今，他在一家海底世界娱乐公司做市场推广。对他而言，这是一个需要层出不穷的想象力与热情、实干充分结合的发展空间，而且更容易获得自信和成就感。置身于这样一个事业与兴趣的契合点，干劲冲天的他每天都像在幽蓝海水中快活遨游的鱼！

对于刚刚工作的人来说，干好第一份工作是自己的首要目标，因为工作是实现其他愿望的必由之路。可经过一段时间后你可能发现，自己对这份得来不易的工作有一种与生俱来的抗拒。整天处于惯性工作状态，你的天赋、能力、兴趣以及工作的持久力在慢慢丧失，你变得懈怠且烦恼。于是你问自己，这到底是不是正确的职业道路呢？从这个起点一路向上，能不能登上事业的顶峰？

为了尽量避免这种情况，我们应当从一开始就好好了解和评估自己的人生发展计划，确定具体的实现步骤，尽量选择和接近适合自己能力和理想的目标，千万不要满足于“我已经找到了工作”。

我们要做自己的职业策划师，为未来制订中长期发展计划。这说起来似乎很简单，但很少有人能够一蹴而就。看过青蛙在碧绿的荷叶上面优雅地起跳吗？在不断跳跃的过程中，聪明的青蛙总可以准确地落到下一片挺实的叶面上，在最短的距离以最快的速度捕捉到虫子。我们也是这样，当我们开始铺设职业之路时，同样也需要科学地选择和设定自己的目标，通过决策来决定自己未来的职业方向。

第一节　自我认知

一、职业规划背景下的自我认知

（一）自我职业倾向探索的意义

自我认知分析，实际上就是认识和了解自己的过程。它是职业生涯规划的基础，只有对自己有了充分的认识和了解，职业规划中的“定向”“定位”“定点”才能比较准确。

人贵有自知之明。心理学的研究及日常工作、生活的经验提示我们，准确地认识自己并不是一件简单的事情。在很多情况下，人对自己的认识常常是模棱两可、含混不清的，有时甚至是完全错误的。有时我们不知道自己希望从工作中获得什么，不知道自己真正适合做什么。有些人在进行职业决策时，常常让别人来判断自己适合做什么。有些人追逐社会上的热门职业，被所谓“流行”“时尚”“声望”牵着鼻子走。这些人都不是根据自己的能力、兴趣来选择自己的工作或职业的。如果职业目标不能满足我们的需要或与我们的价值观不一致，如果我们对工作内容不感兴趣或不具备这项工作所要求的才能，那么所达成的职业目标对我们的意义就会大打折扣。此外，还有许多人处在一种无意识的职业生涯状态，不愿意承担职业生涯管理的个人职责，让客观情况左右自己的行动和选择，他们常常把职业生涯管理当作危机管理，即使有信号提示他们应该做出改变时，他们也仍然待在原来的位置上，一直等到必须做改变的时刻的到来。他们不会从过去的经历中学习，重复同样的错误。这些都和不认识自己、不了解自己有关。

要解决这些问题，可以从两方面人手。第一，认清自己的价值观、兴趣、才能以及自己所偏爱的生活方式。第二，认识到个人所从事的职业与个人的个性特征相协调的重要性。也就是说，进行有意识的职业生涯管理，要求我们从认识自我开始。

我们不妨常常问问自己下列问题：

(1)你现在是不是待在你想待的地方？如果不是，你知道自己想要的是什么吗？

(2)你知道怎样才能得到自己想要的东西吗？中间需要经过哪些步骤？

(3)与你的职业生涯相关的真正的重要因素是什么？

(4)你曾拥有的最大的成功是什么？

(5)在职业生涯中你愿意在哪些方面与众不同？为什么？怎样才能做到？

(6)哪些因素(包括哪些人、哪些机会)影响着你原来的职业决策？

(7)你是否曾经注意发展你的技能，或者你是否对自己的兴趣、价值观、个人偏好进行过评估？如果是，你是怎样评估这些因素的？

如果你能回答这些问题，你就可能采取了一种有意识的方式来管理自己的职业生涯。否则，你就应该进一步加强自我认知和探索，认真规划自己的职业生涯。

还应该清楚的是，自我认知需要持续进行，它是一种自我探索，会伴随着个人实践的发展而不断进行并完善。从某种意义上来说，它和职业生涯管理一样是一个长达一生的过程。例如，某毕业生在大学阶段是一名成绩优异的好学生，踌躇满志地找到某个工作单位后，由于不能妥善处理人际关系，自己的才能总是得不到领导和同事的认可和赏识。通过反思，他又有了更全面的自我认知：以前的我，只是会学习的优秀学生，但在处理人际关系方面还有许多欠缺，离一个优秀的员工还有距离。

(二)自我认知常用的方法

1. 360°主观评价法

360°主观评价法又称多渠道评估法，是指通过收集与受评者有密切关系的、来自不同层面人员的评估信息，来全方位地评估受评者。通过评估反馈，可以获得来自多层面的人员对受评者素质、能力等方面的评估意见，比较全面、客观地了解受评者的个人特质、优缺点等信息，作为受评者进行职业生涯规划及能力发展的参考。例如，受评者通过家人、亲戚、朋友、老师和同学等周围的人对自己的评价来进行客观的分析，以达到自我认知。

2. 职业心理测评法

所谓职业心理测评法，是指运用集现代心理学、测量学、管理学、社会学、统计学、行为科学及计算机技术于一体的综合技术进行测评。职业心理测评法通过人机测评、结构化面试、情景模拟、评价中心等技术，对人的知识水平、能力及倾向、工作技能、内在动机、个性特征和发展潜能进行测量，并根据工作岗位要求及组织特性进行评价，从而实现对人的全面、准确、深入了解，将最合适的人用到最合适的工作岗位(人岗匹配)，以实现最佳工作绩效。

需要注意的是，人是极为复杂的，某一个维度的单项测评并不能全面反映一个人的特质。为了解决这一问题，可以借助测试工具比较详细、客观地对自己的职业兴趣、职业能力、职业价值观和行为风格进行测评和描述，根据测评结果进行有针对性的改进。

3. 橱窗分析法

橱窗分析法是一种借助直角坐标的不同象限来表示人的不同部分的分析方法，它以其他人知道或不知道为横坐标轴，以自己知道或不知道为纵坐标轴，把对个人的了解比作由4个“我”组成的橱窗。

橱窗1：“公开的我”。即自己知道、其他人也知道的部分，其特点是展现在外、无所隐藏。例如，身高、年龄、学历、婚姻状况等。

橱窗2：“隐藏的我”。即自己知道、其他人不知道的部分，其特点是属于个人私有秘密，不外显。例如，自私、嫉妒等平常自己不愿袒露的缺点，以及心中的愿望、雄心、优点等不敢告诉其他人的部分。可以采取撰写自传或日记的方式来了解自我，了解自身成长的大致经历和自我计划情况等。

橱窗3：“潜在的我”。即自己不知道、其他人也不知道的部分，其特点是开发潜力巨大，但通常其他人和自己都不容易发觉。可以通过职业心理测评来发现自己平时注意不到的潜力，也可以在学习和生活过程中多做尝试来发现自己的潜力。

橱窗4：“背脊的我”。即自己不知道、其他人知道的部分，其特点是自己看不到，其他人却看得清清楚楚。可以采取同自己的家人、朋友等交流的方式，也可以借助录音、录像设备来了解。要做到尽量开诚布公，对其他人提出的意见有则改之、无则加勉。如果一个人诚恳地征询他人的意见和看法，就不难了解“背脊的我”。要做到这一点，需要有开阔的胸怀，正确对待他人的意见。

通过4个橱窗可知，我们需加强了解的是橱窗3和橱窗4，尤其是橱窗3——“潜在的我”。心理学家H. A. 奥托指出，一个人一生所发挥出来的能力，只占他全部能力的4%，也就是说一个人96%的能力还未开发。控制论奠基人诺伯特·维纳认为，一个人即使取得了辉煌的成就，他在一生中所利用的自己大脑的潜能也不到十亿分之一。由此可见，认识、了解“潜在的我”，是自我认识的重点之一，把个人潜能开发出来，也是职场新人的头等大事。

4. 其他方法

(1)现实情景检验法。即在现实情景的释放中去认识自己。因为在没有任何矫饰和防御的情况下，人们对人、对事和对周围环境的态度是最自然、最真实的，所以这种认知也更真实可信。例如，作为大学生可以参与角色扮演活动，模拟解决团队冲突、应对突发事件或进行公开演讲等情景。在这些模拟的现实情景中，人们的行为和决策基本能够反映出他们的性格特点、沟通技巧和问题解决能力。大学生可以通过这种实践性的检验深入了解自己在实际生活和未来职场中可能的表现，为自己的职业发展和人际交往提供有价值的参考。

(2)从过去的成长经历中去认识自己。一个人人格的发展与其生命中一些重要的人和事息息相关，这些人和事不仅可能造成一个人的心理情绪失调和病态心理，也可以推动一个人的正常心理功能、领导力和才智的发展。有一句形象的话："你现在的人际关系是你过去人际影响的全部总和的再现。"从这个角度去认识自己，也是一个很好的方法。

(3)适当地利用心理投射测验。这种测验方式可以反映更多潜意识层面的信息，但对于结果的解释更依赖解释者的专业素养。心理测验的解释非常重要，解释不当会给人带来负面的暗示，因此要慎重、科学地使用。投射测验应该很严肃地去选择、应用和解释，最好选用中国心理学会心理测量专业委员会正式出版和声明有效的心理测验，同时慎重对待测验结果。

(4)通过镜像自我来了解自己。社会学家库利提出，他人的存在就像是自己的镜子。因而我们可以通过他人对待自己的态度和行为方式来了解自己、判断自己，向自己给出一个相对客观和公正的定位。每个人在社会生活中，都能听到来自他人的真实的声音，这些声音在人的成长过程中是宝贵的。如果一个人有十个朋友，那么他们就像十面镜子，可以从不同的方向照射自己，促进自我完善。因此，我们在日常生活中不要怕"刺眼"，要勇敢地正视镜中的自己。

(5)通过内省的方法来了解自己。人们能够与自己的内心真实地接触，因而通过和自己进行一次对话来反思和认识自己也是一个很好的方法。人在整理自己内心深处的时候，会发现自己以前不曾发现的领域，甚至有时会顿悟，为自己的心灵打开一扇窗，令自己主动选择积极的、建设性的改变。

以上方法虽各有优劣，但不相互排斥。在自我职业生涯管理过程中，可以把各种方法结合起来使用。

(三)自我职业倾向探索的内容

1. 职业价值观——你想得到什么

价值观是人们对客观事物(包括人、物、事)在满足主观需要方面的有用性、重要性、有效性的总评价和总看法。职业价值观反映了人们对奖励、报酬、晋升、发展或职业中其他方面的不同偏好，体现了一个人最想从工作中获得什么，在工作中最看重什么。价值观常常是愿望、动机、需要的混合体。每个人都可能有一套独特的且对个人来说很重要的职业价值观，但有时自己意识不到。

职业价值观是职业选择的核心心理因素，对职业选择和职业动机具有导向作用，对职业认识、职业选择和职业生涯发展具有重要的影响。大学生的职业价值观是大学生这一特殊社会群体对待职业的一种信念和态度，对他们今后的职业生活起着关键性的指导作用，不仅决定了他们的择业行为，而且对于他们的工作态度乃至对社会的稳定和发展都有重要的影响。

2. 职业兴趣——你最喜欢干什么

兴趣是最好的老师，在职业选择上，应当考虑自己的兴趣或志向所在。兴趣指一个人是否喜欢从事某项具体活动，它源于价值观、家庭生活、社会地位、文化及物理环境等因素。

一个人对某职业或专业的兴趣如何，在选择职业或专业时是首先需要考虑的。对工作有兴趣会促使一个人集中精力获得职业所需要的专业知识和技术才能，有利于更大地调动主观能动性，发挥工作能力，激发思维，提高工作效率，更好地完成本职工作。有了兴趣作为指引，即使在工作过程中遇到挫折和失败，也能够持之以恒，以自己的能力去克服困难，最终实现事业上的进步。而如果一个人从事了一种他很不喜欢的工作，他就不可能积极主动地去做，甚至有时不自觉地表现出被动、消极、拖拉的工作态度，因而常常得不到领导和同事的赞扬，甚至会与他们在工作上产生矛盾，进而加剧对工作的厌烦和抑郁不快的心情，使生活失去绚丽的色彩。

职业爱好是职业成功的前提，更是实现理想的途径，是使一个人快乐幸福的隐形伴侣。因此，我们选择职业的首要出发点应该是自己的兴趣。兴趣对人生事业的发展至关重要，自然是职业选择应考虑的重要因素之一。

3. 职业性格——你适合干什么

性格是一种个人现实的、稳定的态度和习惯化了的行为方式，是人在社会活动中通过与环境相互作用而逐步形成的。性格一旦形成，就具有一定的稳定性。

性格对一个人的职业发展有着很大的影响。一个人从事的职业如果与他的个性相适应，他工作起来就会得心应手，心情舒畅，容易取得成功。相反，如果职业与性格不相适应，就会阻碍工作的顺利开展。

人的性格千差万别，或热情外向，或羞怯内向，或沉着冷静，或火暴急躁。职业心理学的研究表明，不同的职业有不同的性格要求。虽然每个人的性格都不能百分之百地适合某项职业，但人可以根据自己的职业倾向来培养、发展相应的职业性格。不同的性格特征，对企业而言，决定了每个员工的工作岗位和工作业绩；对个人而言，决定着自己的事业能否成功。

绝大部分职业都同时与几种性格类型特点相吻合，而一个人也往往同时具有几种职业性格类型的特点。在实际的吻合过程中，应根据个人的性格与职业的要求，具体情况具体处理，不能一概而论。

4. 职业能力——你能干什么

个体能力是职业发展管理中的一个重要组成部分，它反映了一个人能做什么或通过适当培训后能做什么。能力意味着一个人在工作中表现出来的技能、经验和知识。它能够使一个人的工作显得出色。因此在进行职业发展决策时，考虑清楚自身的能力是非常关键的，这样才有可能让自己在职场上获得主动权，进而取得职业发展的成功。但部分人在择业时并没有选择那些能够最大限度地发挥自己能力优势的职业，甚至选择了自己不能胜任或不能发挥自身优势的职业或工作，使自己在今后的发展中处于被动地位。

价值观、兴趣、性格和能力对一个人的职业决策都有影响，它们在某些方面是互相关联的，虽然我们为了理解方便把它们分开来分析，但必须将分析的结果视为一个整体，这样才有助于我们更好地把握自己。

二、自我的职业价值观探索

（一）价值观概述

如前所述，价值观是人对周围事物的一种评价或态度，是人们在一定环境中的动机、目的需要和情感意志的综合体现。

价值观是支撑人类生活的精神支柱，它决定着人类行为的取向，决定着人们以什么样的心态和意旨去评价客观世界、对待生活，因而它对于人类的生活具有根本性的引导意义。

（二）价值观的探索

价值观的探索主要依据的是人们的认知能力。人们必须在不屈服于任何外界压力的条件下做出自由的选择。与以往相比，今天我们所面对的信息和诱惑要多得多，因此要形成清晰的个人价值观可能更难一些。个人需要通过深入的思考和自我反省才能明确地了解对自己而言重要的价值。在辨别和明确自己价值观的过程中会经常遇到困难，学会理解自己的价值观可能是一个需要花费一生时间的过程。

在一个人的职业生涯选择中，价值观是很重要的因素。价值观的探索强调的不是价值观本身，而是获得价值观的过程。一般而言，价值观的探索要经过下述七个步骤。

1. 自由选择

一个人的价值观必须让个人自由地来选择，经过自由选择而确立的价值观才能真正起到引导个人行为的作用。

2. 从各种不同可能的选择中进一步选择

具体来说有三个方面：①辨别与问题有关的价值观。②辨别其他可能有关的价值观。③整理上述每一种价值观及其可能产生的后果。

3. 对每种选择可能产生的后果进行深思熟虑后做出选择

一个人感情冲动或大脑欠冷静时贸然选择的价值观，是不能代表他真正的价值观的。只有对各种途径可能产生的后果经过认真考虑和衡量比较后做出的选择才是有意义的选择，才可能形成真正的价值观。

4. 重视和珍惜所做出的选择

一般来说，我们对自己认为有价值的东西都会重视和珍惜，会以它为荣。同样，只有为我们所重视和珍惜的观念，才有可能成为我们真正价值观的一部分。

5. 愿意公开自己的选择

如果我们的选择是在自由的环境中经过自己的认真思考做出的，并且我们非常重视和珍惜它，那么当有人问起时，我们就会很自然地对外公开宣布自己的选择。

6. 根据自己的选择采取行动

一个人的价值观能左右其生活，能对其日常行为产生重要的影响。一个人如果认为某种东西有价值，就会愿意为之付出自己的时间、精力、金钱乃至生命，去尝试、去实践、去完成或拥有它，百折不挠、锲而不舍。

7. 坚持自己的价值观，重复根据自己的选择所采取的行动

如果一个人的某种观念、态度或兴趣已经上升为价值观，那么，价值观将长久地支配着他的行动，在各种不同的时间和场合一而再、再而三地表现在他的行为上。

（三）价值观与职业定位

1. 价值观在职业定位中的地位和作用

大学生的职业定位倾向受其就业动机支配，而就业动机是大学生价值观的重要组成部分。在长期对大学生进行的职业选择指导的实践中发现，就业动机鲜明地体现了当代大学生在价值观上发生的变化。

大学生的择业倾向受其就业意识的支配，它是大学生价值观的重要组成部分。而就业意识的核心是就业动机，大学生的择业态度和行为总是从一定的动机出发并指向一定的目标的。一个人在上大学之前，就业目标主要受社会宣传和社会舆论的影响，其就业动机表现出明显的受暗示性和不稳定性。而即将毕业的大学生，就业意识已趋于成熟，就业动机已比较明确，他们对自己未来从事的职业已能做出评价和选择。

具体来讲，大学生的就业动机可以归纳为三种类型，分别对大学生的职业定位产生不同的影响。

（1）谋生型。在当今社会，职业劳动依然是人们重要的谋生手段，通过从事某种职业而获得维持生活的经济收入，是最普遍的就业动机。这种就业动机使大学生树立了自食其力的观念。在这种就业动机的支配下，大学生择业考虑的首要因素就是经济收入水平和福利的高低。

（2）创业型。在谋生之外，大学生也希望获得事业的成功，在创业中展示才华、取得成就。在这种就业动机的支配下，大学生择业考虑的首要因素是职业是否具备充分展示自己才华的各种条件。

（3）贡献型。部分大学生的职业理想是做一个对社会、对人类有贡献的人。在这种就业动机的支配下，他们择业考虑的首要因素是社会的需要，当社会需要与个人利益发生冲突时，他们会把社会的需要放在第一位。

2. 当代大学生职业定位特点及影响因素

（1）择业标准向实现自我价值转化。随着大学生就业不包分配以及人才流动在国家相关政策的鼓励下成为现实，大学生择业不再期盼“从一而终”，而是谋求职业流动，通过多样选择寻找到最能发挥自己才能的岗位。

(2)职业评价向注重经济利益转移。经济利益是大学生择业时所关注的重要方面。随着社会主义市场经济体制的建立和完善，大学生的经济意识不断增强，他们期盼通过合法合理的就业劳动获得尽可能多的经济收入。一方面，大学生把经济收入的多少看作衡量个人价值的一个重要方面；另一方面，大学生就业后将面临恋爱、结婚、家庭生活、养育后代及从事一定范围的社会交往活动等，这些都需要较强的经济实力，而获得经济收入的主要渠道是工资收入。与此同时，由于大学生本身较为缺乏对社会职业报酬的实际体会，所以他们在求职过程中较难根据社会行情对自身价值进行评估并提出合理要求。

(3)以市场选择为根本取向。高等院校大学生的就业心态在竞争和压力下逐步走向成熟，职业价值观也随之有了较大的变化。严峻的就业形势迫使更多的毕业生在选择职业时更加注重市场要求以及自己的实际。

(4)追求技术性、专业性强的职业岗位。很多大学毕业生愿意到技术性、专业性强的单位去工作。他们认为，在这种岗位上工作能够学有所用、发挥专长，能够充分发挥个人的创造才能，缩短适应职业的时间，且易受人尊重，能获得精神上的满足。

(5)追求更高的社会地位。在当代大学生的就业意识中，也存在着追求高声望、高层次单位的倾向。因为在这样的单位就业，既能使自己接触到层次高、视野宽的工作，以增强自己适应社会的能力，又能使自己获得更多的学习、培训和晋升的机会，以获得较高的社会地位，对未来的择偶、交友也将有很多好处。

(6)既追求安全感和稳定性，又追求灵活性。长期以来，我国实行传统的劳动人事制度，人一旦从业便终身难变，这既使人们有安全感、稳定感，又使人们无望改变职业岗位。但随着传统模式的改变，双向选择、自主择业影响着当代大学生的择业倾向，使他们在注重稳定、安全的同时，也注重灵活性、自由性。

(四)职业价值观

价值观是一种内心尺度，它支配着人的行为、态度、观察、信念、理解等，支配着人认识世界、明白事物对自己的意义和自我了解、自我定向、自我设计等的方式，也为人做出自认为正当的行为提供充足的理由。当我们产生矛盾冲突或作出妥协与放弃时，也常常是出于价值的考虑。我们这里考察的职业价值观，重点在于探讨人们在职业选择和职业发展中，在众多的价值取向里优先考虑哪种价值。

1. 职业价值观的内涵

职业价值观是个体对职业所持有的相对稳定的个性倾向，它的形成和发展是个人长期生活经验积淀的结果。职业管理学家萨柏(Super)认为职业价值观是个人追求的与工作有关的目标，也即个人的内在需求及其从事活动时所追求的工作特质或属性。它是人生价值观在职业问题上的反映。

每种职业都有各自的特性。不同的人对职业特性可能有不同的评价和取向，这就是所谓职业价值观，也叫择业观。作为人们对待职业的一种信念和态度，职业价值观往往决定着人们的职业期望，影响着人们对职业方向和职业目标的选择。

当然，一个人由于所处的生涯发展阶段、社会环境的不同，其需求会发生改变，从而可能导致其职业价值观的变化。当今社会中，多种价值的冲击也会导致一个人原有职业价值观体系的混乱乃至改变。因此，职业价值观需要不断地审视和巩固。

2. 职业价值观量表

萨柏的职业价值观量表(Work Values Inventory，WVI)是一个被广泛使用且经过验证的职业价值观评估工具，为个人提供了丰富的、科学的测评手段，以探索和明确自己的职业价值观倾向。其结果所对应的职业价值观类型和描述如表 1-1 所示。

表 1-1　职业价值观类型和描述

职业价值观类型	描述
成就实现	追求个人成长、成功和成就感，重视挑战和超越自我的机会
利他主义	愿意帮助他人，致力于为社会做出贡献，重视服务他人的机会
美感	重视工作环境的美观和艺术性，追求有创造性和艺术性的工作
智力刺激	喜欢思考、学习和解决问题，追求智力上的挑战和成长
独立	重视独立性和自主性，喜欢独立决策和自由行动
管理	喜欢领导和管理他人，重视权力和地位
经济报酬	重视工作带来的经济收益和物质回报
社会交往	喜欢与他人合作和互动，重视团队合作和社交关系
安全稳定	重视工作的稳定性和安全性，避免风险和不确定性
舒适	重视工作的舒适性和便利性，避免过度劳累和较大的压力
变化性或多样性	喜欢多样性和变化，追求新鲜感和不同的体验
声誉	重视工作的声誉和社会地位，追求被认可和尊重
追求创新	喜欢创新和变革，追求新的想法和方法
工作环境	重视工作环境的舒适和美观，追求良好的工作条件

三、职业性格探索

(一)性格概述

性格是人在对现实的稳定态度和习惯化的行为方式中表现出来的个性心理特征，是个性最鲜明的表现。人们在对他人的知觉中所力图确定的个性特征往往就是性格。例如，勤劳或懒惰、诚实或狡猾、勇敢或懦弱、谦虚或骄傲等，都是对一个人性格特征的描述。

性格反映在人对现实的态度以及与之相适应的习惯化的行为方式之中。态度是个体对某一对象所持的评价和行为倾向，它是在社会环境中随着意识的成熟、情感的丰富、经验的积累逐步形成的。当个体在长期的生活实践中逐渐形成对现实的各种稳定的态度，并将之以一定的方式表现于个体的行为之中进而构成个体特有的行为方式时，其性格特征也就形成了。例如，在遇到危险的时候，有的人经常表现为勇敢无畏，有的人则可能经常表现出怯懦、退缩，这就是一个人的性格特征的一种表现。一个人的性格特征既表明了他对现实的态度，又表现了他在现实生活中习惯化的行为方式。正如恩格斯所说："人物的性格不仅表现在他做什么，而且表现在他怎样做。""做什么"反映了个体对待现实的心理倾向，表明个体追求什么、拒绝什么，即人对现实的态度；"怎么做"反映了个体的行为特点，表明个体采取什么样的方法、如何追求既定目标，即人的习惯化的行为方式。

性格是一个人独特的、稳定的个性心理特征。一方面，并不是人对现实的任何一种态度都代表其性格特征。性格是个体在长期实践活动中沉积下来的稳定的态度和习惯化的行为方式。在有些情况下，人对事物的态度是一时的、情境性的、偶然的表现，不能视为性格特征。例如，一个人一贯反应机敏，但在某种特殊情况下可能一反常态，表现为行动呆板、沉闷，那么我们就不能把呆板看作此人的性格特征。另一方面，性格总是表现出一个人独特的个性特征，并且在一个人的行为中打上了烙印。世界上没有两个性格完全相同的人。即使两人的性格同为忠诚、坚定或勤奋，他们的表现也不尽相同。

（二）性格类型

性格类型是指在一类人身上所共有的性格特征的独特结合。这种结合使一类人的性格和另一类人的性格明显不同。许多心理学家曾试图对性格进行分类。现列举有代表性的几种类型。

1. 理智型、情感型和意志型

从心理机能上划分，性格可分为理智型、情感型和意志型。这种分类观点是英国心理学家培因和法国心理学家李波特等人提出的，是一种按理智、情感、意志三种心理机能中哪一种占优势来确定性格类型的分类方法。理智型者通常以理智来衡量和支配自己的行动，与人交往时明事理、讲道理；情感型者情绪体验深，言行举止易受情绪左右；意志型者具有较明确的活动目标，行为活动具有目的性、主动性、持久性和坚定性。除这三种类型外，还可划分出一些中间型、混合型或非优势型。

2. 内外倾向型

从心理活动倾向性上划分，性格可分为内倾向型和外倾向型。瑞士心理学家荣格在 1913 年提出的心理类型理论较为著名。荣格认为力比多(人的心理现象发生的一种驱动力)流动的方向决定人格的类型，并依据力比多倾向于内部或外部，把人分为内倾向型和外倾向型。内倾向型者的心理活动倾向于内部，他们感情深沉，待人接物较谨慎小心，处理事务缺乏决断力，但一旦下定决心总能锲而不舍。外倾向型者的心理活动倾向于外部，他们活泼、开朗、感情外露，待人接物果断，独立性强，但比较轻率。

3. 独立型和顺从型

从个体独立性上划分，性格可分为独立型和顺从型。美国心理学家威特金按照个体场依存性的不同，把人分为顺从型(场依存性占优势)和独立型(场独立性占优势)。场依存性是指一个人的独立程度。顺从型的人独立性较差，易受环境暗示，行动比较依赖他人，缺乏主见，缺乏果断性。独立型的人处理问题时倾向于内在参照，有坚定的个人信心，自尊、自强、有主见，不易受环境暗示。但多数人则处于这两个极端类型的中间。

4. 优越型与自卑型

奥地利心理学家A. 阿德勒创立的“个体心理学”则用精神分析的观点来划分性格类型。阿德勒根据个人竞争性的不同，把性格划分为优越型与自卑型。前者争强好胜，不甘落后，总想超过别人。后者甘愿退让，不与人争，缺乏进取心。

5. 理论型、经济型、权力型、社会型、审美型等

这种划分方式是由德国哲学家、教育家斯普兰格提出的。理论型的人对认识客观事物、追求真理有极大的热情，他们观察事物客观冷静，重视理论，力求把握事物本质，但在解决实际问题时常无能为力。理论家和哲学家多属于这种类型。经济型的人一切以经济观念为中心，往往从实际获利出发评价事物的价值，并以追求财富、获取利益为个人生活目的。现实中企业家多属于这种类型。权力型的人有强烈的权力意识和权力支配欲，对待任何事、任何人都易表现出支配倾向，凡是他自己的所作所为，总是由他自己决定的。社会型的人重视社会价值，有献身精神，常以关心、热爱社会为自我实现的目标。这类人大多数都热爱从事社会公益事务，如社会慈善、文教卫生事业等。审美型的人以美为最高人生意义，不大关心实际生活，总是从美的角度来评价事物的价值，以自我完善和自我欣赏为生活目的。画家、诗人等艺术家大多属于这种类型。需要注意的是，斯普兰格同时指出，这种类型的划分是一个理想模型，现实生活中的每个人通常在主要倾向于一种类型的同时兼有其他类型的特点。

(三)性格与职业的匹配

在探讨性格与职业的匹配时，我们可以从多种性格分类中提取信息，以便更好地理解个人特质与职业选择之间的关系。本书以内倾向型和外倾向型性格为例，简要介绍它们与职业类型的匹配情况。

1. 内倾向型

这类人喜欢安静，富于内省，不好交际。除了亲密朋友之外，同其他人一般会保持距离。他们不喜欢刺激，做事有计划，生活有规律，很少有攻击性。内倾向型性格的人适合从事有计划的、稳定的、不需要过多与人交往的职业，如自然科学研究人员、技术人员、艺术家、会计师、计算机软件开发人员、税务员、统计员、商店收款员、银行出纳员、办公室办事员、图书管理员、发型设计师、铁路职员、公共卫生服务人员等。

2. 外倾向型

这类人喜欢交际，有许多朋友。他们乐观、随和、好动，渴望刺激和冒险，情绪容易冲动。外向型性格的人适合从事与外界广泛接触的职业，如律师、教师、售货员、新闻记者、警察、政治家、公关者、社团工作者、广告宣传员、调度员、党团干部、人事工作者、医生、导游、咨询人员、保险工作人员、民事纠纷调解员、推广应用人员、心理咨询师、经纪人、代理人等。

需要注意的是，性格具有多样性和复杂性，具体到每个人身上，其真正性格可能是不同性格类型的特点的组合。因此在实际的职业选择中，个体应当综合考虑自身的多种性格特征以及对应的职业需求。例如，近年来，一些教育学、心理学研究人员根据我国的实际情况，将职业性格分为九种基本类型(表 1-2)。

表 1-2　职业性格的九种基本类型

类型	特征	适合的职业
变化型	在新的和意外的活动或工作情境中感到愉快，喜欢有变化的和多样化的工作，善于转移注意力	记者、推销员、演员
重复型	适合连续从事同样的工作，按固定的计划或进度办事，喜欢重复的、有规律的、有标准的工种	纺织工、机床工、印刷工、电影放映员
服从型	愿意配合别人或按别人指示办事，而不愿意自己独立做出决策	办公室职员、秘书、翻译
独立型	喜欢计划自己的活动和指导别人活动或对未来的事情做出决定，在独立负责的工作情境中感到愉快	管理人员、律师、警察、侦查员
协作型	在与人协同工作时感到愉快，善于引导别人，想得到同事们的喜欢	社会工作者、咨询人员
劝服型	通过谈话或写作等使别人同意自己的观点，对别人的反应有较强的判断力，善于影响别人的态度和观点	辅导员、行政人员、宣传工作者、作家
机智型	在紧张和危险的情况下能自我控制、沉着应付；发生意外和出现差错时能不慌不忙，出色地完成任务	驾驶员、飞行员、消防员、救生员
自我表现型	喜欢表现自己的爱好和个性，根据自己的感情做出选择，通过自己的工作来表现自己的思想	演员、诗人、音乐家、画家
严谨型	注重工作过程中各个环节、细节的精确性，愿意按一套规划和步骤将工作尽可能做得完美，倾向于严格、努力地工作以看到自己出色完成工作的效果	会计、出纳员、统计员、校对、图书档案管理员

（四）性格与职业的关系

不同性格类型的人适合不同的职业。比如，外向的人适宜做社交性和活动性的工作，而内向的人则更适合文字性、技术性和安稳性的工作。

不同的职业对人也有不同的性格要求，要适应这一职业，就必须具备或培养适合这一职业的性格特征。比如，作为医生，要有精益求精、一丝不苟的工作态度，有救死扶伤的人道主义品质，有高度的责任感并具有同情心；教师要热爱教育事业、富有爱心、为人师表、严于律己；工厂技术员要有创新精神、实干精神和吃苦耐劳、持之以恒的品质；管理干部要善于交流沟通、多角度思维、关心下属；等等。可以说，从事每一种职业都要具备一定的“职业性格”，好的职业性格有助于个体在相应职业中更好地完成工作。

此外，在职业实践中，职业活动的要求也会让从业者巩固或改变原有的性格特征，形成许多新的性格特征。例如，科研工作者在发展观察能力、思维能力的同时，也会逐渐形成严谨、细致等性格特征；商业活动中，营业员可以形成主动、耐心的职业性格；现代化生产则要求培养人的高度组织性、计划性和协调性。所以，性格和职业是相互对应、相互作用的。

不过，大多数职业并不一定过分强调与性格之间的严格对应，因为不同类型的性格在同一职业领域能够表现得各具特色，同一性格的人在不同的职业领域中也会各显魅力。比如，情绪型的人如果从事文学创作，会因感情丰富细腻而将人物的心理活动刻画得惟妙惟肖；如果从事科学研究，则会因善于想象而在非逻辑思维上比理智型的人更胜一筹。

人的性格是极其复杂的，任何对性格与职业关系的固定、静止、片面的看法都是失之偏颇的。一个人所属的性格类型并不是绝对单一的，大多数人可能主要被划归为某一种性格类型，但其身上可能还存在相近的和具有中性关系的其他性格类型，真正完全排斥的并不多。因此，大学生在进行职业设计时，对此不必有太多顾虑。

性格和职业是相辅相成的，所以在职业选择过程中，我们既要考虑自身性格和想要从事的职业的适配度，又要在职业实践中培养和强化相应的优良职业品质。

四、职业兴趣探索

（一）兴趣概述

1. 兴趣的含义

兴趣是个体力求认识某种事物或从事某项活动的心理倾向，它表现为个体对某种客观事物或从事某种活动的选择性态度和积极的情绪反应。兴趣是个体对客观事物的选择性态度，即所谓“萝卜青菜，各有所爱”。兴趣是个体对需求的情绪表现，也就是说它是一种能够引起人想去了解某种事物或从事某项活动的内在感情。

任何人的任何兴趣都不是与生俱来的，而是在现实生活实践中逐渐发生和发展起来的。如果一个人对某一事物根本不了解，那他根本就不可能对其感兴趣。一个人的兴趣与其价值观、家庭生活、社会地位、文化背景、物质环境等因素有关。当然，兴趣是会改变的，也是可以培养的。研究发现，在 25～55 岁时，人们的兴趣变化较少，但在 15～25 岁时可能变化很大。

2. 兴趣的发展与差异

从职业兴趣的发生和发展来看，一般要经历“有趣—乐趣—志趣”的过程。有趣是兴趣过程的第一阶段，这一阶段的职业兴趣是变化多端的、短暂的，如今天想当教师，明天想当设计师等。第二阶段是乐趣，它是在有趣的基础上发展形成的，这一阶段的职业兴趣会向专一的方向发展，如一个人对无线电的兴趣发展到乐趣阶段，他不但会学习这方面的知识，还会自己动手装配或参加有关活动等。第三阶段为志趣，当人的乐趣与人的社会责任感、理想、奋斗结合起来时，便会转为具有社会性、自觉性和方向性特点的志趣。职业发展鼓励人们探索自己感到有趣的东西，继而去发展相关技能让它成为乐趣，最终把它确立为志趣。

3. 兴趣与职业规划

生活中很多人都有兴趣爱好，但有的人不认为自己的爱好也应该是择业的基础，还有人认为把职业选择建立在自身特点和喜好的基础上是不现实的。这些人往往把注意力集中在一些现实问题上，如这所学校能提供什么样的学位和课程，哪些职业具有较高的职业稳定性和较高的工资报酬等。

从最早期的帕森斯开始，职业发展专家就专门把兴趣当作职业选择的一个重要依据。将个人的职业建立在兴趣的基础上不仅是现实的、可行的，而且是十分必要的。

首先，兴趣不仅是职业选择的基础，还能成为职业发展的动力。为自己感兴趣的事付出是一种乐趣，这样工作就不再是外部强加的负担，因为兴趣是成功的推动力，有喜好，就会执着，有执着，才会成功。

其次，兴趣更是职业满足感的来源，它还能提高一个人对于职场压力与竞争的应对能力。兴趣是引起和维持人的注意力的重要内部因素，就像一座灯塔，为人们的职业发展指明了方向。职业心理学家的研究表明，一个人对某种职业产生兴趣，不仅可以增强其职业适应性，而且能更加充分地发挥他的才能，令他长时间保持高效率而不感到厌倦。

最后，个人的目标职业必须源于其兴趣。真正的兴趣是发自内心的，如果一个人所从事的工作是他真正发自内心热爱的，他就不会将工作仅仅当作谋生的手段，而是当作事业去干，完全自愿地投入，充分体验到工作挑战的乐趣和成就感。当然，有时候我们对自己真正感兴趣的东西并不清楚，也可能会将家人、亲友的不切实际的期望误认为自己的真实理想。

（二）兴趣与职业匹配

根据自己的兴趣可以选择合适的职业，这里介绍的是加拿大职业分类词典中各种职业兴趣类型的特点及其相应的职业（表 1-3）。

表 1-3 职业兴趣类型的特点与相应的职业

类型	特点	相应的职业
1	愿与事物打交道，喜欢接触工具、器具或数字，而不喜欢与人打交道	制图员、修理工、裁缝、木匠、建筑工、出纳员、记账员、会计、勘测员、工程技术人员、机器制造技术员等
2	愿与人打交道，喜欢与人交往，对销售、采访、传递信息一类的活动感兴趣	记者、推销员、营业员、服务员、教师、行政管理人员、外交联络人员等
3	愿与文字符号打交道，喜欢常规的、有规律的活动，习惯于在预先安排好的程序下工作，愿做有规律的工作	邮件分类员、办公室职员、图书管理员、档案整理员、打字员、统计员等
4	愿与大自然打交道，喜欢地理地质类的活动	地质勘探人员、钻井工、矿工等
5	愿从事农业、生物、化学类工作，喜欢种养、化工方面的实验性活动	农业技术员、饲养员、水文监测员、化验员、制药工、菜农等
6	愿从事社会福利类的工作，喜欢帮助别人解决困难，乐于改善他人的状况	咨询人员、科技推广人员、教师、医生、护士等
7	愿做组织和管理工作，喜欢掌管一些事情以发挥重要作用，希望受到众人尊敬和获得声望，愿做领导和组织工作	组织领导管理者，如行政人员、企业管理干部、学校领导和辅导员等
8	愿研究人的行为和心理，喜欢谈涉及人的主题，对人的行为举止和心理状态感兴趣	人事管理、思想政治教育研究工作者、教育管理工作者、行为管理工作者、人文社会科学工作者、作家等
9	愿从事科学技术事业，喜欢逻辑推理、理论分析、独立思考或实验，喜欢从事发现和解决问题的、推理的、测试的活动，善于理论分析，喜欢独立解决问题，也喜欢通过实验做出新发现	自然科学工作者、工程技术人员等
10	愿从事有想象力和创造力的工作，喜欢创造新的式样和概念，喜欢独立工作，乐于解决抽象的问题，而且急于了解周围的世界	社会调查工作者、经济分析师、各类科学研究工作者、化验员、产品开发师以及演员、艺术家、创作或设计人员等
11	愿做操作机器的技术工作，喜欢通过一定的技术来进行活动，对运用一定技术，操作各种机械、制造新产品或完成其他任务感兴趣，喜欢使用工具特别是大型的、大功率的先进机器，喜欢具体的东西	飞行员、驾驶员、机械制造技术员等
12	愿从事具体的工作，喜欢制作看得见、摸得着的产品并从中得到乐趣，希望很快看到自己的劳动成果，并从完成的产品中得到满足	室内装饰设计员、园林景观设计师、理发师、手工制作者、机械维修技术员、厨师等

（三）巩固和培养职业兴趣的方法

1. 在就业前拓宽职业认识面

大学毕业生在就业前，认识的职业种类越多，对各种职业的性质了解得越细致，职业兴趣就会越广泛。职业兴趣越广泛，择业动机就越强，择业余地也会相对宽广。

2. 增强社会责任感

当就业环境和自身素质决定我们必须从事自己不那么喜欢的工作时，我们应该拿出必要的对社会负责的态度，培养自己的职业兴趣，即所谓“干一行，爱一行”。事实上，在就业时多数人并不总是能够挑选到自己的理想职业。当我们还不能选择自己满意的职业时，就必须尽快调整职业期望值，适应就业环境，培养职业兴趣，干出一番理想的事业来。

3. 先就业，后择业

多数人的就业实践表明，走上工作岗位的方法多种多样，有被别人安排的，有自己找到的，也有偶然遇到的。除去自己找到的工作岗位外，其他几种就业方法都是被动的。人们也可能对被动得到的职业产生兴趣，其方法是先就业，后择业。对于不少职业，人们刚开始从事它的时候可能毫无兴趣。但是随着从业时间的延长和职业技能的提高，加之对职业生涯意义的全面了解，特别是当能够在这些工作岗位上取得一定成绩的时候，人们的职业兴趣就会大大增加。因此，只要专心、深入地去从事某种职业，就会发现它独特的魅力。

4. 量体裁衣

陶行知曾讲过：“我以为择业时要根据个人的才干和兴趣。做事要有快乐，所以我们要根据个人的兴趣来择业。”要获得事业的成功，就必须有相应的才干。才干，一般是指个体最擅长的某些知识或技能。通常情况下，才干与兴趣有着互相推动的效应，即兴趣产生才干，才干助长兴趣，同时才干也能产生兴趣，兴趣又会强化才干。

在初次择业时，依据自己所拥有的才干，即擅长的知识和技能去选择职业，往往更趋向于形成职得其人、人适其职的最佳状态。在这种最佳状态下，就能在工作岗位上越做越有兴趣，越做越长才干，最后可能成为某一职业领域的人才。

五、气质类型与职业探索

（一）气质的定义

气质是不以人的活动目的和内容为转移的心理活动的典型、稳定的动力特征。气质是人的个性心理特征之一，它是指在人的认识、情感、言语、行动中，其心理活动发生时力量的强弱、变化的快慢和均衡程度等稳定的动力特征，主要表现在情绪体验的快慢、强弱、表现的隐显以及动作的灵敏或迟钝方面。

人们常说“三岁看老”，就是说气质类型会很早表露，这在一定程度上说明气质较多地受个体生物组织的制约。也正因如此，气质在环境和教育的影响下虽然也会有所改变，但与其他个性心理特征相比具有稳定性的特点，也就是说，其变化要缓慢得多。

(二)气质的类型

气质是一个古老的心理学问题。不同的心理学理论流派对气质类型的划分有不同的研究成果。

早在公元前5世纪，古希腊医生希波克拉底就提出了四种体液的气质学说。他认为人体内有四种体液：血液、黏液、黄胆汁和黑胆汁。四种体液协调，人就健康；四种体液失调，人就会生病。希波克拉底根据哪一种体液在人体内占优势，把人的气质分为四种基本类型：多血质、胆汁质、黏液质和抑郁质。

用体液解释气质类型虽然缺乏科学依据，但人们在日常生活中确实能观察到这四种气质类型的代表。活泼、好动、敏感、反应迅速、喜欢与人交往、注意力容易转移、兴趣容易变换等，是多血质的特征。直率、热情、精力旺盛、情绪易冲动、心境变换剧烈等，是胆汁质的特征。安静、稳重、反应缓慢、沉默寡言、情绪不易外露、注意力稳定且难以转移、善于忍耐等，是黏液质的特征。孤僻、行动迟缓、体验深刻、善于觉察别人不易觉察到的细小事物等，是抑郁质的特征。因此，这四种气质类型的名称曾被许多学者采纳，一直沿用到现在。

人的气质类型可以通过一些方法加以测定。但属于某一种类型的人很少，多数人是介于各种类型之间的中间类型，即混合型，如胆汁—多血质、多血—黏液质等。

(三)气质理论的新发展

心理学根据气质是人的高级神经活动类型的特点和其在行为方式上的表现，揭示出兴奋过程和抑制过程的强度、均衡度和灵活性三种特征，并依据这些特征把高级神经活动分为四种类型：

(1)强而不均衡型的；

(2)强型的、均衡型的、灵活型的；

(3)强型的、均衡型的、惰性型的；

(4)弱型的。

这些高级神经活动的类型，是人的气质形成的生理基础。

(四)气质类型与职业的关系

人的气质带有先天遗传的性质，它能影响人的行为方式、能力的形成和发展，各种气质都有自己的优缺点。只有充分了解自己的气质类型，才能发挥优点、克服缺点，实现自己的心理素质基础在一定程度上的转化。

实际上，不同的职业对于气质特点都有特定的要求，如医务工作者要求反应灵敏、耐心、细致、热情等气质特点；驾驶员、飞行员、运动员则要求机智、敏捷、勇敢、抗干扰等气质特点；组织管理干部要求工作细致、善于交际、耐心等气质特点；外交人员则要求思维敏捷、姿态活泼、能言善辩、感染力强等气质特点。因此，分析职业对气质特点的要求，分析个体的气质类型，有利于帮助做到人职匹配，提高个体适应职业的能力。

（五）正确看待自身的气质类型

人的气质本身无好坏之分，气质类型也无好坏之分。在评定人的气质时不能认为一种气质类型是好的，另一种气质类型就是坏的。每一种气质都有积极和消极两个方面，在这种情况下可能具有积极的意义，而在另一种情况下可能具有消极的意义。如胆汁质的人可成为积极、热情的人，也可发展成为任性、粗暴、易发脾气的人。多血质的人情感丰富，易适应新的工作环境，但也可能在工作中注意力不够集中、兴趣容易转移等。抑郁质的人在工作中耐受能力差，容易感到疲劳，但因感情比较细腻，故而做事审慎小心，观察力敏锐，善于察觉到别人不易察觉的细小事物。即使是气质相同的人，也有成就的高低和善恶的区别。气质不能决定人们的行为，因为人们可以自觉地去调节和控制自己。

不可否认，一个人的气质不仅影响其活动的进行，而且可能影响其活动的效率。例如，要求做出迅速灵活反应的工作对于多血质和胆汁质的人而言较为合适，而黏液质和抑郁质的人则较难适应。要求持久、细致的工作较适合黏液质、抑郁质的人，而多血质、胆汁质的人又较难适应。而且，在一些特殊职业（如飞机驾驶员、宇航员、大型动力系统调度员或运动员等）中，从业者要经受高度的身心紧张，这些职业不仅要求从业者有极其灵敏的反应，还要求他们敢于冒险和临危不惧，因此对从业者的气质特性也提出了特定的要求。在这种情况下，气质的特性影响着一个人是否适合从事该种职业，因此在培训从事这类职业的工作人员时，应当测定其气质特性。

当然，绝不能孤立地考虑人们的气质特征，对于大学生而言，更重要的是培养积极的学习和工作态度。气质只属于人的各种心理品质的动力方面，它能使人的心理活动染上某些独特的色彩，却不能决定一个人性格的倾向性和能力的发展水平，也不能决定一个人活动的社会价值和成就的高低。如果具备正确的动机和积极的态度，各种气质类型的人都可能在学习上取得优良成绩，在工作中做出较大的贡献。

总之，虽然人的行为不是决定于气质，而是决定于在社会环境和教育影响下形成的动机和态度，但是气质在人的实践活动中也具有一定的意义。虽然气质与态度相比只居于从属的地位，但它是构成人们各种个性品质的一个基础，因此它也是在职业探索过程中必须加以分析和考虑的重要因素之一。

六、职业能力探索

（一）能力概述

1. 能力的含义

能力是直接影响活动效率、保证活动顺利完成所必备的个性心理特征。例如，一位画家所具有的色彩鉴别力、形象记忆力等都叫能力，这些能力正是保证一位画家顺利完成绘画活动的心理条件。

能力有两种含义：一是指已经发展或表现出的实际能力。例如，某人能讲三种外语、会开汽车等。二是指可能发展的潜在能力。研究结果表明，潜在能力是尚未表现出来的心理能量，是通过学习或训练后可能发展起来的能力，是各种实际能力发展的可能性。实际能力和潜在能力密切地联系在一起，潜在能力被认为是实际能力形成的基础和条件，实际能力是潜在能力的展现。

能力和活动密切相关，是完成某一活动必备的心理条件。一方面，能力在活动中得到发展并表现在活动之中。例如，我们可以在一部文艺作品中看出作者的观察力、思维能力、创造能力和写作能力，作者的创作能力也是在他的创作活动中不断形成和发展起来的。能力存在于活动之中，离开了活动也就无所谓能力。另一方面，从事某种活动必须以具备某种能力为前提。例如，进行学习研究活动必须具备记忆力、注意力、感知力及抽象概括能力，才能保证学习活动的顺利完成。

人们要完成某种活动，所依靠的往往不是一种能力，而是多种能力的结合。能力的高度发展和有机结合可以保证活动的顺利进行，这种结合在一起的能力叫才能。例如，教师要有敏锐的观察能力、准确而流畅的语言表达能力、严谨的逻辑思维能力、出色的组织管理能力以及可以处理教学中偶发事件的教育机智等，这些能力的结合就是教师的才能。同样，一名学生的解题能力与计算能力结合起来，就组成了他的数学才能。

各种能力的最完备结合和最高度发展统称为天才。天才是能力的独特结合，它使人能顺利地、独立地、创造性地完成某些复杂的活动。天才往往结合着多种高度发展的能力。一个天才人物往往同时是文学家、历史学家、诗人、政治家等。天才不是天生的，它离不开社会历史的要求、时代的需要。在特定的社会历史环境中，常常会涌现出许多具有特定能力的天才。天才并不是什么天赋之才，而是在先天良好遗传素质的基础上，经过良好的环境影响和教育作用，再加上个人的勤奋努力而逐渐形成的。

2. 能力的分类

人的能力是各种各样的，可以从不同的角度对能力进行分类。

(1)按照能力所表现的活动领域的不同，可将其分为一般能力和特殊能力

一般能力也被称为认识能力，也就是我们平常所说的智力，指完成各种活动都必须具备的能力，由注意力、观察力、记忆力、思考力、想象力等构成。其中思考力是一般能力的核心，它代表着人的智力发展水平。其他任何能力的发展和提高都与这种能力的发展分不开。

特殊能力也被称为专业能力，是指在某种专业活动中表现出来的能力。它是顺利完成某种专业活动的心理条件。例如，画家的色彩鉴别力、形象记忆力，音乐家区别旋律曲调特点的能力、表现音乐的能力以及感受音乐节奏的能力，均属于特殊能力。

一般能力和特殊能力往往紧密地联系在一起。一般能力是各种特殊能力形成和发展的基础，一般能力发展得越好，就越能为特殊能力的发展创造有利条件，而特殊能力的发展也会同时促进一般能力的提高。在活动中，一般能力和特殊能力是共同起作

用的。要顺利地完成一项活动，既需要具备一般能力，又需要具备与该活动有关的特殊能力。

(2)按照活动中能力的创造性的大小，可将其分为模仿能力和创造能力

模仿能力也被称为再造能力，是指人们通过观察别人的行为、活动来学习各种知识，然后以相同的方式做出反应的能力。例如，学习绘画时的临摹，用字帖仿效前人的书法，儿童在家中模仿父母的语言、表情，按照所学的数学定理来解决同一类型题目等。模仿不但表现在观察别人的行为后立即做出相同的反应，而且表现在某些延缓的行为反应中。模仿能力是人和动物的一种重要的学习能力。

创造能力是指在活动中创造出独特的、新颖的、有社会价值的产品的能力。它是成功地完成某种创造性活动所必需的心理条件。一个具有创造能力的人往往能摆脱具体的知觉情境、思维定式、传统观念和习惯等的束缚，在习以为常的事物和现象中发现新的联系，提出新的思想，产生新的产品，如科学发明、工具革新、文艺创作、创造性地解决问题等。创造能力有三个特点：

①独特性。指见解独特，不循常规，能标新立异。

②变通性。指不受思维定式的约束，构思新奇灵活，能举一反三，触类旁通。

③流畅性。指心智活动畅通无阻，能在短时间内产生大量想法，提出多种答案。

模仿能力和创造能力是紧密联系的，创造能力是在模仿能力的基础上发展起来的，人们的活动一般总是先模仿、后创造。模仿是创造的前提和基础，创造是模仿的发展。模仿能力和创造能力又是相互渗透的，模仿能力中包含着创造能力的成分，创造能力中包含着模仿能力的因素。

(3)按照能力的功能，可将其划分为认知能力、操作能力和社会交往能力

认知能力是指人脑加工、储存和提取信息的能力。一般认为观察力、记忆力、注意力、思考力和想象力等都是认知能力。人们认识客观世界并获得各种各样的知识，就主要依赖于人的认知能力。

操作能力是指人们有意识地调节自己的外部动作以完成各种活动的能力，如艺术表演能力、劳动能力、体育运动能力、实验操作能力等。

社会交往能力是指在人们的社会交往活动中所表现出来的能力，如言语感染力、组织管理能力、决策能力、处理意外事件的能力等。这种能力对协调人际关系、促进人际交往和信息沟通有重要作用。

以上三种能力是相互联系的，操作能力和社会交往能力是在认知能力的基础上形成和发展起来的；同时，人们在操作和社会交往活动中，又进一步丰富和发展了认知能力。在有些实践活动中，需要将这三种能力有机结合起来，才能使活动顺利进行。

(二)能力与职业匹配

职业能力既与一般能力有关，更与特殊能力密不可分。人们从事的某种职业活动都是具体的，因此人的职业能力主要是指人的特殊能力，即从业人员为胜任这一职业

而必备的能力。以下列举几种能力类型的特点及适合的职业。

(1)语言能力。包括对词语的理解和使用的能力，对句子、段落、篇章的理解能力，以及善于正确而清楚地表达自己的观点和向别人介绍信息的能力，它包括语言文字的理解能力和口头表达能力。适合的职业有教师、记者、服务员等。

(2)数理能力。指能够快速通过运算、推理来解决应用问题的能力。适合的职业有会计师、出纳、统计员、建筑师、精算师、工程师、工业药剂师等。

(3)空间判断能力。指能看懂几何图形、识别物体在空间运动中的联系、解决几何问题的能力。与图纸、工程及建筑等打交道的人往往需要较强的空间判断能力，因此对于裁缝、电工、木工、无线电修理工和机床工来说，必须具备一定的空间判断能力。

(4)细节察觉能力。指对物体或图像的有关细节的知觉能力，如能对图形的明暗、线的宽度和长度做出视觉的区别和比较，看出其细微的差异。适合的职业有生物学家、建筑师、测量员、制图员、农业技术员、医师、兽医、药剂师、画家、无线电修理工等。

(5)运动协调能力。指身体能够迅速而准确地做出动作反应的能力。适合的职业有舞蹈演员、驾驶员、飞行员、牙科医生、外科医生、雕刻家等。

(6)动手能力。指手、手腕、手指能够紧密配合以迅速而准确地操作小的物体的能力。适合的职业有技术工人、检修人员、模型制造人员、手工艺者等。

(7)书写能力。指对词语、印刷物、账目、表格等的细微部分能够正确知觉的能力。适合的职业有校对员、录入员等。

(8)社会交往能力。指善于进行人与人之间的互相交往、互相联系、互相帮助，能够协同工作并建立良好的人际关系的能力。适合的职业有公共关系人员、对外联络人员、政府外交人员、物业管理人员等。

(9)组织管理能力。指擅长组织和安排各种活动以及协调活动中人际关系等的能力。适合的职业有政府管理人员、企业经理、基金管理人等。

第二节　职业认知

一、职业与专业

(一)认识专业

1. 专业及其设置的依据

专业是指高等院校或者中等职业学校根据学校分类或者生产部门的分工把学业分成的若干个具体门类。

职业教育是为社会主义现代化建设服务的，其专业设置必须适应社会发展和经济建设的需要，必须与市场需求接轨，学校要根据市场需求培养人才。为了实现职业学校的培养目标和体现职业学校的特色，使职业教育更好地适应我国社会主义现代化建设和科技进步、产业结构调整的需要。教育部对职业学校的专业进行了调整并颁布了相应的专业目录，专业目录已成为各类职业学校专业设置的直接依据。因此，只有选好自己适合并感兴趣的专业，努力学习学校所设置的课程，刻苦钻研职业技能，才能在缤纷多彩的职业世界里找到理想的岗位。

2. 专业学习的重要性

在现代社会，一个人不经过学习，不掌握一定的专业知识和技能，就很难生存，更不能实现职业理想。因此，在学校学习期间，学好专业理论与技能，以优异的成绩完成学业，对每个青年人走向社会都具有重要的意义。

(1)扎实的专业知识和技能是就业与从业的必备条件。无论在何种岗位上，没有一定的专业知识和专业技能，不具备职业必需的本领，就无法履行岗位职责和完成工作任务。不学专业知识，没有一技之长，即使是最普通的职业也难以胜任。只有具备扎实的专业知识和过硬的专业技能，才能在就业竞争中占据优势，为顺利就业创造有利条件，为成功从业铺平道路，为创造优异业绩做好积淀。

(2)学好专业是实现人生价值的基础。只有学好专业、完成学业，才能找到职业。而在职业舞台上，只有灵活运用专业知识、充分发挥专业特长，才能提高工作效率，出色地完成工作任务，使付出的劳动得到社会承认，聪明才智得以发挥，个性得以展示，人生价值得以实现。

（二）专业与职业的对应关系

1. 职业岗位群

由于社会的分工，人们从事着不同的职业。在不同的产业、行业领域中，有成千上万种不同的职业。学校所设置的专业是学业分类，它是从学科与技术的角度进行划分的。所以专业和职业既存在区别，又联系密切。

专业与职业的对应关系，可以是一个专业对应一个职业岗位，但更多的情况是，一个专业对应一个职业岗位群(或职业领域)。职业岗位群一般由工作内容、社会作用、基本技能要求相近，且从业者所应该具备的素质接近的若干个职业岗位构成。例如，机械设计与制造专业所对应的职业岗位群包括机械设计、加工工艺制定、工艺装备设计、CAD/CAM等工程软件应用、数控编程、数控机床操作及技术管理等；电气自动化技术专业所对应的职业岗位群包括电气自动化系统的安装、调试、改造及技术管理，变配电系统设备的运行、维修、安装、调试及部分设计工作，工业自动化系统营销等；计算机应用技术专业所对应的职业岗位群包括企业、商贸、财经、金融、党政团体等单位的计算机维护、修理，数据库编程，网络安装与使用，多媒体制作，计算机经营等。

不管什么专业，学校在制订专业教学计划时都要明确该专业毕业生的就业方向(或职业岗位群)。大学生经过专业学习和训练，完成学业后，就会选择职业，进入相关单位。所以，在校学习期间，应该增强职业意识，熟悉与自己所学专业对应的职业群，及时关注相应职业或职业群的变化情况，了解与自己所学专业相关的职业群所需要的职业资格证书并准备获取之。

2. 专业设置与社会需求

随着高等教育大众化时代的到来，高校在专业设置上既要适应教育的外部环境，把专业置于整个经济社会的大循环的动态系统中去考察，又要遵循教育的内部规律、学科发展需要和人才培养规律。人才培养要有一定的超前性。有的专业从无到有、蓬勃发展，有的专业辉煌一时、日渐衰落。专业调整除受到国家宏观调控之外，其兴衰变化更多是由市场需求和职业发展前景所决定的。

在高等教育大众化时代，大学生成为一种相对优秀的社会人力资源，职业对大学生的要求也越来越高、越来越精细。大学生除了按教学计划学好专业知识外，提高职业适应性显得越发重要。因此，在校期间，大学生必须根据职业发展需要，选择主修专业和辅修专业，合理安排学习计划，积累适应个人职业发展需要的专业技能，增强自身就业竞争力。

3. 专业与职业的对应

大学学习的专业和现行的社会职业往往是紧密联系在一起的。没有职业岗位的需求，大学的专业就相当于无源之水、无本之木。那么，专业与职业的关系是什么？一个专业只对应一个具体的职业吗？根据经验，可以将专业与职业的对应关系概括为以下三种。

(1)一对多，即一个专业可以对应多个职业。通常每一个综合性学科专业都具有较为宽广的职业范围，这类专业一般在大学里面学习的内容比较宽泛，专业性、技术性相对来说低一些，所以该专业的学生毕业之后可以选择的职业比较多。但这并不意味着就业比较容易，如果想要更好地就业，就需要结合本专业所学知识和自己的职业规划，有针对性地学习一些职业技能。宽专业加上自己的独特技能，毕业之后的竞争力会大大提升。这类专业包括哲学、历史、中文、经济学等。例如，一名学生从经济学专业毕业之后，可以从事新闻记者、高校教师、企业管理等工作。

(2)多对一，即大学里面的很多个专业的学生毕业之后都可以从事一个相同的职业。比如新闻专业、中文专业、经济学专业等，这些专业的学生毕业之后都可以从事记者这个职业。部分职业往往专业技术含量不是特别高，这也造成了许多有相关性的专业都可以对应到这个职业上面，但是这类职业可能更加需要个人的领悟能力和在实践中学习的能力，所以在具体工作的过程中，应结合自己的专业知识，不断总结经验、提升技能。

(3)一一对应，即一个专业对应一个职业。这种情况在专科高职中比较常见，学生在大学里面所学专业的技术性比较强，可以说，学校就是为了培养某一个职业的学生而专门设置一个专业。比如，想当厨师就学厨师专业。在这种情况下，就要先有目标，然后再找路线。总之，大学毕业生除了兴趣之外，往往会从与自己的专业相关性最大的职业方向进行就业择业。

4. 职业资格

(1)职业资格证书制度

①从业资格和执业资格。职业资格是对将要从事某一职业的劳动者所必备的学识、技术和能力的基本要求。职业资格包括从业资格和执业资格。

从业资格是指从事某一专业(工种)的学识、技术和能力的起点标准，也是基本标准或最低要求。

国家对某些责任较大、社会通用性强，关系国家、社会公共利益的专业(工种)实行准入控制，执业资格就是依法独立开业或者从事这些特定专业(工种)在学识、技术和能力方面的必备标准。

②职业资格证书与职业资格证书制度。职业资格证书就是国家对达到职业资格规定的必备的学识、技术和能力标准的劳动者发给的证明。要获得职业资格证书必须经过考试、考核。

职业资格分别由国务院劳动、人事行政部门及其委托的机构，通过学历认定、资格考试、专家评定、职业技能鉴定等方式评价，对合格者授予国家职业资格证书。其中资格考试一般分为笔试和口试，同时还有多种多样的实际操作考核。职业资格证书是求职任职、独立开业和用人单位录用的主要依据。一切从业人员，尤其是专业性、技术性较强的行业的从业人员，都要像汽车司机经过考试合格取得驾驶证才允许开车那样，必须取得考核合格证书才能走上工作岗位。可见，在现代社会，人们要工作就要按照标准去做；要达到标准，就要考取职业资格证书。

职业资格证书制度就是对劳动者取得什么证书、怎样取得证书、取得证书后的作用等一系列问题做出规定而形成的制度。职业资格证书制度遵循申请自愿、费用自理、客观公正的原则。凡中华人民共和国公民和获准在我国境内就业的其他国籍的人员都可按照国家有关政策规定和程序申请相应的职业资格。各省、自治区、直辖市劳动、人事行政部门负责本地区职业资格证书制度的组织实施。

③学历证书和职业资格证书的关系。学历证书是一个人接受教育的年限、所具有的文化程度或者学业程度的证明，是由教育部门颁发的。职业资格证书是一个人能否胜任某一职业的证明，由人力资源和社会保障部或其委托的部门颁发。

学历是一个人学习的经历，表明一个人在某个学校学习某类专业，是毕业还是肄业。学历证书又称文凭，是教育部门颁发给学生作为学历证明的文件，就是毕业证书。当一个人按期完成某类正规教育，经考试合格后都会得到一份证明其所接受的这段教育的证明性文件。不同职业对学历有不同的要求。我国实行九年制义务教育，因此获得职业资格的起点学历是初中学历，当然有些职业要求更高的学历。例如，有的地区规定，小学教师必须具备大专或大专以上的学历，中学教师必须具备本科或本科以上的学历。

当然，学历并不等于能力，在职业生活中，学历很重要，但学历高的人能力不一定高，学历低的人能力不一定低。这里需要说明的是没有学历并不等于不学习、没有知识。有些人是靠自学成才，达到了某个层次的同等学力的。企事业单位选用人才，学历并不是唯一的条件，用人单位越来越看重的是人的潜质和综合能力。因此，大学生在学校学习期间，应做到德智体美劳全面发展，实现学历和能力的统一。

随着职业资格证书制度的实行，越来越多的职业学校在完成正常教学计划的同时，组织学生参加相关的职业资格证书的考试、考核，鼓励学生一专多能。国家有关部门也明确规定学历认定是获得职业资格证书的必要条件。所以说，学历证书和职业资格证书是密不可分的。改革开放以来，我国的劳动力市场逐步发展并完善。全面提高劳动者素质，必须充分开发和有效利用我国丰富的劳动力资源，坚持把人才的培养和合理使用结合起来，要制定各种职业的资格标准和录用标准，实行学历证书和职业资格证书两种证书制度。我国劳动法规定："国家确定职业分类，对规定的职业制定职业技能标准，实行职业资格证书制度。""双证书制度"的逐步推广实行，不仅有利于鼓励和调动学生学习专业理论和专业技能的积极性，而且有利于学生积极适应多种专业岗位的需求。在新的就业机制中，"双证书制度"将发挥越来越大的作用。

(2)职业资格证书对劳动者的作用

①求职、就业的必备条件。在现代社会，具有全面素质和综合职业能力是人们从事职业活动、得到职业发展的前提条件。在人才市场上，各类职业资格证书是证明人们具备这些条件的有效证件。例如，当人们到宾馆、饭店求职的时候，必须有厨师证或者餐厅服务员职业证书；如果要到企事业单位当电工，必须有电工职业资格证书，这些都是通向人才市场的"入门券"。一个人如果没有职业资格证书，就难以证明其所具备的职业能力。

②胜任特定岗位的标志。在人才市场上，一个人能否胜任某一岗位，是否具有该岗位所必需的职业意识、职业知识、职业技能等，他所拥有的职业资格证书就是最有力的证明。可见，职业资格证书是胜任特定岗位的标志。

③增强职业竞争能力的手段。在社会主义市场经济条件下，"双向选择，竞争上岗"已经成为就业的必然趋势。在就业市场中，求职者不仅要有学历证书，还要有多个职业资格证书，有了这些证书，在职业选择过程中就会有优势。如果一名求职者拥有多种职业资格证书，不仅能提高他在进行职业选择时的竞争力，而且有利于提高其就业后的职业转换能力和相关待遇。

二、确立职业目标

（一）大学生确立职业目标的原则

1. 人职匹配的原则

大学生在做职业规划时，一定要认真了解个人与环境的实际情况，并对自己职业发展的可能性做出尽量切合实际的预判，达成个体因素与职业目标的最佳匹配。

2. 可操作性原则

职业规划必须具备可操作性，只有建立在可靠认知和调研的基础上，才能保证按照既定路线去实现目标。职业规划的可操作性包括目标明确具体、切实可行和系统规范三个方面。

职业目标应具有针对性，不能将职业目标简单设定为一个模糊而庞大的梦想，而应按照一定的时间标准，将其分解为若干个可以预见的、具体的小目标，并设定完成每一个具体目标需要的条件和实现的时间界限。

职业目标和规划路径必须符合个体实际，在规定环境中通过自身努力最终能够达成，且实现具体阶段性目标应能激发自身动机并满足个体一定的需求。

职业规划应全面考虑具体职业目标在职业发展中的主次和先后关系，建立起层次结构分明的目标体系。同时职业目标的设定应符合社会道德和法律规范，必须能随时监控计划的实施情况，根据对效果的评价及时进行调整改进。

3. 动态发展性原则

一般情况下，大部分人的职业发展目标与年龄发展的阶段是相对应的。因此，做好职业规划也必须依据各年龄阶段的特点和需求制订相应的、切实可行的计划和目标。很多计划初期设计得很不错，但是随着年龄的增长、环境和心理的改变，可能到某一阶段时原计划已不再适用，就需要根据新的情况适时进行调整和改变。从现实情况来看，几乎没有任何一个人的职业规划是可以适用终生的。

（二）确立职业目标的方法

1. 客观评估自己

“知己知彼，百战不殆。”客观评估自己，了解自己的性格、职业兴趣、职业能力倾向、职业价值观等，弄清“我喜欢什么、我能够干什么、我适合干什么、对未来的工作我最看重什么”四个问题，找准优势、找出差距，就能在以后的职业发展中更好地扬长避短，走好每一步。

2. 客观认识职业环境

（1）了解行业未来的需求状况、有无支持行业发展的战略性规划和有利于大学生就业的新政策、行业近期有无与自身目标职业相关的重点投资项目或发展规划等。

（2）了解目标行业、目标职位对从业者素质与能力的要求。

（3）选择用人单位类型和工作环境。

(4)选择工作地域。主要考虑交通、家庭住址、经济条件、个人的发展机会、生活习惯和家庭成员关系等。

(5)分析家庭环境和学校环境。家庭环境分析包括对父母文化水平和职业、家庭经济条件、家乡所处地域等因素的分析。学校环境分析主要包括对学校的社会声誉、办学定位，所学专业的师资力量、教学条件，以及历届毕业生的就业状况等因素的分析。

只有深入分析行业发展前景与职位需求状况及今后的发展趋势，结合自身家庭的经济条件、社会关系、成员的健康状况等，才能充分评估环境因素对自己职业发展的影响，把握环境因素带来的机会，规避风险。

3. 合理确定职业定向、职业目标和发展路径

职业定向要考虑性格与职业的匹配、兴趣与职业的匹配、特长与职业的匹配、内外环境因素对职业的影响等。良好职业目标的确定是以自己的最佳才能、最优性格、最大兴趣、最有利的环境等因素为依据进行选择的结果，以达到人职匹配。

拓展阅读

张华是一名在传统零售行业工作多年的销售经理。他在目睹电子商务的兴起对实体零售业造成的冲击后，意识到如果不更新自己的知识和技能，就可能会在未来的职业道路上遇到困难。因此，张华决定利用业余时间学习电子商务和数据分析相关的课程。

通过参加在线课程和工作坊，张华逐步掌握了数字营销的基础知识和数据分析的技能。他开始将这些新技能应用到自己的工作中，提出在公司网站上实施新的营销策略，并利用数据分析来优化库存管理和客户服务。

随着张华的努力，公司的在线销售额逐渐增长，客户满意度也有所提高。他的创新思维和对新趋势的适应能力得到了公司领导的认可。最终，张华被提拔为公司的电子商务部门总监，负责推动公司在数字领域的进一步发展。

在职业生涯中，一时的安逸并不可取，只有勇于跳出自己的舒适区，追赶趋势，才能不被时代抛弃。例如，一些人考取了建造师证书，不管是一级还是二级的，都可以在建筑领域找到一份待遇很好的工作。但他们当中的很多人并不满足，有的去报考增项，还有的去考注册消防工程师或者造价工程师等其他证书。这些人成功考取多个相关证书之后，再积累几年经验，就更有可能成为施工项目的负责人或者项目经理。

所以说，没有真正意义上的“铁饭碗”。人生最不能放弃的，就是不断地自我成长。真正优秀的人往往不会安居世外，而会不断磨砺自己，使得自己能够在任何情境下泰然处之。

案例分析

有一名“90后”女孩，大学时学的是计算机专业。但是到了大三时，她才发现自己并没有那么喜欢这个专业，反而更喜欢做需要创意的事情。因此，她开始主动到一些知名的广告企业实习。

正式毕业之后，积累了丰富经验的她顺利地进入了广告行业并担任新媒体团队编辑。后来，她的两部作品大受好评，由此一跃成为文坛的新秀。

之后，她在微信上创立了自己的自媒体频道，主打内容偏向内在输出的“情感小剧场”，从而赢得众多粉丝。不久，她的自媒体频道宣布完成天使轮融资，估值甚至达到1000万元。

分析：这名同学成功的原因之一在于找到了自己的职业兴趣点。职业兴趣是职业发展最有力的助推器。找到个人兴趣与工作职责中相对应的点，会让自己在工作时动力更强、更有成就感。兴趣会促进一个人最大限度地挖掘和发挥自己的天赋，使其在工作中将自己的爱好和特长发挥得淋漓尽致。

职业的选择与确定要求一个人必须对自身特征有比较清楚的了解，如自己的技能、具体的知识、任务适宜性、生理和心理上的工作环境要求、责任水平和薪资期待等。不同的个人特征都有其适合的职业群类。自然，在这些适合的职业群类之外，可能有一些就是非常不适合自己的，这种不匹配的选择可能对个人造成巨大的痛苦。因此，对自身特征进行确定，其意义可见一斑。

经过从了解自身特征到匹配对应的职业群类的职业确定过程，就基本可以保证工作不仅是劳动，更是自我表达和贡献的有效途径。当一个人以这种职业自觉开始工作的时候，其工作满意度就可能会非常高。那么，自身特征最突出的表现是什么呢？一般而言，对于职业适应与否，影响非常大的一个因素就是职业兴趣。虽然当人们付出努力时也经常能把事情做好，但是对于有兴趣的事，人们会做得更好。所以，职业定位需要从了解自己的职业兴趣开始。

兴趣是职业生涯选择的重要依据。兴趣可以使人集中精力去获得自己喜欢的职业知识、启迪智慧并开创性地开展工作。当一个人对某种职业产生兴趣时，他就能投入整个身心和发挥全部的积极性；就能积极地感知和关注该职业的相关知识、动态，并且积极思考、大胆探索；就能情绪高涨、想象丰富；就能增强记忆效果，增强克服困难的意志。反之，“牛不喝水强按头”是不会取得良好效果的，也就很难在该职业上发挥个人优势、做出巨大贡献了。正像一个人在日常生活中喜欢参加自己感兴趣的活动一样，具有一定兴趣类型的人更倾向于寻找与此有关的职业，特别是在外界环境限制较小时，人们更倾向于选择自己感兴趣的职业。

实践活动

生涯人物访谈

生涯人物访谈是获取职业信息的一种常用方法。大学生可以搜寻一些在企业或事业单位有多年工作经历的人员，通过与他们的接触谈话，获取就业过程中的相关信息和知识。

访谈形式：面对面访谈或网络访谈。

参考访谈问题：

1. 您觉得您求学期间的哪些经历为您做好这方面的工作打下了基础？
2. 您的第一份工作是什么公司的什么职位？它对您今后的职业生涯有什么影响？
3. 您所从事的哪种职业对您的影响最深？为什么？
4. 您认为什么样的个人品质、性格对做好这份工作是比较重要的？除此之外还应具备哪些知识、技能和经验？
5. 作为管理人员，您觉得哪些要素在这份工作中是比较重要的？
6. 您所从事的行业前景如何？

第二章　职业规划

【学习目标】

1. 知识层面：能够描述职业规划的含义、阶段和现状，能够描述职业规划的方法与步骤。

2. 态度层面：认识到进行职业规划的重要性并愿意付诸实际行动。

3. 能力层面：掌握职业规划的实施方式，能够撰写自己的职业规划书。

4. 思政层面：树立正确的职业观和就业观，认识到职业规划对于个人职业发展的重要性，积极尝试制订和实施职业规划，提高自身职业竞争力。

案例导入

从迷茫到坚定：小李的职业规划之路

在浩瀚的职业海洋中，每个人都像是一艘小船，需要找到属于自己的方向才能顺利航行。小李就是这样一艘小船，在经历了一段时间的迷茫后，他最终找到了自己的职业目标，并坚定不移地朝着它前进。

小李在大学的专业是计算机科学与技术。读书期间，他没有像其他同学那样明确自己的职业方向，而是随波逐流地参加了各种社团和活动。面临毕业时他才发现自己并没有学到什么实用的技能，对于未来的职业发展很迷茫。为了找到属于自己的职业方向，小李开始进行反思和规划。他首先分析了自己的兴趣和优势，发现自己对编程和数据分析有着浓厚的兴趣，并且在大学期间积累了一些相关的经验。于是，他决定将这两个方向作为自己的职业发展目标。接下来，小李开始制定具体的职业规划。他首先通过网上搜索和咨询业内人士，了解了编程和数据分析行业的发展趋势和市场需求。然后，他选择了一家知名的互联网公司作为自己的实习单位，通过实习来积累实践经验和提升技能。在实习期间，他勤奋学习、努力工作，很快就得到了领导和同事的认可。实习结束后，小李成功地留在了这家公司工作，开始了自己的职业生涯。他深知自己的职业规划只是一个开始，未来的路还很长。但他也坚信，只要坚持不懈地努力，就一定能够实现自己的职业梦想。

职业规划对于个人的职业发展至关重要，只有明确了自己的职业目标和发展方向，才能够有针对性地提升技能、积累经验，最终实现职业成功。同时，职业规划也需要不断地完善，随着市场和自身条件的变化而做出相应的调整。只有这样，我们才能在职业道路上越走越远，实现自己的职业梦想。

第一节　了解职业规划

一、职业生涯的发展阶段

职业生涯是一个发展过程，必然具有阶段性。一些职业管理学专家对职业生涯的发展过程进行了长期大量的研究，提出了不少职业发展理论，较有代表性的是美国职业管理学家萨柏提出的“五分法”。萨柏经过大量实验研究，从人的终身发展角度出发，把整个人生分为成长、探索、立业与发展、维持、衰退五个阶段，并介绍了各阶段的发展特点，如表 2-1 所示。

表 2-1　人生不同发展阶段的特点

发展阶段	对工作方面的需求	对情感方面的需求
成长阶段（0～14 岁）	希望尝试不同行为方式，并开始思考自己的能力及工作要求	希望获得他人的认同并逐渐形成独立的自我概念
探索阶段（15～24 岁）	要求从事多种不同的工作；希望自己探索	进行试探性的职业选择，在比较中逐渐选定自己的职业
立业与发展阶段（25～44 岁）	希望从事具有挑战性的工作；希望在某一领域发展自己的专业知识和技能；希望在工作中有创造性；希望在 3～5 年后转向其他领域	希望面对各种竞争，敢于面对成败；能处理工作和人际关系问题；希望互相支持；希望独立自主
维持阶段（45～64 岁）	希望更新技能；希望在培训和辅导青年员工的过程中发展自己的技能	具有中年人较为成熟的思想感情；对工作、家庭和周围的看法有所改变；自我陶醉以及竞争性逐渐减弱

续表

发展阶段	对工作方面的需求	对情感方面的需求
衰退阶段（65岁及以后）	计划好退休，从直接决策转向咨询和指导性工作；寻找自己的接班人，寻找组织以外的其他活动	希望用咨询的方式为他人带来帮助，希望在组织外的其他活动中获得满足

二、职业形态

每个人都有独特的职业形态，不同的职业形态对人的发展影响极大。好的职业形态能帮助事业获得成功，不好的职业形态则不利于事业的发展。职业的形态种类很多，常见的形态有以下七种。

第一，步步提升型。指在一个组织内认真经营，即使工作地点或工作内容因单位的需要而有所改变，但是工作表现仍颇受上级领导的肯定，因而能够实现步步提升。

第二，阅历丰富型。指换过不少的工作。一个人可能在很多家单位工作过，其工作的内容差异性很大，但他勇于改变与创新，而且学习能力强，故而能面对各种突发的状况。

第三，稳扎稳打型。指一个人在工作初期处于探索阶段时，工作的转换较为频繁。经过一连串的尝试与努力之后，终于进入自己所向往的工作机构。此机构的升迁与发展虽有限，但是非常稳定。

第四，越战越勇型。这种形态的出现说明一个人的职业发展已有明确的方向，其间虽因某些原因受到打击和挫折，但受挫之后仍能凭借自己的毅力与能力，积极向上，以更成熟的个性面对挑战，最后工作的成就也会远超过从前。

第五，得天独厚型。指一个人对于自己的工作职业并没有花太多时间探索与尝试，由于其他原因很早就确定了方向，并将单位的发展与个人职业发展密切结合。

第六，因故中断型。指连续性的职业发展因为某些因素而停顿，处于静止或衰退的状态。

第七，一心多用型。职业变化各有缘故，工作做久了，感到厌烦、倦怠或觉得缺乏新鲜感总是难免的。所以，有一份稳定的工作，同时在工作之余安排自己有兴趣的事，在稳定与创新之间寻找平衡点，可以使生活更为丰富。

三、职业规划的含义

职业规划是指个体根据对自身的主观因素和客观环境的分析，确立自己的职业发展目标，选择实现这一目标的职业，以及制订相应的工作、培训和学习计划，并按照一定的时间安排，采取必要的行动，进而实现职业生涯目标的过程。

（一）正确理解职业规划

正确理解职业规划的含义，需从以下四个方面入手。

1. 职业规划具有明显的个性化特征

职业规划的主体往往不是某个组织，而是组织中的个体。因为许多个体的职业目标在唯一组织内工作无法实现，而需要在多个组织中工作才能达成。

2. 职业规划是个体有意识地确立职业目标并追求目标实现的过程

职业规划包括知己、知彼、抉择、目标、行动五个要素，随着内外条件的不断变化和职业活动成果的出现，职业目标可能会更加明晰，或是需要在反馈后加以修正。

3. 职业规划中的职业目标同日常工作目标有很大差异

工作目标是个人在当前的工作岗位上想要完成的任务目标，可以自设，也可以由组织给定。工作目标一般是较具体的短期目标，同本职工作紧密相关。职业目标相对来说是较为抽象的长期目标，不一定完全同当前的工作相适应。但是，选择适当的工作目标并很好地实现这些目标，是达成职业目标的最佳途径。

4. 组织应积极了解并参与和指导个体的职业规划

组织是个体落实职业生涯的重要场所，它可对个体的职业生涯设计产生巨大影响，它既有责任帮助个体发展和实现个体的职业规划，又有必要加以引导，使个体职业生涯的发展同组织的整体发展目标相协调。

（二）科学的职业规划应具备的特征

科学的职业规划应具备以下四个特征。

1. 可行性

职业规划必须依据个人及组织环境的现实情况而制订，它应该是能够落实的计划方案，而不是没有依据或不着边际的幻想，否则就会错过职业设计的良好时机。

2. 适时性

职业规划是对未来的职业目标的确定及对未来职业行动的预测。因此，各项活动的实施与完成都应有时间和顺序上的安排，以便作为检查行动的依据。

3. 灵活性

规划未来的职业目标与行动涉及许多不确定性因素，因而其设计应有一定的弹性和灵活性，要随着外界环境及自身条件的变化及时调整自己的职业规划方案，以增强其适应性。

4. 持续性

职业目标是人生追求的重要目标，职业规划应贯穿人生发展的每一个阶段。这样人们才能通过不断调整与持续的职业活动安排，最终实现自己的职业目标。

在一个人的整个人生经历中，存在着不同的生命周期空间，包括生物社会生命周期、家庭生命周期和职业生涯周期。在人的总生命空间中，最重要的、起决定作用的是职业生涯周期，它是人生存和发展的前提条件。而且职业生涯周期从任职前的职业教育培训开始，到寻求职业、就业从业、职业转换、逐步晋升，直至完全脱离职业工作，占据了人生大部分时间，因此，它对个人及其家庭都有着十分重要的意义。

人人都追求职业的良性发展，这样的追求是个体逐步实现其职业目标并不断发现和达到新目标的过程。职业的良性发展过程有两种形式：一是职务的升迁，是指在同一职业甚至同一单位中，一个人职位的不断晋升；二是职业的改变，是指一个人所从事工作内容的改变。这种改变可以是工作单位的变动，也可以是在一个单位中从事不同的工作，都属于职业的良性发展。职业的良性发展对于一个人的成长是很有意义的，它能激励个体，更能带给个体成就感。

第二节　大学生职业规划

一、大学生职业规划的现状

（一）大学生职业规划的类型

1. 未规划型

一部分大学生可能还没有开始考虑自己的职业规划，他们对职业发展缺乏明确的目标和方向，或者对于如何规划职业生涯感到迷茫。

2. 探索型

这部分学生正在积极探索自己的职业兴趣和潜在的职业道路。他们通过实习、兼职、参加社团活动等方式来了解不同行业和职业。

3. 目标明确型

这部分学生对自己未来的职业有明确的目标和规划。他们已经根据自己的兴趣、专业知识和市场需求制订了详细的职业发展计划。

4. 依赖型

这部分学生在职业规划上依赖父母、老师或其他人的意见和指导。他们缺乏独立做决策的信心和能力。

5. 随机型

这部分学生没有固定的职业规划，他们的职业选择可能更多地受到即时机会和偶然因素的影响。

6. 适应型

这部分学生意识到职业规划是一个动态的过程，他们愿意根据个人经历和市场变化调整自己的职业目标和计划。

7. 全面发展型

这部分学生注重全面发展自己的能力，不仅关注专业技能的提升，也重视沟通、领导能力等软技能的培养，以适应多变的职业环境。

（二）大学生职业规划中常见的问题

部分大学生在职业规划中存在“四不”问题。

1. 方向不明

在中学的时候，多数学生的目标十分明确，就是考上大学。但上了大学之后，有一部分学生便进入“理想的真空期”，找不到自己努力的方向，奋斗目标缺失。其原因包括：①不能正确认识自己，容易产生自傲、自卑、保守和攀比心理。他们要么过高估计自己，盲目乐观；要么过低估计自己，尤其是在激烈竞争中受挫后垂头丧气，产生自卑心理。②不能正确认识社会，不了解职场发展动态，不知道社会的需求，对自己能做什么、社会鼓励自己做什么不清楚，表现为前进的方向迷失或目标模糊。

2. 意识不强

一部分大学生对职业规划的重要性和必要性认识不足，认为规划职业生涯没有多大必要，规划跟不上变化，因而规划意识不强，抱着“车到山前必有路，船到桥头自然直”的观念，不愿意积极主动地思考自己的职业生涯的发展，还处于“要我做”，而不是“我要做”的状态。

3. 准备不足

面对严峻的就业形势和激烈的职场竞争，部分大学生没有充分的心理、知识和技能准备，不能充分利用大学的学习条件开发自己的潜能，提升自己的职业素养，去适应未来工作的需求。有的大学生停留在中学的思维和学习模式，重知识、轻能力，缺乏全面适应社会的准备。

4. 实施不力

有的大学生做了职业生涯规划，确定了职业目标，制订了行动方案，但未落实在行动上，尤其是在实施过程中，一遇到困难就会退缩。比如，有的同学计划要在大二时考过英语四级或六级，而一旦考试受挫，就不愿继续努力了，有的甚至会放弃。

（三）大学生职业规划的要点

大学生的职业规划与在职人员比较有其自身的特点。二者在规划的重点方面虽有所不同，但职业规划理论的依据基本相同，方法步骤也可相互借鉴。具体而言，大学生职业规划的要点有四个部分。

第一，进行职业测评。大学生对自身能力素质、兴趣、性格、气质及价值观等进行测量与评估，分析自己的特点，再结合工作的特点进行分析，帮助自己进行职业选择的过程，也就是通常意义上所说的“人职匹配”的过程。“测评”一词包括两层含义，即“测”和“评”。“测”是指测量、测试，是以定量化的方式对人的能力水平及倾向、个性特点和行为特征等进行分析和展示；“评”是指评价、评定，是以定性化的方式对人的能力水平及倾向、个性特点和行为特征等进行评价和判定。“测评”这一概念将定量的方法与定性的方法紧密地结合在一起，形成了一套客观、科学、系统的方法。

第二，评估所学专业，明确自己的职业定向。专业是学业门类，职业是工作门类，专业与职业一般不存在一一对应关系。比如，冶金工程专业的毕业生可以到钢铁厂从事冶金技术工作，也可以到金属材料公司从事经营工作，还可以到钢铁企业从事技术管理、到学校从事专业教学、到科研单位从事冶金研究等。从总体上看，专业与职业大体存在五种关系，即专业包容职业、专业与职业部分重合、职业包容专业、专业与职业相切、专业与职业分离。如表 2-2 所示。

表 2-2　专业与职业的五种关系

名称及图解	基本解释	专业技能的重要程度	特点	建议
专业包容职业 	在专业领域内发展职业，一生的职业基本限制在专业领域内	极强	自己选择的职业与专业高度一致	精修专业
专业与职业部分重合 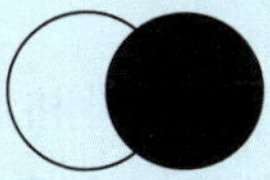	以专业为基础发展职业，一生的职业发展是在专业基础上有重点地沿着某些方向拓展的	一般	个人选择的职业与所修专业部分一致	学好专业，精修其他喜欢的专业技能，在重点掌握某些专业技能的同时，注重其他专业技能的学习
职业包容专业 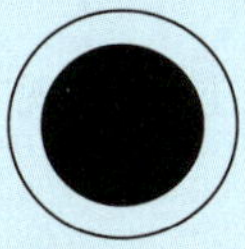	一生的职业发展以专业为核心，有较大拓展	较强	个人选择的职业与所修专业较一致，但职业发展明显超越专业领域	学好专业，选择与职业发展一致的课程
专业与职业相切 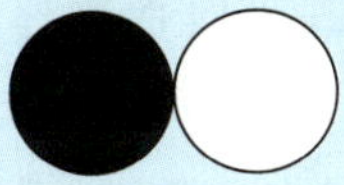	一生的职业发展与专业基本无关或在专业边缘发展职业	较弱	个人选择的职业与所修专业基本不一致	保证专业合格，辅修其他适合的专业，如有可能，可调整专业
专业与职业分离 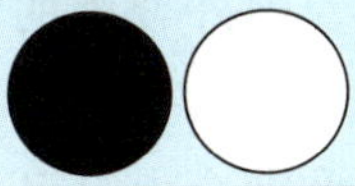	一生的职业发展与专业完全无关	弱	个人选择的职业与所修专业很不符合	尽量调整专业，若不能则辅修其他专业

第三，做好就业准备，为实现职业目标创造条件。根据人职匹配理论确立职业目标后，就要围绕适合自己的目标进行就业准备，开发自己的职业素养和职业能力，积累就业信息，编织人际网络。

第四，锁定目标单位，实现自己的就业目标。

二、大学生职业规划的必要性

（一）个性特征的多样性需要大学生精心规划职业生涯

世界上没有完全相同的人，每名大学生都具有独特性，这种独特性主要表现在以下三个方面。

1. 职业价值观不同

具有不同职业价值观的人有不同的追求，有的追求高工资，有的追求社会地位，有的追求稳定、轻松、舒适的生活，等等。职业价值观对一个人的职业目标和择业动机起着决定性的作用。如果职业价值观与所从事的职业相吻合，就会觉得开心快乐；如果背离，就会感到无奈和痛苦。不同职业价值观和动机决定了大学生有必要规划属于自己的独特的职业生涯。

2. 职业兴趣不同

大学生的职业兴趣也是多种多样的：有的喜欢成为领导者，有的服从性强；有的喜欢以形象思维开展工作，有的喜欢以逻辑思维开展工作；有的喜欢与人打交道，有的喜欢与物打交道；有的喜欢挑战性强的工作，有的倾向于按部就班。职业兴趣各异决定了大学生有必要规划属于自己的职业生涯。

3. 性格不同

大学生的性格有外倾向型的，也有内倾向型的，还有介于两者之间的。不同性格的人适合不同的职业，如外倾向型性格的人适合做与人打交道的工作，内倾向型性格的人适合做技术工作和研究工作等。不同的性格也决定了大学生有必要规划与他人不同的职业生涯。

（二）职业选择的多样性需要大学生精心规划职业

职场是一个多样的世界，条件各异，要求不同。职业选择的多样性主要体现在以下四方面。

1. 职业的地域选择具有多样性

大学生既可以选择在国内就业，也可以选择在国外就业；在国内既可以选择经济发达的东部，也可以选择到西部去建功立业。

2. 单位性质的选择具有多样性

大学生既可以选择在国有企业就业，也可以选择外企、国内私企、中外合资的股份制企业就业，还可以选择自主创业，自己办公司。在不同所有制的单位就业，其自主性是不同的。选择自己办公司的自主性最大，从策划到工作方式几乎完全由自己决定。如果选择国企或外企，各项工作决策往往不是自己决定的，自主性较小，但这些单位的规章制度都很完备。

3. 行业性质的选择具有多样性

行业的发展前景不同，就业机会和待遇也会不同。大学生一般都会选择发展机会多、待遇好的行业和单位。

4. 职业自由度的选择具有多样性

各种职业的自由度是不同的，有的工作必须在规定的时间和地点坚守岗位，有的工作没有固定的地点和时间。不同的人适合不同的工作环境，选择适合自己的工作环境，工作起来就比较舒心，工作效率也会高很多；如果在不适合自己的环境工作，心情不舒畅，工作就很难做好。大学生应根据自己的实际情况进行选择。

三、大学生职业规划的重要性

（一）有利于大学生更好地明确自己的人生奋斗目标

成功设计职业生涯必须知己之长短、知环境之利弊。因此，规划职业的过程就是一个不断认识自我、认识环境、扬长避短的过程。这个过程有利于设计者对自己的优势和不足进行深入的调查和细致的分析研究，从而能够客观、准确地了解自己的实力，同时也有利于自己对职业世界的现状与发展趋势形成一个清晰的认识。职业规划的目的绝不只是协助个人达到或实现个人目标，更重要的是帮助个人真正了解自己，并且进一步详细评估内外环境的优劣，在“衡外情，量己力”的情形下，设计出合理且可行的职业发展规划，选择合适的职业和岗位。

追求目标是成功的前提，大学生精心规划自己的职业生涯，对于明确自己短期、中期、长期乃至整个人生的奋斗目标具有十分重要的意义。指导大学生进行职业规划，有利于他们扬起理想的风帆，确立自己的学业目标、职业目标和创业目标。大学生只有规划好适合自己成长与发展的职业，确立明确的奋斗目标，才有利于自身学业和事业的成功发展。

（二）有利于大学生有的放矢地开发职业生涯，加快实现人生目标

科学的、切实可行的职业规划是职业生涯成功开发的前提条件。在职业规划下进行职业生涯的开发，方向性强、有效性高，对职业目标的顺利实现具有积极意义。如果一名同学的职业目标是成为教授级工程师，立志在专业技术领域内功成名就，他就会努力构建“T”字形知识结构——“T”字形知识结构的一横表示知识面的宽度，一竖表示对专业掌握的深度，两者博专相济，相得益彰。该模式注重基础知识的扎实和专业知识的精深，具有巨大的科研潜力。构建“T”字形知识结构，既要注意知识面的拓展，又要注重专业知识深度的挖掘，此外，还要关注本专业前沿发展动态，注重专业理论的学习和动手能力、创新能力的培养。如果一名同学立志成为杰出的管理者和经营者，就必须构建蜘蛛网型知识结构，即侧重专业知识的核心地位及其与相关知识的联系，在学好本专业的同时，选修管理及经营方面的课程或者辅修相关专业，同时还要参加一定的社会工作和营销工作，积累管理和营销经验。如果一名同学立志从事教学科研工作，就应在学业上立志取得硕士或博士学位，只有这样才能获得进入教学科研行业的敲门砖。总之，精心做好职业规划能增强大学生学习工作的目的性，减少盲目性和走弯路的可能，加快实现人生目标。

第三节 职业规划的实施

一、职业目标设定

职业目标的设定是职业规划的关键点。一个人事业的成功与否，很大程度上取决

于有无正确、适当的目标。

(一)职业目标设定的原则、方法

1. 职业目标设定的“SMART”原则

(1)S(Specific)——明确性、具体性

目标必须是具体的，而不是抽象模糊的。职业规划必须明确、清晰、具体，具有可行性。因此，在设定职业目标时应更加注重细节的具体性，只有细节问题处理好了，才会既有奋斗的方向，又有脚踏实地的前进步伐。

(2)M(Measurable)——可量化

可量化指的是可衡量、可测量、有一定的评定标准，尤其针对结果而言。目标应该是明确的，而不是模糊的。应该有一组明确的数据，作为衡量目标是否达成的依据，不能有“大概”“差不多”“快了”之类的模糊说法。面对设定好了的职业目标，不能有任何自我欺骗和任何借口，因为数据、数字、事实会说明一切。用数据说话，做到了就是做到了，没做到就是没做到，只有明确的数据才能鞭策一个人不断前进。

(3)A(Attainable)——可达成性

可达成性就是目标必须是可以达到、实现的。职业规划设定的目标要高，应具有挑战性，但一定要是可达成的。Attainable 一词也翻译为“可行”或“可接受”。其实无论如何翻译，都是在强调“我们职业规划中所设定的目标一定是能够通过我们最大的努力行动实现的”，“只要我想得到，就一定做得到”这句话的前提就是“你的目标是可达成的”。我们鼓励大家设定一个较高的职业目标，但不是鼓励设定一个虚无的、无法实现的目标。

比如，一名毕业生刚参加销售工作，如果尚未完全熟悉业务流程就给自己定了一个很高的销售额，就是不现实的。但如果循序渐进，第一个月设定自己的销售额要达到×万元，第二个月在前一个月的基础上增加×万元，这样设定的目标就是比较合理的、可达成的。当然，这里的可达成的预定目标会随着其能力水平的进步而不断提高，但是无论什么目标，都要根据自己的现实水平和能力来合理设定，这样不仅会获得成就感，也能得到同事们的认可、尊重和帮助。

(4)R(Relevant)——相关性

目标的相关性是指此目标与其他目标的关联情况。如果实现了某个目标，但该目标的实现与其他的目标完全不相关，或者相关度很低，那么这个目标即使达成，其意义也不是很大，因为毕竟工作目标的设定是要和岗位职责相关联的。比如，对一名前台工作人员而言，学习英语尤其是提升口语水平就同自身接打电话等服务性工作的质量提升有关联，即学英语这一目标与提高前台工作水平这一目标直接相关。

(5)T(Time-based)——时限性

指目标是有时间限制的。例如，某同学计划自己将在 2024 年 9 月 30 日完成某事，这一天就是一个确定的时间限制。给目标设定一个合理的完成期限，对于效率的提升

和目标的最终完成颇有助益。

2. 职业目标设定的"ABC法"

A 即可行的(Achievable)。意思是说就个人的能力和特点而言，实现这个目标是现实的、可能的。如果一名同学的外语很好，专业课成绩也是优秀，那么他选择报考某高校研究生这个目标才是可行的。

B 即可信的(Believable)。是指一个人真的相信自己能完成这个目标，对自己的能力非常有信心，相信自己能够在设定的时间之内完成。成功者常会通过设定目标来激励自己，他们设定的目标虽然在短期内很难实现，但他们相信通过自己的努力克服困难，是可以完成自己所设定的目标的。

C 即可控的(Controllable)。主要指一个人对一些可能最终影响到自己实现目标的因素的控制能力。因此，用什么方式来表达自己的目标非常重要。如果一名同学说"我的目标是在某公司获得一份工作"，他的这种表达目标的方式就违反了可控性的原则，因为这种表述方法忽略了被拒绝的可能性。而"我的目标是在下周三之前向某公司申请一个职位"是一个可以被接受的目标，因为他能控制相关的因素。需要注意的是，依靠他人的帮助来实现自己的某一目标是有风险的，因为这可能忽略目标设立的"可控"原则。因此如果一个人的目标关系到他人，那么他就有必要邀请他们参加自己的计划，以争取他们的合作。

(二)设定职业目标并根据其做好初步职业规划

1. 具体职业目标的设定

职业目标包括短期目标、中期目标、长期目标与人生目标，它们分别与短期规划、中期规划、长期规划和人生规划(表2-3)相对应。一般来说，首先要根据个人的专业、性格、气质和价值观以及社会的发展趋势确定自己的人生目标和长期目标，再把人生目标和长期目标进行分解、细化，根据个人的经历和所处的组织环境设定相应的中期目标和短期目标。

表2-3 职业规划分类表

类型	定义及任务
短期规划	2年内的规划，主要确定近期目标，规划近期要完成的任务。如在专业知识的学习方面，2年内应掌握哪些业务知识等
中期规划	一般为2～5年内的目标与任务。如规划到不同业务部门做经理，或从大型公司的部门经理到小型公司担任总经理等
长期规划	5～10年内的规划，主要设定较长远的目标。如规划30岁时成为一家中型公司的部门经理，40岁时成为一家大型公司的副总经理等
人生规划	整个职业生涯的规划，时间长至40年左右，应设定整个人生的发展目标。如规划成为一个有××元资产的公司董事等

职业规划的关键就是将美好愿望转化为坚定的职业方向和可实现的目标。对职业目标的选择与确定可参照表 2-4 的特征进行。

表 2-4 职业目标特征表

目标类型	特征
短期目标	未必完全由自己的价值观决定；切合实际，有可操作性；有明确具体的完成时间；现实眼光；朝向长期目标；接受现实
中期目标	结合自己志愿和当前职业环境设定；符合自己的价值观且愿意公之于众；切合实际且有所创新；能用明确的语言定量说明；有比较明确的时间表且可以适当调整；对目标实现可能性做过评估；全局眼光；与长期目标一致；改变有可能改变的事情
长期目标	是自己认真选择的，和社会发展需求相结合；非常符合自己的价值观，为自己的选择感到骄傲；具有挑战性；能用明确的语言定性说明；在一定时间内实现即可；立志改造环境；长期眼光，目标如一，坚持不懈，创造美好未来
人生目标	通常与个人的核心价值观和终极愿景紧密相关；设定整个人生的发展目标，如规划成为一个有影响力的行业领导者、社会贡献者或达到某个财务目标等

2. 制订行动方案

在确定以上各种类型的职业目标后，就要制订相应的行动方案来实现它们，把目标转化成具体的方案和措施。这一过程中比较重要的行动方案有职业发展路线的选择、具体职业的选择和相应的教育与培训计划的制订。比如，为达到理想的职业目标，在校期间，在学习方面必须打好专业知识基础，全面提高自己的专业素质，同时必须扩大自己的知识视野，完善自己的知识结构，做到厚基础、宽口径。又比如，如果认为自己的社会实践能力不强，就可以有意识地参加学校组织的各种社会实践活动，如教学实习、生产实习、毕业实习、志愿者服务、参观访问、“三下乡”活动、社会调查等；如果决定往行政管理方面发展，就要积极担任学生干部，在服务同学的同时，锻炼自己的策划、管理、协调等能力。不管选择了怎样的职业路线，其对应的行动方案都要具体、明确，以便定期检查落实情况。

3. 评估

人们常说，计划赶不上变化。影响大学生职业规划设计的因素很多，有的变化因素是可以预见的，有的则是难以预见的。对于外界环境而言，事物是处于不断发展变化中的，在遵循一定规律的前提下，社会环境也好，企业环境也好，都会因受到方方面面因素的影响而发生变化，尤其是在高科技发展日新月异的背景下，整个社会的发展呈突飞猛进的态势，这也就决定了大学生也要不断地对自己的职业规划设计进行评估与修正。这不是说规划设计可以随意更改，而是在大方向不变的前提下，根据形势的变化，结合自身的情况，对自身建设方面的某些内容、方案措施和步骤进行的科学调整，以至完善。比如，某些职业岗位对人才的要求发生了变化，大学生就应根据这些变化的要求进行自身建设。在此状况下，要使职业规划行之有效，就必须不断地对职业规划进行修订。修订的内容包括职业的重新选择、职业路线的调整、人生目标的修正和实施措施与计划的变更等。

(1)评估方法

修订前应进行充分的评估，任何人的职业规划都必定是自己设计、自己评估的，他人无法代劳。只有对日常工作、学习进行定量和定性的评估，把评估的结果作为职业规划修正的依据，才能促使自己努力奋斗，实现理想。

①设定评估计划及其执行实施进展情况的时间表，并确保对照执行。在职业生涯不同阶段，对职业目标评估的频率不一。一些职业生涯的关键阶段需多次进行评估，一些关键点则需要进行针对性评估。例如，报关与国际货运专业某同学的规划中，有大学三年级考取报关员职业资格证书的目标。报关员职业资格证书是个人专业技术水平的体现，根据报关员职位的任职要求，证书对毕业求职起相当大的作用。尽管考证在整个计划中所占的时间较少，但是它是一个关键点，应随时掌握其执行情况，以促使目标的实现。

②对目标和计划进行量化、检验和评估。例如，某同学计划某月参加英语四级考试，就记英语单词一项而言，在一段时间内每天要记50个。那么一天下来，自己到底记住了多少个单词呢？临睡前进行检验就是有效手段。

但计划中许多目标是不可以“数”的。为了使自己更好地对计划执行情况进行检验，就需要把它们变成“可数”的。例如，在计划中，毕业后入职初始阶段的一项目标是要求自己在一定时间内熟悉工作环境、跟同事建立良好的关系。这些虽然难以量化，但也要对其进行验收，首先要知道自己想要达到的目标的程度，然后根据自己现在所达到的程度对其进行比较分析，测量出达到目的的比率。这也是对计划实施的量化评估的一种。

③制作评估验收工具。评估验收工具可以是日记簿，也可以是自制的“目标管理与自我激励工作手册”等。一般可用它们记下目标、任务、验收条件和激励方法，也应定时将计划实施的验收结果填写上去。

(2)评估时间

根据目标和任务的大小、完成时间的跨度和目标任务的轻重等各种因素，应设定相应的评估时间，或按周、月，或按季、学期、年等进行评估。例如，学习成绩可将每学期作为一个评估时间，社会实践、实习可按月或一个假期来评估，等等。

(3)评估标准

评估标准应根据不同的阶段、不同的目标而确定。例如，在成长阶段或职业准备期，评估标准应是学习成绩、专业知识掌握情况、得到的证书、获奖情况等；在职业探索阶段则是工作态度、工作适应情况、专业知识应用与提升程度、工作绩效、责任感强弱、协调合作状况、发展潜力高低、出勤及奖惩等，以评估是否“人职匹配”；职业建立阶段，如果目标是进入领导岗位，则评估标准宜根据领导能力、策划能力、工作绩效、责任感、协调沟通、授权指导、品德言行、成本意识、出勤及奖惩等确定。

(4)评估过程

①设计职业评估表。职业评估是判断一个人的职业生涯成功与否的重要指标，因为人的职业生涯与社会、企业、家庭密切相关，所以应由社会、企业、家庭、个人多方不同的标准来衡量。职业的管理、评估与考核的过程要关注多方面给予的评价。只有得到来自多方面的认同和肯定，个人的职业生涯才算成功。表 2-5 所示的职业评估表可供参考。

表 2-5　职业评估表

评估类别	评估者	评估内容	评价标准
自我评估	本人	自己的才能是否充分施展，对自己在企业发展、社会进步中所做的贡献是否满意，对自己的职称、职务、工资待遇等方面的变化是否满意	个人价值
家庭评估	父母、配偶、子女等	是否能够理解和肯定，是否能够给予支持和帮助	家庭文化
企业评估	上级、平级、下级	是否有下级、平级同事的赞赏，是否有上级的肯定和表彰，是否有职称、职务的晋升或相同职务职责权力范围的扩大，是否有工资待遇的提高	企业文化及其总体经营结果
社会评估	社会舆论、社会组织	是否有社会舆论的支持和好评，是否有社会组织的承认和奖励	社会文明程度、社会历史进程

②每日把评估、检验、考核的结果记入日记，并作为评估的依据。

③填写“目标管理与自我激励工作手册”作为定期考查的依据。

④把每天的日记同“目标管理与自我激励工作手册”中的内容结合起来进行评估。

⑤通过评估改进学习、工作效率和生活安排，修正职业规划。

(5)评估原则

①评估要有预见性。不仅仅是对过去的评估，更重要的是对未来内外环境的评估和预测。只有做到这一点，今后才能对当下所做的职业规划进行有效修正。

②评估要有准确性。评估是为了对不足进行改进，对错误进行修正。只有评估足够准确，才会减少遭遇险阻、步入歧途乃至最终失败的风险，才能少走弯路，抓住成功的时机。

(6)评估结果处理

①如果达到目标，就可以进行自我激励。自我激励的目的在于使自己一直保持较高的学习和工作热情，更好地完成目标管理，进而达到实现目标的效果。在结合外部的各种激励措施之外，采用有效的自我激励措施，会使激励达到最高效用，如图 2-1 所示。

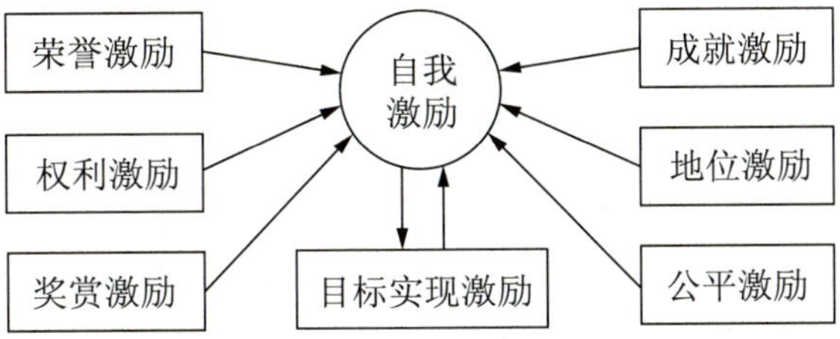

图 2-1　自我激励机制

②如果达不到目标，就要进行详细分析，改进方法和提高效率，修正目标。经过对职业目标的管理、评估与修正，可使职业规划更具科学性、合理性、可操作性。也正是通过职业规划的管理、评估与修正，自己才能时刻把握职业生涯的正确方向。

二、制订学业规划，提高职业能力

大学生处于职业的探索阶段。在大学期间，大学生需要完成专业学习和职业准备，通过提升职业能力、稳定职业兴趣，逐步形成对未来职业的预期，也往往需要对自己未来的职业生涯做出关键性的决策。所以，大学期间是职业规划的黄金阶段，对大学生个人的未来职业走向和职业发展具有深远的影响。学业规划是实现个人职业目标的基石，对于人的一生都具有重大的意义。当我们了解了自己的职业目标，规划了自己的职业生涯后，在大学阶段的首要任务就是制订适合自己且与自身职业目标一致的学业规划。

学业规划是指大学生对与其职业目标相关的学习所进行的统筹安排。大学生应正确分析自身性格、能力、个性特征，并在对未来职业环境进行深入分析的基础上确定自己的职业目标，进而确定学业发展方向，然后结合自己的实际情况制订学业规划。学业规划通过解决学什么、怎么学、用什么学、什么时候学等问题，确保自身顺利完成学业，为成功实现就业或开辟事业打好基础。

(一)学业规划的三大要素

大学生的学业不仅包括科学文化知识的学习，还包括思想道德的提升及组织管理能力、创新能力等的训练。因此，学业规划的三要素，一是知识结构，二是能力结构，三是素质结构。

1. 知识结构

知识结构是个体经过专门学习培训后所拥有的科学文化知识体系，是由诸多要素组合而成的有序列、有层次的整体信息系统。现代社会的职业岗位需要的是知识结构合理、能根据社会和职业的要求将自己所学到的各类知识科学地组合起来的适应社会要求的人才。因此，学业规划的首要目标就是建立合理的知识结构。

一般而言，合理的知识结构有三种模型。

(1)金字塔型。金字塔型知识结构的底层是基础知识，包括自然科学、社会科学和一些应用型学科；中间层次是专业知识，包括专业基础知识、专业核心知识和专业前沿知识；顶端是专业主攻的方向或者目标。这种知识结构强调基础理论的深厚扎实和知识的广博精深，有利于从业人员迅速掌握学科前沿动态，拥有这种知识，结构的人才适合从事纯理论和应用科学的研究工作。

(2)蜘蛛网型。蜘蛛网型知识结构以所学的专业知识为中心，以与其他专业相近的、有较大相互作用的知识作为网状连接的点。这种知识结构适应性强，能够在较大的空间中发挥作用。具有这种知识结构的求职者在就业过程中能凭借自身的知识结构的弹性与应变能力在市场竞争中占据主动。随着社会经济的不断发展，这种人才越来越受欢迎。

(3)帷幕型。帷幕型知识结构是指一个具体的单位对其员工在知识结构上的一个总体要求。单位的个体成员依其在组织中所处的位置，在知识结构上往往形成一些差异。具备这种知识结构的从业人员不但要注意职业类型在整体上对员工知识结构的要求，同时还要了解相关职业岗位在其所在单位的具体位置特征。

2. 能力结构

每个人的能力都是多维度、多层次的。一般来说，各个不同的学科和专业对毕业生有不同的能力要求，即具有从事本专业活动的某些专门能力。但是，无论什么专业的毕业生，要想顺利就业并有所成就，都必须具备一些共同的基本能力。能力结构是各种能力的有机组合，可以发挥更大的合力。大学生完成学业所需要的能力有很多种，有的在自己过往的学习生活中已经习得，有的则需要重新学习和培养。这些能力不仅在大学阶段能帮助个体顺利完成学业，而且还有助于个体顺利实现就业，驰骋于未来职场。因此，好的学业规划还应包括对自身能力结构的完善。

3. 素质结构

素质是以人的先天禀赋为基质，在后天环境和教育影响下形成并发展起来的。大学生在注重建立合理的知识结构、全面提高自身能力的同时，也要对自身生理素质、心理素质、职业素质的培养引起足够的重视，几方面都不可偏废。

(二)学业规划的一般步骤

1. 明确自身情况

了解自己的兴趣、特长、性格、职业价值观，评估市场需求、行业动态、就业前景，在对比观照中明确自身的优势与不足，是合理制订学业规划的基础。

2. 确立职业目标

根据自己优势和客观条件，确定自己的职业定位和发展目标，是制订学业规划的关键。

3. 制订学习方案

包括课程学习目标、掌握哪些技能、参加哪些社会实践活动、如何提高学习效率，也包括如何开发自己的潜能、怎样克服实现学业规划道路上遇到的各种困难和障碍、时间如何分配等方面的措施。

4. 调整修正目标

现实社会中存在许多不确定因素，这就需要学业规划具有一定的弹性，以便及时反省和修正学业目标，调整或变更实施措施与计划。

一份切实可行的学业规划犹如大学阶段的一盏明灯，高校学生只有规划好大学学业，才能够赢在起跑线上，找到通往成功的最佳途径。

第四节　职业规划书的撰写

一、大学生撰写职业规划书的步骤

大学生普遍有较好的文字功底，设计并撰写自己的职业规划不是一件难事。精心撰写一份实用而又有效的职业规划书是十分必要的，因为日后需要经常将它拿出来，参照它来进行评估、调整。

撰写职业规划书应遵循以下五个步骤。

(一)进行自我认知与定位

准确的自我认知与定位是个人职业规划的基础，也是获得可行的规划方案的前提，可以通过自我评价、他人评价和人才测评来完成。自我评价主要是进行冷静的自我审视、自我思考，为自己做出一个比较客观的评价；他人评价主要通过询问他人对自己的看法、请他人填写调查问卷或座谈等形式获得；使用专业网站或书上提供的测评工具进行人才测评是现今比较科学的自我认识方法之一，受到人们的肯定。通过自我评价、他人评价和人才测评，可以清楚自己的职业兴趣、职业能力、个人特质、职业价值观、胜任工作的能力。以此为依据撰写的职业规划书会更加人职匹配。

(二)分析职业环境

每个人的职业生涯都必须依附于组织环境的条件和资源，必然受到一定社会、经济、政治、文化和科技环境的影响。环境提供乃至决定了每个人职业生涯的发展空间、发展条件，其中也存在成功的机遇和前进的威胁。编制个人职业规划之前必须认真进行环境分析。可以通过访谈、文献搜索、调查等多种形式，对自己的家庭环境、学校环境与自己理想职业相关的社会环境、行业环境、地域环境、企业环境、职业环境进行分析。这一步不可忽略，否则，职业规划方案就没有根基。

(三)确立职业目标

职业发展目标指出了大学生个人未来职业发展的方向，是大学生职业生涯的方针和纲领，因而职业目标的确立是职业规划的核心。职业目标的确立应当建立在自我剖析、环境认知和自我定位的基础上，做到符合自身特点、符合组织和社会需求，同时应注意长期和短期相结合，协调统一职业目标、生活目标、家庭目标等。

大学生应该首先确立一个适合自己的长远目标，也就是树立职业理想。在此基础上确定大学期间的学业目标，制订大学期间的学习计划。再分解制订学年计划、学期计划，而后再细化为切实可行的短期计划——月、周、日的计划。学年、学期计划和短期计划务必具体、切实可行，应包括实现计划的步骤、方法与时间表等。

（四）制订行动方案

一份有效的职业规划书必须有切实可行的行动策略。具体的、可行性较强的行动方案会帮助大学生一步步走向成功，进而实现目标。在确定职业目标后，就要制订相应的行动方案来实现它，即把目标转化成具体的方案和措施。

制订行动方案，要考虑的主要问题包括：为达到目标，在专业学习方面，要学习哪些知识，掌握哪些技能，提高哪些实际操作能力；在实践方面，应采取哪些措施来提高工作效率，需要积累哪些实践经验；在能力提升方面，可通过哪些措施来提高何种能力；等等。这些要点都要有相应的表格进行跟踪，以便定时进行检查和纠偏。

对大学生来说，这一步骤中最重要的是与职业选择相对应的教育和培训计划的制订。对于已经制订的计划，要认真思索并采用合理的途径去实现它，尽自己最大努力做得更好。比如，对某方面的专业知识，是选择系统学习，还是咨询专家、听讲座，抑或是参加社会实践，力求寻找出最有效的方案。行动方案的制订因人而异，因专业和学科而异，因环境而异，必须具体情况具体分析，切不可照搬他人或书本上的方案。

（五）撰写职业规划书

职业规划书的撰写要建立在以上步骤所形成的基础之上。准备充分、信息充足才可动笔写作，不能急于求成。近年来，经过数以万计的大学生的实践，经过众多职业指导教师的辛勤探索、无数专家的反复研究，基本归纳出一个通用型职业规划设计模板，可供参考。但撰写时还应结合自身具体情况有所调整、有所创新。

二、职业规划书的基本内容

职业规划设计即职业规划书的撰写。职业规划书的基本内容包括封面、目录、正文、结束语四大部分。

（一）封面

1. 基本要素

标题。封面上应有明确的标题，如“职业规划设计书”“大学生职业规划大赛生涯发展报告”等，确保作品的性质一目了然。

撰写者信息。包括撰写者的全名、学校、专业和联系方式，以便识别和联系。

指导教师。如果有指导教师参与，也可以在封面上注明。如果是参赛作品，应遵循文件要求选择是否展示。

2. 个性化和创意

个人标识。可以通过符号或独特的设计元素作为个人标识，来展示自己的个性和创造力。

主题色或图案。应选择能够反映个人职业目标和行业特点的颜色或图案，以增强封面的视觉效果。

3. 设计风格

简洁明了。封面设计应简洁、直接，避免不必要的复杂元素，确保信息清晰可读。

突出专业性。封面设计风格应体现目标职业的专业性和正式性，以凸显规划书的严肃性和可信度。

如果我们设计的职业规划书要与同学交流，封面上的个人基本信息就要详尽；如果仅作个人收藏，个人信息就可简单。但职业规划书形成的时间不能遗漏，因为时间的记录对日后的职业生涯管理、评估和修正都有作用。封面上还可以插入与主题相关的励志短语(如“规划人生，成就未来”)和图片，使职业规划书更美观。

(二)目录

目录一般包括以下内容，如图 2-2 所示(示例仅供参考，可根据需要增减)。

1 序言（前言）

2 自我认知

2.1 职业规划测评

2.2 橱窗分析结果

2.3 360° 主观评价结果

2.4 自我认知小结

3 职业认知

3.1 外部环境分析

3.2 目标职业分析

3.3 职业胜任力测评

3.4 职业认知小结

4 职业规划设计

4.1 确定职业目标和途径

4.2 制订行动计划

4.3 动态反馈调整

4.4 拟订备选职业规划方案

图 2-2 职业规划书目录示范

（三）正文

在正文各部分内容中，可按上述目录分别对自己提出要求。如果是参加大学生职业规划大赛的报告，最终应呈现为PDF格式，内容应清晰、专业、准确，文字部分不应超过1500字，如果有图表则不超过5张(具体以当年的文件为准)。

1. 序言(前言)

要求主要抒发个人对职业规划意义的理解，因为做职业规划设计的前提是对职业规划有深刻的认识。

例如：在就业压力日趋激烈的今天，一个良好的职业规划，无疑能给自己的未来职业发展奠定坚实的基础，给自己在未来的竞争中增加一份自信。如今，身为大学生的我们，在这人生发展的重要阶段，不能任时光虚度，而应努力充实自己，为自己的明天储备必要的知识和能力。未来掌握在我们手中，抓住这宝贵时光，为自己的未来之路设定一个前进的方向并沿着它不断迈进，相信我们的明天一定会很美好。

2. 自我认知

(1)职业规划测评结果

如果运用网络测评软件进行职业规划测评，在职业规划书上就应尽量采用测评报告中的图表来体现测评结果，这样一目了然，较为直观(图2-3、图2-4)。如果用的是书本中的测评量表，则要求学生自己按指导语进行测量、总结、对照等，最终得出测评结果。

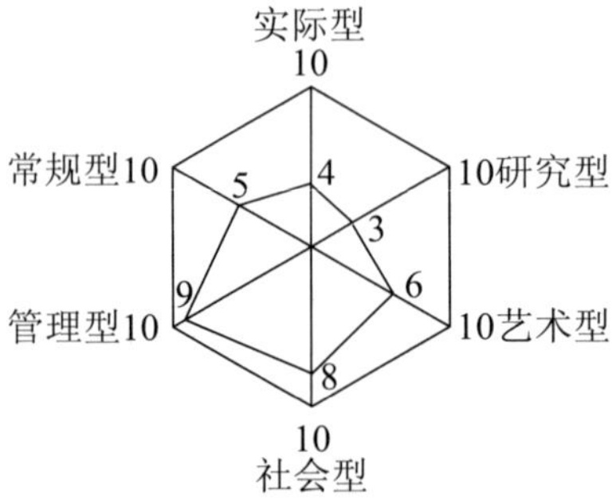

图2-3 职业兴趣测评结果

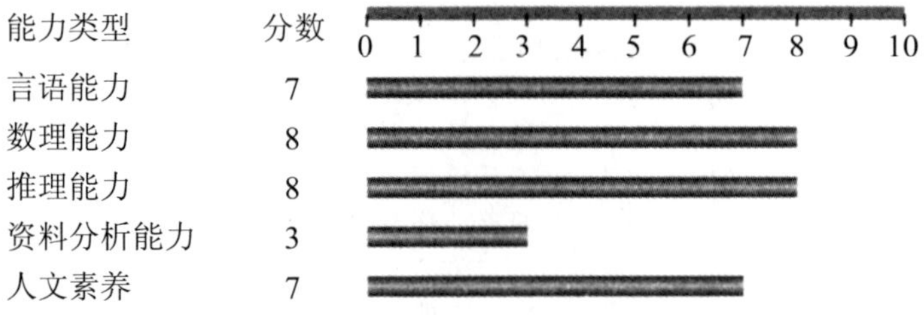

图2-4 职业能力水平构成图

(2)橱窗分析结果

使用橱窗分析法展现自我认知也是一种有效的方式。橱窗分析法相关内容见第一章第一节，这里提供一则示例，展示使用该方法进行自我认知的直观效果(图 2-5)。

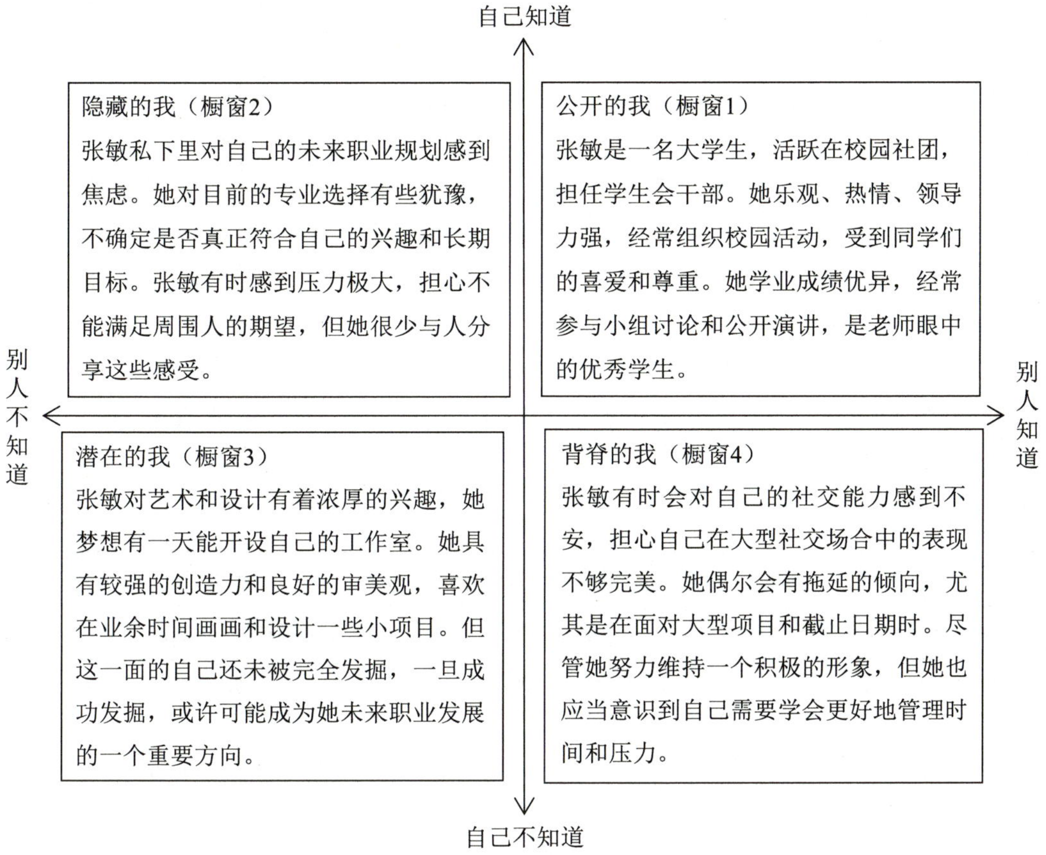

图 2-5　用橱窗分析法展示自我认知

(3)360°主观评价结果

如果使用 360°主观评价法(相关内容见第一章第一节)，自我认知的最终结果可以用表格形式呈现(表 2-6)。

表 2-6　360°主观评价表

项目	优点	缺点
自我评价		
家人评价		
教师评价		
亲密朋友评价		
同学评价		
其他社会关系评价		

(4)自我认知小结

即综合自我评价、他人评价和测评结果进行概括性的小结。例如：

·“我是什么样的人?”——我是一个事业心强，注重个性发展的人。

·“我喜欢做什么”——我喜欢从事能充分发挥个人能力的项目性质的工作。

·“我适合做什么?”——我善于从事与组织、策划、协调相关的工作。

结合上述所有分析得出结论：我希望在毕业后从事某项策划工作。

3. 职业认知

(1)外部环境分析。主要包括家庭环境分析、学校环境分析、社会环境分析和目标地域分析。

(2)目标职业分析。主要包括以下内容：目标职业名称、岗位说明、工作内容、任职资格、工作条件和就业与发展前景。

(3)职业胜任力测评。以 SWOT 分析为例(表 2-7)，包括内部优势(Strengths)及其使用、内部劣势(Weaknesses)及其弥补、外部机遇(Opportunities)及其利用和外部挑战(Threats)及其克服。

表 2-7　SWOT 分析

项目	外部机遇(Opportunities)	外部挑战(Threats)
内部优势(Strengths)	优势—机遇：SO	优势—挑战：ST
内部劣势(Weaknesses)	劣势—机遇：WO	劣势—挑战：WT

(4)职业认知小结。综合上述分析得出结论，列举自己适合从事的职业名称。

4. 职业规划设计

(1)确定职业目标和途径。包括近期职业目标、中期职业目标、长期职业目标和职业发展途径。

(2)制订行动计划。包括短期计划、中期计划和长期计划。

(3)动态反馈调整。即评估、调整自己的职业目标、职业途径与行动计划。

(4)拟订备选职业规划方案。由于社会环境、家庭环境、组织环境、个人成长等变化及各种不可预测因素的影响，一个人的职业生涯发展往往不是一帆风顺的。为了更主动地把握人生，更好地适应千变万化的职场，拟订一份备选的职业规划方案是十分必要的。

(四)结束语

要求对整篇职业规划书进行一个总结，可在结语中体现自己对未来工作的决心和信心。例如：通过这次职业规划，我有生以来第一次思考自己是一个什么样的人，第一次思考我适合从事什么样的职业，第一次思考我的未来会是什么样的，第一次思考我的人生该如何规划。

三、职业规划设计注意事项

(1)职业没有高低好坏，只有适合与不适合。只要符合自己的兴趣、人职匹配，而且自己能完全胜任的职业就是好的职业。职业伴随人生 1/3 的时间，只有从事自己感兴趣的工作，才能坚持下去，实现人生价值。

(2)选择具有较高效度和信度的人才素质测评软件进行测评。人才素质测评是了解自我的理论依据之一，对自我的分析仅凭自我认识及他人评价还不够全面，缺乏足够的理论依据。正确的做法是将自我认识、他人评价和人才素质测评结果有机结合，形成较为全面的自我认知，据此设定的目标的信度才较高。

(3)设定的职业目标要具有合理性。要综合自己的兴趣、特长、能力以及社会需求等方面的因素考虑，目标的设定不能脱离现实。要认清兴趣与能力、能力与社会需求都是存在一定差异的，我们所要做的是要在诸多因素中找一个结合点(图 2-6)。只有将自己的经历经验、专业技能、兴趣特长等都有机地结合起来，我们的职业目标才会有生命力。

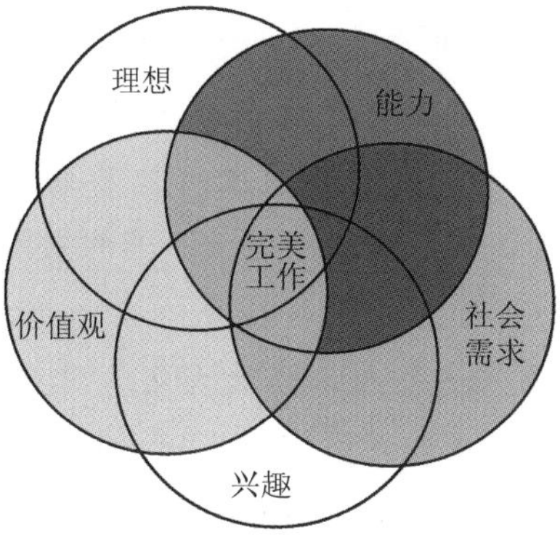

图 2-6　合理设定职业目标

(4)措施要有可行性。针对职业目标制订的措施一定要具有可行性，这是评价职业规划书的一个重要部分，最好制订出长期、中期、短期计划，并拟订详细的执行方案和时间限制。高年级的同学可将重点放在就业后五年内的职业规划，低年级的同学可将重点放在大学生涯的规划上，但都应突出自己为职业发展所做的准备工作。

(5)如果职业规划书要在同学中交流，那么无论是行文的风格、叙述的方式、文案的设计等，都应体现自己的风格和特色；可多引用测评结果中显示的图表，这样更直观，但切忌完全照搬职业测评报告结果。

(6)职业认知是职业规划中确定职业目标的重要环节。不少大学生仅依赖在互联网上搜寻职业信息，这样形成的职业认知往往不够全面。应增加社会实践、见习和实习心得，让职业认知更具科学性。

拓展阅读

职业目标定位的原则

在做职业目标定位时须遵循以下原则。

(1)择己所爱。如果从事的是自己所喜欢的工作，工作本身就能给个体带来满足感，职业生涯也会因此变得妙趣横生。兴趣是最好的老师，与职业成功有着明显的正相关性。因此，大学生在规划设计自己的职业生涯时，务必认真考虑自己的个性特征，珍惜自己的兴趣，选择自己喜欢的职业。

(2)择己所长。任何职业都要求从业者掌握一定的技能，即具备一定的知识、能力等素质条件。而任何人都不可能在一生中掌握所有技能。因此，在进行职业选择时必须择己所长，运用比较优势原理充分分析别人与自己，尽量选择与自身技能冲突较少的优势行业，从而发挥自己的优势。

(3)择世所需。社会需求在不断变化，旧的需求不断消失，新的需求不断产生，新的职业也会不断出现。因此，在设计自己的职业生涯时，一定要分析社会需求，择世所需。最重要的是，目光要长远，先判断未来行业和职业发展的方向，再做出选择。尽量选择那些不仅有社会需求，并且需求量较大、需求较长久的行业。

(4)择己所利。职业是个人谋生的手段，目的在于追求个人幸福。因此，在择业时，也应考虑自己的预期收益——个人幸福最大化。明智的选择是在由收入、社会地位、成就感和工作付出等变量组成的函数中找出一个最大值。

(资料来源：李根艳：《大学生职业生涯规划与创业指导》，武汉，武汉大学出版社，2014。选入时有改动。)

全国大学生职业规划大赛解读

【大赛背景】

1. 国务院文件要求

2021年国务院《“十四五”就业促进规划》提出，要强化高校毕业生就业服务。健全校内校外资源协同共享的高校毕业生就业服务体系，加强职业生涯教育和就业创业指导。2023年8月《教育部关于举办首届全国大学生职业规划大赛的通知》也强调加强高校生涯教育和就业指导，增强大学生生涯规划意识，指导其及早做好就业准备，促进高校毕业生高质量充分就业。

2. 工作需求

(1)应对毕业生就业压力。

(2)通过比赛促进高校生涯教育体系的升级完善，提升高校专业化服务能力。

(3)通过整合资源形成社会合力，推动人才供需有效对接。

【大赛目标】

大赛虽然名为“职业规划”，但它不局限于“规划”，更强调将与生涯教育相关的要素、工具进行集合、凝练、演变，也就是将生涯规划大赛、简历大赛、面试大赛等整合起来，以此激发学生内在的发展动机，促使学生在此基础上衍生出具体行动，并通过行动产生结果。

1. 三大

- 强化生涯教育的大课堂；
- 服务校企合作的大平台；
- 促进供需对接的大市场。

2. 三促

(1)以赛促学。引导大学生树立正确的成才观、职业观和就业观，科学合理地规划学业与职业发展，不断提高就业能力，全面发展，成长成才。

(2)以赛促教。促进各地各高校做实做细就业指导服务，提高生涯教育水平。支持高校主动适应国家经济社会发展趋势，围绕社会需求办学，提高人才培养质量。

(3)以赛促就。广泛发动行业企业参与大赛，组织各类生涯教育、就业指导与校园招聘活动，推动校企人才供需的有效对接，促进毕业生充分就业。

【大赛内容】

1. 三个赛道

(1)成长赛道。

(2)就业赛道。包括产品研发、生产服务、市场营销、通用职能、公共服务等。

(3)大学生职业发展与就业指导课程教学赛道。该赛道不仅指向参赛教师个人的教学水平，同时也指向该教师所在学校的教学情况，即该课程在校开设时长、课程建设情况等，且两者在总分占比中几乎相当。因此该赛道可理解为教师教学竞赛与“金课”评比竞赛两个模式的结合体。

2. 两个组别

(1)高教组。面向普通本科学生、研究生。

(2)职教组。面向职教本科、高职(专科)学生。

【大赛赛制】

1. 校赛

各高校参照赛道方案，自主确定参赛名额、作品要求、比赛环节、评审方式和奖项设置等。

2. 省赛

各地完成省级选拔后，向大赛组委会上报全国总决赛参赛选手，并报送本地配合大赛举办的同期活动、用人单位参与数量等总结材料。

3. 全国总决赛

(1)参赛选手。共约600人，成长赛道约300人，就业赛道约300人。一、二、三等奖的比例约为1∶2∶3。

(2)名额规模。综合考虑各地参赛人数、就业指导和招聘活动情况、用人单位参与数量等因素向各地分配全国总决赛参赛名额。

(3)名额比例。分配给各地的名额中，本科生、研究生、专科生的比例与各地在校生规模大体相当。

【大赛平台】

全国大学生职业规划大赛平台不仅是赛事服务的平台，同时肩负着与学校就业指导课程有机结合的责任，广泛动员学生参与，达到“以赛促教”的目的。

1. 基础功能

(1)参赛选手可通过平台报名和提交作品。

(2)各地各高校可通过平台设置省赛、校赛作品类型和提交时间、报名审核、作品下载、晋级推荐等。

2. 特色功能

(1)校赛线上特色功能(选做)。

(2)成长赛道。即生涯闯关(包括生涯愿景、专业探索、职业瞭望、兴趣揭秘、目标锚定、能力盘点、技能提升、生涯启航等)，所有在校生均可使用。

(3)就业赛道。提供职业适配度测评，参赛学生可使用。

【大赛方案】

1. 比赛内容

帮助学生了解求职面试的考察要点，提前做好求职准备。

(1)成长赛道。考察职业发展规划的科学性。在帮助学生围绕实现职业目标的成长过程中，通过学习实践持续提升职业目标达成度，增强综合素质和能力。

(2)就业赛道。考察大学生的求职实战能力，个人发展路径与经济社会发展需要的适配度，就业能力与职业目标和岗位要求的契合度。

2. 比赛环节

引入用人单位参与，让学生在比赛中顺利就业。

(1)成长赛道

- 作品：生涯发展报告、生涯发展展示PPT。
- 环节：主题陈述、评委提问、“天降”实习offer(录用通知)。
- 评委：由高校职业生涯规划和就业指导专家、企业专家组成。
- 心选团：由提供优质实习岗位的企业向选手发放实习意向书。

(2)就业赛道

· 作品：求职简历、就业能力展示PPT、辅助证明材料。

· 环节：主题陈述、评委提问、“天降”offer。

· 评委：主要由企业专家组成。

· 心选团：由提供优质实习岗位的企业向选手发放录用意向书。

3. 评审标准

(1)评委按评分要素进行最终评分，不再对各环节进行评分。

(2)比赛不提倡且摒弃演讲式的比赛。评审指标中也舍弃了与“形象、着装、表达”等相关的要素。

(3)成长赛道更关注学生职业目标设定的合理性、成长计划制订的可行性、实际行动的有效性。

(4)就业赛道更关注学生与职业目标所要求的能力的契合度。

案例分析

走好每一步，这就是你的人生

——职业规划个人案例分析

个人信息：小曹，女，22岁，本科学历。

基本情况：某财经类大学毕业，国际会计系。

同学评价：刻苦，有上进心，性格坚强，学习能力强。

个人职业目标：高级财务经理。

面临问题：收到英国某大学的录取通知书，录取专业是行政管理；同时收到国内某知名会计师事务所的录用通知，职位是审计师。小曹必须做出选择，先留学还是先就业？

职业设计意见：先就业，去做审计师，然后再选择合适的机会留学。

设计理由：小曹原本希望出国进修工商管理类课程，但国外大学对申请工商管理类专业的学生都有工作经验要求，所以小曹只收到了行政管理专业的录取通知书。小曹学会计，喜欢商务，对行政管理兴趣不大，若为留学而放弃原有兴趣并不明智。

专家认为，无论先工作还是先留学，其目的都应该是将来有更好的职业发展前景，违背个人兴趣和职业理想而出国留学，从个人职业发展看并不可取。

从职业发展考虑，向小曹发出录用通知的会计师事务所是国内头部企业。该企业有完善的培训计划、良好的工作氛围、规范的工作机制，对职业技能发展大有好处。出国学习行政管理专业一年的课程所获专业资历和在该会计师事务所工作一年的经验、技能积累相比，前者在职业市场上的价值未必比后者高。

同时，审计工作与小曹大学所学专业基本对口，且小曹的性格特点是勤奋刻苦、事业心强、意志坚定，加上知名高校毕业生的综合素质，保证了小曹在工作中必会有所表现。

从小曹将自己的职业目标定位于高级财务经理这一点看，小曹具备会计专业学历资质和专业技能，但缺乏作为高级财务经理所必须具备的专业管理知识。小曹希望学工商管理类课程的想法是正确的，为留学而放弃原本的计划并不合乎长远的职业发展需要。国外工商管理类硕士课程要求申请者具备一定工作经验，小曹先工作后留学，正合乎要求。高级财务经理必须具备的另一要素就是丰富的专业工作经验，所以，先工作，积累工作经验，也是在为职业理想做铺垫。

专家点评：小曹在先就业与先留学之间面临选择，无论是先就业还是先留学，最终的目的都是获得更好的职业发展前景。到底是先留学还是先就业更有利于未来职业发展，是每一个面临类似情况的毕业生都应该仔细考虑的问题。

案例总结：作为刚刚毕业的大学生，选择合适的职业发展方向尤为重要，人生精力有限，必须选准方向，强化发展。职业方向必须结合个人特长、兴趣并综合考察行业前景来确定。在这一点上，大学生有疑问时，可以求助学校的就业指导教师或者专业的职业顾问。

应届毕业生的就业问题实际上是择业问题。择业就是要做选择，选择适合自己的职业发展方向，集中目标，强化发展，通过若干年的工作，实现从无工作经历者到行业人才的提升。同理，应届毕业生选择留学也要以职业发展为指标，选择合适的深造途径，在学历资质上提高自己的含金量，为“职场前途”做好准备。

实践活动

展示个人职业规划并撰写生涯发展报告，在课堂上汇报。

模块二　就业指导

第三章　就业准备

【学习目标】

1. 知识层面：了解就业形势和就业政策。了解就业信息的种类及获取方式，知道求职前需要做好哪些准备。认识简历的用途和组成。

2. 态度层面：在做求职准备的过程中意识到机会是留给有准备的人的，愿意为求职和未来职业发展做准备。有意识地增强自己的求职心理调适能力，提高信息搜索与处理的效率。

3. 能力层面：能自主分析自身所处的环境和就业形势；会运用合适的方法处理就业信息，会甄别适合自己的职业信息。能根据不同用人单位和不同岗位设计制作求职材料。

4. 思政层面：培养社会责任感和家国情怀，认识到个人的职业发展与国家和社会的发展紧密相连，愿意积极适应就业市场的变化，提高自身的就业竞争力。

案例导入

在校园毕业季，班上出现了不同的景象。小李天天忙忙碌碌，准备计算机等级证、学校竞赛优胜奖、专业奖学金证明等各种证件，让自荐材料丰富而有说服力，并且每天在网上寻找工作，以及在招聘会上奔波。小王表面若无其事，心中暗暗着急，他心中清楚，自己并没有多少能力，急得像热锅上的蚂蚁。小高在校期间就开始做兼职，与自己专业相关的、与自己专业无关的，只要在学习之余能够兼顾的工作，他都尝试过。随着毕业的临近，他心中的想法也越来越清晰。

十年后，同学们再聚在一起时，已悄悄地发生了变化。小李换过两份工作，现已是一家公司的项目经理；小王没有固定职业，经济来源不稳定；小高经历了一次创业失败，又在另一次创业的路上。

第一节 就业准备

一、就业形势分析

数据显示，我国2019届全国毕业生约834万人，2020届全国毕业生约874万人，2021届全国毕业生约909万人，2022届全国毕业生约1076万人，2023届全国毕业生约1158万人。毕业生人数的持续增加，意味着大学生就业总体上依然面临严峻的压力，就业形势依然不容乐观。

（一）大学生就业总体形势

近几年，在就业形势日益严峻的情况下，我国大学毕业生的一次性就业率始终在75％左右徘徊，而一些职业学校毕业生的一次性就业率早已突破95％。职业学校针对企业生产一线培养的有技能的劳动者成为就业新宠，有些学校的毕业生供不应求。随着供给侧结构性改革的深入，大学生就业问题不可避免地受到社会经济发展的影响。2023年，在复杂的经济条件下，政府不断加大就业工作力度，就业形势总体保持稳定，但部分领域就业形势的波动更加明显，学生就业在产业、行业和区域等各方面将进一步分化，创业成为带动就业的重要动力。

（二）毕业生就业现状与分析

1. 毕业生就业现状

（1）就业结构不够合理。近年来，有些院校追求短时效应，不顾本校实力盲目开办一些热门专业，造成人才供应过剩；有的院校市场灵敏度不够，对一些冷门专业、社会需求少的专业不做及时调整，也没有及时调整招生人数，同时课程内容、教学过程、教学方式改革滞后，导致学生毕业后难以就业。一些市场紧缺人才如机械工程师等，即使企业出高薪也难招聘到合适的毕业生；有些专业则出现人才过剩现象，如计算机应用类专业，学生难以找到与本专业相适应的岗位工作，甚至不得不改行。另外，还存在地区结构之间的矛盾，经济相对较发达的地区，就业形势好、人才多、就业渠道相对畅通；西部地区就业情况则不够理想，导致这些地方既缺乏人才，又留不住人才，经济转型缓慢、发展乏力。

（2）就业质量不容乐观。毕业生还存在就业质量不高这一问题。突出表现为工资福利待遇低、职业流动性大、稳定性差，甚至出现部分企业“常年招收，常年缺人”的现象。毕业生就业质量不高，与人们特别是与经济状况不那么好的家庭对教育的回报预期相去甚远，给家长和其他社会公众留下负面印象，从而影响到职业教育的社会声誉和自身发展。就业率是职业教育的生命线，就业质量同样如此。就业质量不高不仅会导致经济发展质量难以提高、经济增长方式转变缓慢，也会影响劳动者的生产积极性。

(3)创业水平较低。教育发达国家的经验告诉我们，毕业生自主创业也是促进就业的一条有效途径。提高学生创业能力和就业竞争能力是高等职业教育的一个重要目标。

2. 毕业生就业现状分析

(1)在时间结构上，毕业生供给的增长在短期内超出了需求的增长，劳动力市场还需要时间逐步调整。近年来，我国经济一直快速增长，特别是经济结构的升级速度加快，带动了对人力资本存量的毕业生的强劲需求，从而促进了高等教育迅速发展。然而，毕业生供给增长的速度是高于经济增长的，劳动力市场需要一定的时间逐步消化毕业生在短期内的超量供给。

(2)在区域结构上，毕业生就业区域选择偏好差异与政府政策激励上的错位导致实际有效需求不足。由于我国经济发展的地区差异与城乡差异，经济欠发达地区特别是西部地区很难对学生形成有效需求，而且在较长的时期内，地区性的有效需求不足的局面难以改变，这对扩大毕业生的市场需求是一个不利因素。

(3)在能力结构上，毕业生的就业能力并不是基于职业路径的需求进行建构与培养的，难以满足人力资源市场的需求。随着我国经济体制改革的深入和劳动力市场的结构性变化，用人单位的需求模式发生了显著的变化。对个人而言，就业能力取决于其所拥有的知识、技能与态度等因素，使用、配置这些因素的方式，以及寻找工作的特定环境。与此同时，学生自身也存在一些影响就业的择业心理矛盾，主要表现为择业目标与社会需求形成很大反差，择业目标不稳定。例如，有的人酷爱自己的专业，然而又怕过艰苦的生活，择业时茫然失措；有的人向往大城市、机关、高薪水、高地位、高层次的工作，不愿意去基层和条件艰苦的工作岗位；有的人意识到艰苦行业需要人才，最能锻炼自己，但又怕基层条件差，埋没了自己的才能，择业时举棋不定；还有的人把待遇高、福利好作为择业的主要目标，同时又想实现自己的人生价值，在择业时犹豫不决。

(4)在人才培养机制上，长期以来，部分学校没有迅速适应就业市场对教育所提出的日益攀高的要求。首先是教育的专业设置、学科发展与产业结构调整不相适应。转型期的我国部分院校因长期受计划经济影响，对市场需求变化的预测能力较差，难以适应瞬息万变的市场需求，人才培养往往处于被动跟进的尴尬状态。而扩招后，许多院校的专业设置一度出现盲目跟风现象，又加剧了这种困境。

(5)在传递知识角度上，教育体系中知识教育仍然占据非常大的比重，理论功底及其相应的分析、解决问题能力相对薄弱，持续的扩招则进一步稀释了学校既有的教育资源。此外，对于毕业生从学生角色到职业人角色的转换问题，学校缺乏系统的职业指导与服务规划，导致学生或许有专业能力，但是缺乏“市场能力”——获取职业信息、展示专业能力、适应实际工作以及应对职业转换等。

(6)在就业信息传播上，由于毕业生就业市场不够完善，缺乏科学系统的人才需求预测工作。目前社会对毕业生的需求信息存在一定程度的“失真、失控、失责”状态。社会上的毕业生供需信息交流不足、供需信息渠道不畅通、信息不对称等问题仍然存在。

(三)当前就业的主要途径

面对竞争激烈的就业市场，部分学生无所适从，这是缺乏职业意识和职业规划的表现。反映在就业市场上，呈现为以下比较突出的矛盾：传统就业观念与当今社会就业形势不相适应的矛盾，社会对人才的高要求与毕业生自身实力不足的矛盾，过高的就业期望值与一定层次社会需求的矛盾。毕业生要想在众多应聘者中脱颖而出，就应当有充分的就业准备，要学习职业理论，充实职业知识，增强职业意识，在努力增强自身实力的基础上，根据自身特长准确定位，为成功就业创造有利条件。当前就业的主要途径有以下五种。

1. 定向就业

定向就业，就是学校根据用人单位的标准和岗位要求，与用人单位共同确立培养目标，制订并实施教学计划，实现人才定向培养的教育模式。学校与用人单位签订用人及人才培养协议，形成一种法定或近于法定的委托培养关系，可以明确双方职责。学校保证按需培养人才，学以致用；用人单位保证录用合格人才，用其所学。它促成了人才供需双方零距离对接，提高了毕业生就业质量和就业率，从而能够降低成本、减少风险，提高人才配置及利用效率。定向培养的学生，一般直接到签订协议的单位就业。

2. 市场双向选择就业

市场双向选择就业，主要指通过招聘会形式、双向选择实现就业的一种途径。国家、省、市、院校等每年都会举办毕业生就业双选会，为用人单位、毕业生构建可靠、安全的双向选择洽谈平台，使毕业生通过洽谈平台达成就业意向或者完成就业。目前，通过校园招聘会、毕业双选会的市场双向选择就业是毕业生求职就业的主要途径。

3. 考试录用就业

考试录用是目前用人单位招聘毕业生的一种重要方式，同时也是毕业生就业的一条重要途径，主要用于国家机关考录公务员、事业单位选用工作人员等。考试包括面试和笔试。笔试主要考核毕业生的文字能力、知识面和综合分析能力，分为专业知识考试、心理测试、命题写作、综合考试等类型。面试主要了解应届毕业生的素质特征、能力状况、求职动机、形象气质等是否满足特定的岗位要求。

4. 政策性项目就业

政策性项目就业就是通过参加国家和省级行政区实施的促进就业项目实现就业，如“志愿服务西部计划”“三支一扶计划”等。这些项目的实施不但鼓励毕业生扎根基层，为实现社会主义现代化贡献聪明才智，而且能够促进毕业生就业，为毕业生的锻炼、成长、成才及事业的发展创造了有利条件。

5. 应征入伍服义务兵役

入伍服义务兵役是实现就业的一条重要途径。国防部征兵办公室下发通知，要求严格落实优先征集高学历青年入伍、优先征集应届毕业生入伍的规定。当前，军人逐步走向职业化。军人是一个神圣的职业，入伍绝对不同于一般的就业，大学生选择了应征入伍就要坚持下去。

（四）毕业生就业应对策略

职业院校应冷静面对毕业生的就业现状，扎实开展就业教育理论与实践的研究，帮助学生科学规划职业生涯，引导学生形成正确的就业观，提高就业质量。在此基础上，学生应该做好以下五个方面的就业准备。

1. 根据自己的兴趣和爱好选择适合自己的专业，努力学好专业课

要在当今竞争激烈的人才市场中与众多大专生、本科生竞争，就必须突出职业院校学生的特点——既要有扎实的专业知识，又要有熟练的操作技能。职业院校学生必须学好本专业的课程，熟练掌握操作技能，有条件的要考取本专业的职业资格证书，并根据自己的需要考取其他专业上岗证，掌握多门技术，为将来就业创造更多条件。

2. 正确定位自己，转变择业观念

职业院校学生从入学第一天起，就应该给自己一个准确定位：职业院校学生是技能型人才，特长是综合能力、独立处事能力和理解创造能力较强。以此定位来树立择业观念。

3. 注重个人素养的培养

职业院校学生就业固然需要一技之长，但更需要个人素养，如纪律观念、合作观念、责任意识、诚信意识、吃苦精神、创新意识、良好的礼仪举止等。

4. 学会处理社会人际关系

要重视人际交往，懂得与人团结合作。现代社会的发展注重人与人之间的合作，讲究团队精神。因此，学生要以全局为重，处事要考虑到别人；要学会控制自己的情绪，学会宽容与忍耐；在处理人与人之间的关系方面，应采取谦和、谦让的态度，消除偏激，避免将矛盾激化；要培养良好的道德品质，学会尊重他人，讲究礼仪，从小事做起，养成文明交往的良好习惯。

5. 做好创业的准备

现在正是中小企业、民营企业发展的黄金时期，是青年创业的黄金时期。学生应有实用技术、有市场意识、有务实踏实的精神，具备自主创业的条件。在国家大力推行职业教育的大前提下，相信今后的就业形势会更好，职业生涯之路也会更宽广。

总之，毕业生从学校走向社会，从普通学子到社会主义劳动者，这是人生的一个转变，也是实现人生价值的开始，劳动就业则是其具体的承载形式。在要求毕业生认清当前就业形势、树立正确的劳动就业观念的同时，也需要社会各界共同努力，为学生群体的就业创造更加宽松的环境和良好的平台，帮助他们更好地实现人生价值、更好地报效国家和社会。

二、就业政策分析

（一）毕业生就业政策演变进程

中华人民共和国成立至今，国家的就业政策导向经历了一个不断变化的过程。

1. 统包统分阶段

这一阶段大致从中华人民共和国成立初期一直延续到20世纪80年代中期，以政府编制计划与院校实施计划相结合为主要特征。作为国家培养的高级专门人才的大学生，在当时属于一种稀缺社会资源。由于计划经济体制的影响以及当时经济建设的需要，为了更好地发挥他们的作用，中央提出了“统一计划，集中使用，重点配备”和“在适应国家建设需要的基础上贯彻学用一致的原则”等一系列毕业生分配的方针政策，并在此基础上确定了“地方分配、中央调剂”的分配原则。但是，在计划经济向市场经济转变过程中，其局限性也逐渐显露出来。它制约了企业、毕业生个人的主观能动性，也使院校难以依据社会需要的变化及时、有效地调整人才培养目标、培养规格，失去了主动适应经济建设和社会发展的动力和活力。

2. 由供需见面逐步向双向选择过渡阶段

从20世纪80年代中期到90年代末，我国毕业生就业政策开始步入由供需见面逐步向双向选择过渡阶段。这一阶段以通过“供需见面”落实“切块计划”，逐步向毕业生与用人单位“双向选择”过渡为主要特征。过渡阶段的就业政策，在一定程度上缓解了“统包统配”就业制度与经济社会发展的矛盾，使毕业生和用人单位拥有了一定的自主权，为社会主义市场经济体制的不断完善注入了新的活力。这是我国就业政策改革的过渡阶段，随着社会主义市场经济的深入发展，这一政策改革必将全面铺开。

3. 以市场为导向的自主择业阶段

20世纪90年代末至今，我国毕业生就业政策进入以市场为导向的自主择业阶段，其总体特点是毕业生就业政策与市场经济发展密切相关。

(1)以毕业生自主就业为主要特征的自主择业时期。这一时期国家所倡导的是毕业生自主就业，这既使得用人单位有了用人选择权，也使得院校能根据毕业生的就业调查和反馈，及时、准确地掌握市场信息，根据经济建设和社会发展的需要找准服务方向，确定更为合理的人才培养目标、培养规格，进而有效地解决以往统包统配方式中存在的种种弊端。

(2)以毕业生创业为主要特征的自主择业时期。鼓励毕业生自主创业，是我国就业政策以市场为导向的自主择业阶段的又一个时期。引导毕业生自主创业、科技创业和艰苦创业，是教育发展的一个大趋势。尽管毕业生自主创业仍面临诸如国家颁布的政策并未一一实施到位、创业资金筹措困难、学生创业经验不足而难以应对复杂的社会环境等重重困难，但我们有理由相信，在不久的将来，学生将成为创造新社会工作岗位的主力军。

(3)“稳中求进”的就业政策总基调。连续多年，我国经济社会发展基本面没有变，从中央政府到地方政府，仍然坚持“稳中求进”的基调。宏观政策要稳，就是要将“稳”的政策导向落实到经济社会发展的各个领域。就业工作也必须遵循“稳”的工作基调和政策要求。就业政策反映了面对复杂形势的政策选择。就业问题本质上是经济问题。当前，我国经济社会发展外部环境仍然面临深刻变化。从全球来看，经济全球化遭遇波折，多边主义受到冲击，国际金融市场震荡，特别是中美经贸摩擦给一些企业的生产经营、市场预期带来不利影响。从国内来看，我们面对的是经济转型阵痛凸显的严峻挑战，经济增长速度预期微调，经济结构调整和产业升级等同步推进。面对新形势，就业政策必须提升到政府宏观政策层面予以考虑，也必须坚持“稳”字当头的政策取向。

(二)国家促进毕业生就业的相关政策

为打造高质量就业环境，促进毕业生更充分、更高质量就业，国家实施就业优先战略，将促就业工作放在突出位置，推出一系列就业帮扶政策，打出促就业政策“组合拳”。以下是一些关键的政策方向和措施。

(1)就业优先战略。继续将就业优先战略作为宏观经济政策的重要组成部分，确保就业市场的稳定，通过财政、税收优惠和金融支持等手段，鼓励企业稳定和扩大就业。

(2)创新创业支持。为创业者提供政策支持和服务，包括创业培训、创业指导、融资支持和税收减免等，推动创新创业，以激发市场活力和创造更多就业机会。

(3)高校毕业生就业服务。针对高校毕业生加强就业服务和就业指导，通过提供实习机会、就业见习和职业规划咨询等服务，帮助毕业生顺利过渡到职场。

(4)职业技能提升。加大对职业技能培训的投入，推动职业教育和继续教育的发展，提高毕业生的技能和适应性，以满足市场需求。

(5)重点群体就业援助。对于就业困难群体，如退役军人、残疾人等实施专项就业援助计划，提供定制化的就业服务和岗位推荐。

(6)鼓励灵活就业和新就业形态。鼓励灵活就业和新就业形态的发展，如远程工作、兼职工作、平台经济等，为毕业生提供更多就业选择。

(7)提供就业信息服务。提供全面的就业市场信息，包括职位信息、行业动态和就业趋势等，帮助求职者和用人单位更好地对接。

(8)加强劳动市场监管。保护保障劳动者权益，打击非法用工和就业歧视等，维护公平竞争的就业环境。

三、收集和分析就业信息

(一)就业信息及其收集方法和渠道

1. 收集就业信息的意义

对正处于求职阶段的毕业生而言，就业信息的作用是不容忽视的，它包括以下几个方面。

(1)提供就业的机遇。每一条有用的就业信息都可能是一个就业机会。就业市场化使得就业信息越来越重要，了解的信息越广泛、质量越高，找到更合适的工作的机会就越多。

(2)确立明确的目标。在竞争激烈的人才大潮中，收集有效的就业信息可以很好地帮助毕业生分析就业形势、就业政策，使其在就业时目标明确，不走或少走弯路，确保顺利就业。

(3)及时了解用人需求。依据就业信息和用人单位招聘要求，毕业生可以及时补充知识，外塑形象，内强能力素质，增强就业竞争力。

(4)便于实现职业理想。对于许多延迟就业、灵活就业或再次就业的毕业生来说，有效的就业信息可以使其了解社会、了解自己，有利于在今后自主创业、自我发展的过程中实现自己的职业理想。

分析往届毕业生就业情况，凡是求职择业顺利、就业满意的毕业生，绝大多数都拥有较多就业信息并能正确使用它们。就业态度不积极、就业信息掌握和使用不足的毕业生，往往在求职择业时举步维艰。

2. 就业信息的类别

就业信息主要是通过各种媒介传递的有关就业方面的消息和情况，包括就业政策、干部人事制度、毕业生资源、用人单位岗位需求等。根据所包含的内容，就业信息可分为政策形势信息、社会需求信息和用人单位信息三类。

(1)政策形势信息。政策形势信息主要包括国家关于就业方面的政策方针、法律法规及各地有关就业方面的具体政策。这类信息具有较强的宏观指导作用，是影响职业供求的主要因素。近年来，国家与地方政府均出台了一系列推动和促进高校毕业生就业的方针政策，毕业生尤需留意。

(2)社会需求信息。社会需求信息即各级、各类用人单位对毕业生的需求情况，主要包括用人单位对毕业生的学历层次、专业、人数以及对所需人才的具体要求等。毕业生要特别关注近几年地区、行业间的人才需求状况，避免把注意力集中到那些对人才需求已经饱和的地区和行业，还要关注当年的就业趋势预测。该类就业信息可以通过行业协会网站、专门咨询机构与图书馆的相关数据库获取。

(3)用人单位信息。用人单位信息即用工需求信息和招聘单位的信息。这类信息能够帮助求职者了解用人单位的性质、隶属关系、工作条件、工资待遇等，可分为内部信息和外部信息两类。要对未来的用人单位有一个整体的了解，并不是一件轻而易举的事。

用人单位内部信息通常包括：①发展历史与发展趋势(是否有大量增加用人的需求、是否有可持续发展的新业务)；②发展目标与管理文化理念(是否与自身职业价值观相一致)；③主要领导人的姓名和业绩；④规模(员工数量)与内部机构设置；⑤总部及分支机构的业务及地理范围；⑥产品或服务的内容与类别；⑦职工绩效考核、培训和薪酬等管理制度；⑧正在招聘的职位描述及能力要求；⑨员工有什么样的职业发展路径和前景。

用人单位外部信息主要包括：①服务客户类型与规模；②与同类单位相比较的优势和劣势；③单位或企业的社会声誉。

3. 常见就业信息的收集方法和获取渠道

在信息化的今天，谁能够以最快捷的方式占有最广泛、最准确、最有效的信息，谁就能先人一步，把握成功的机会。如果能够有效地收集和整理相关信息，获得的信息量越大，质量越高，求职成功的概率就越大。特别是互联网时代，充分利用互联网资源收集适合自己的相关就业信息是至关重要的。

(1)就业信息的收集方法

①全方位收集法。把与自己的专业有关联的就业信息统统收集起来，再按一定的标准进行整理和筛选，以备使用。使用这种方法获取的就业信息广泛，选择的余地大，但较浪费时间和精力。

②定向收集法。根据自己选定的职业方向和求职的行业范围来收集相关的信息。这种方法以个人的专业方向、能力倾向和兴趣特长为依据，便于找到更适合自己特点、更能帮助自己发挥价值的职业和单位。需要注意的是，当选定的职业方向和求职范围过于狭窄时，有可能大大缩小选择余地，特别是所选定的职业范围是竞争激烈的"热门"职业时，很可能给求职者下一步的择业带来较大困难。

③区域收集法。根据个人对某个或某几个地区的偏好来收集信息，而对职业方向和行业范围较少关注和选择，这是一种重地区、轻专业方向的信息收集法。按这种方法收集信息和选择职业，也可能由于所面向地区的范围狭小或"地区过热"而造成择业困难。

(2)获取就业信息的渠道

①院校的就业指导中心。从学校自身角度来看，为了促进学生就业，院校专门设置了"就业指导中心"这一部门(机构)，及时为学生求职者提供有效的招聘信息。从企业角度来看，某些企业倾向于通过院校的就业指导中心发布招聘信息，完成企业校招任务。因此，学生求职者需要关注院校就业指导中心及就业信息网。

②互联网。随着科技的进步和社会的发展，互联网日益成为大学生收集就业信息的重要渠道。主要包括以下几类。

第一类，专业招聘网站及手机软件。专业招聘网站指专门做招聘信息发布、网络在线申请和求职指导等工作的网站，也包括行业招聘网站。不仅学生求职者经常使用专业招聘网站获取就业信息，企业向外发布招聘信息也倾向于使用这些专业招聘网站。

第二类，企业官方网站。一般来说，具有一定规模和市场影响力的企业都拥有官网和专门的招聘栏目，这是离企业最近的招聘平台，企业也会更看重在自有网站投递的招聘简历，至少排除了很多第三方平台"海投"造成的大量干扰。只要进入招聘期，企业网络的在线申请系统就会在一定时间段内对外开放。求职者只需直接进入企业的官方网站，找到人才招聘专栏，就可以了解企业人才招聘需求信息，结合自身的兴趣与条件做出选择。

第三类，网络论坛、贴吧等。论坛、贴吧等是供大家分享信息和讨论问题的地方。有的职场人士会在贴吧或论坛中讨论问题的同时，转发其所在公司最近的招聘需求信息。因此，求职者可以到某些贴吧或论坛浏览。

第四类，新媒体招聘渠道。新媒体主要包括微博和微信等，新媒体在沟通和宣传上更能满足求职者的行为习惯和需求，沟通更快速、针对性更强，目标人群定位也更准确。

③各类人才市场。人才市场的就业信息收集渠道主要包括企业宣讲会、校内外招聘会及专场招聘会等。

企业宣讲会一般是指企业在校园内举办与宣传、拓展及招聘相关的主题讲座，主要向招聘对象传达企业的情况，包括文化价值观、人力资源政策、校园招聘的程序和职位介绍等信息。一般情况下，宣讲会前，企业招聘团队会通过海报和院校就业信息网等渠道发布宣讲会信息，部分企业会安排同校已毕业的校友传授经验，最后进入现场答疑环节。值得一提的是，如果学生求职者在宣讲会现场的问题提得好，就会给企业的招聘人员留下良好印象，为其后续的面试打好基础。

招聘会主要分校园招聘会和社会招聘会两种。校园招聘会指的是学校邀请数量较多的企业定期到学校进行的招聘会。社会招聘会指的是由当地政府、人才交流机构或多所高校联合举办的专业人才招聘会等，一般会在展览中心或体育场馆等大型场所举办。

④社会关系。高校毕业生通过自己的家庭成员、亲戚、朋友、熟人、邻居、老师及校友等关系，了解自己感兴趣的或者专业对口的职业情况，获取有关用人单位的招聘信息并建立自己的就业信息关系网络，这对于一个刚踏入社会的学生求职者来说是非常有效的。通过社会关系网打听招聘信息或熟人推荐也是现在颇为流行的一种求职方法，但需要注意的是，资源要靠自己去发掘，途径也应正当，切不可不择手段。

⑤社会实践与毕业实习。社会实践是大学生自己开发就业信息的重要途径。在社会实践的过程中，通过自己的努力赢得用人单位的好感、信任，取得就业信息甚至直接谋得职业岗位的大学生不乏其人。因此，大学生在各种社会实践活动中，在了解社会、提高思想觉悟、培养社会能力的同时，要做一个收集就业信息的有心人。毕业实习是一个很重要的实践环节，实习单位一般比较对口，通过实习可以直接掌握就业信息，在实习过程中与用人单位达成就业协议也是一个很好的就业途径。

⑥其他渠道。除了上述集中获得就业信息的渠道外，还有很多其他可以利用的渠道，如通过中介机构获取就业信息，通过在媒体发布自己的求职信来达到反向获取就业信息的目的，直接到用人单位走访获得就业信息等，都是非常有效和值得考虑的。

选择哪一种或几种就业信息获取渠道并不是最重要的，重要的是要有意识地、科学地寻找、收集和利用相应的信息。寻找机会的过程本身就是很好的职业训练、自我认识与锻炼提高的过程。

（二）就业信息的筛选与合理使用

1. 就业信息的筛选

通过各种渠道收集到的就业信息可能比较杂乱，部分信息甚至是无用的。因此，有必要对收集到的求职信息进行处理，做到去粗取精、去伪存真，尽可能使获得的信息准确、全面和有效，以便更好地利用求职信息获得理想的工作岗位。

(1)基本原则

①求真。在分析和评估就业信息的真假时，首先要考虑信息来源的可靠性，如在哪家网站上看到的招聘广告，该单位的口碑、声誉如何。在与该单位的接触过程中不能亦步亦趋、人云亦云，而是要自己擦亮眼睛看一看，冷静分析就业信息，不断增强自己判断就业信息真实性的能力。

②求新。信息很重要的一个特性就是时效性，即信息都有时间要求，在一定的时间内有效，过了这个时间段就失去了作用和意义。“机不可失，时不再来”，因此，在收集和处理就业信息时，一定要注意信息的有效时间，争取尽早对信息做出应有的反应。

③求专。学生求职者处理信息时，要讲究实事求是，根据个人实力，量“力”而行、量“能”择业、量“才”定位，即把所有就业信息对照一下，看是否适合自己。因此，应注意就业信息的针对性，不能盲目追求社会上大家都看好的职业。适合自己的招聘信息才是好信息，才应重视，不适合自己的招聘信息要果断地放弃。

(2)基本程序

①分类筛选。信息的筛选方法一般有以下几种。

查看法。从不同渠道得来的部分信息可能是相同的，应及时查看，把相同的、重复的信息删除。

时序法。逐一分析，按照时间顺序排列就业信息资料，留下较新的，舍去较旧的，这样可以使就业信息在时间上更有价值。

类比法。将就业信息按照用人单位的性质、地区、待遇等分类对比，若接近自身需求和条件则保存下来，否则就应放弃。

②分析辨别。部分大学生在收集就业信息的时候较为盲目，未进行有效的分析。有时并不知道某个职位的职责分工是什么，而只是从字面上去理解。比如，有一家公司“营业服务部”下属的商品企划室招聘工作人员，结果许多大学生看到“服务”二字，就以为是做服务工作的而不愿应聘。而公司把“服务”二字去掉后，马上就有很多人投简历。人事主管提示，如果对职位不明白可以询问用人单位，不要单从字面上去片面理解，这样很可能会错过一个好机会。

解读招聘要求 用人单位发布的招聘信息，主要包含岗位名称、岗位职责和任职要求等几个重点要素。

第一，岗位名称是第一关注要素。对于求职者而言，只有岗位名称与自己想做的工作相符合时，才会继续了解其他信息。对于熟悉的岗位名称，求职者可能会继续进行了解。当遇到某个不太熟悉的甚至没有听说过的岗位名称时，求职者就需要仔细对之进行甄别和确认。

第二，分析岗位职责。岗位职责主要是描述与工作内容有关的信息，包括职务概况、岗位工作内容、工作特点、工作关联等。用人单位发布的招聘公告中，岗位职责部分通常会说明该岗位对求职者的素质要求。

第三，读懂任职条件。在任职条件当中，有一部分是硬性要求，如专业、毕业年限等。任职条件中大部分要求不是硬性的，如熟练使用办公软件、英语水平良好等。求职者可以通过招聘信息中的措辞来判断岗位的任职要求。

识别真假信息 一则较正规的招聘信息应包含的要素有准确的单位全称、单位性质、隶属关系、单位发展前景、用人理念、职位名称及人数要求、职责范围、职位要求、薪酬福利体系、地理位置、交通状况、联系方法等。

除了认真解读招聘信息之外，还可采用以下几个方法进行求证：登录当地的工商局网站，查询企业是否注册；多方打听了解用人单位的内部情况；利用搜索引擎查询并关注相关论坛中的相关信息。

建档利用 在对各类招聘信息进行分析、比较、筛选，最终确定可用信息之后，需要做好记录，建立个人就业信息库并形成档案，以便求职时快速查阅。

2. 就业信息的运用技巧

求职者要找到适合自己的工作岗位，还应掌握就业信息的运用技巧。

(1)弥补不足。运用自己搜集的就业信息，对比自我实际情况，寻找不足。对自己的某些短板，若时间允许应在就业前充实完善，调整自己的能力水平和求职心态。如某门功课不扎实，某些技能有欠缺等，都应挤时间学习、培训。尽管稍显仓促，但亡羊补牢为时不晚，总好过明知自己有短板却无动于衷、我行我素。

(2)适时运用。求职者搜集处理就业信息的目的是为自己的求职服务。因此，与自己就业目标密切相关的信息一经确定，就要及时与用人单位主管部门负责人或经办人取得联系，询问应试的方式、时间、地点和要求，并根据用人单位的需求去调整、充实与完善求职材料，按时参加供需见面，赢得理想的工作岗位。

(3)信息共享。有些就业信息对自己或许不重要，但对别人可能十分重要。遇到这种情况，要在有效期内与他人分享。这既可避免就业信息的失效与浪费，又可通过对他人输入有价值信息增进人际关系，建立和扩大自己的人脉网络，甚至还有可能通过信息交流合作从他人那里获得对自己十分有用的就业信息。

第二节　面试准备

一、求职简历

求职简历也称求职履历表，是求职者对自己学习、工作、生活经历、技能、成就、经验、教育程度、求职意向的简要概括和总结。求职简历的目的在于引起用人单位的注意以赢得面试的机会，进而充分展示个人能力和才华，被用人单位录用。

(一)求职简历的类型

常见的求职简历类型包括纸质简历、在线简历、新媒体简历等。不同类型的简历在内容上大体一致，但也存在一些差异。

1. 纸质简历

求职者为了让用人单位了解自身情况，会用文字将个人基本信息等求职内容展示在纸上，作为向用人单位证明自己能够胜任所申请岗位的依据。简言之，纸质简历是写着“自认为必要及必须告知他人的求职应聘信息”的材料。纸质简历的内容结构、风格设计及封面制作等多种多样，大学生求职者可进行个性化的设计与制作。

2. 在线简历

在线简历指求职者在应聘时通过网申系统填写提交的电子简历，即大学生求职者直接在用人单位招聘主页或第三方专业招聘网站的申请投递页面，按照所提供的固定格式来填写的求职简历，也有部分用人单位要求填写其设计好的信息表格后再上传电子版(一般为 Word 文档)个人简历。

延伸阅读

利用新媒体制作简历可以大致分为五个步骤。

第一步：明确意向岗位

通过新媒体分析研究岗位要求，了解目标岗位的职责、所需的技能和经验，确保个人兴趣和职业目标与意向岗位相匹配。

第二步：提炼个人信息

包括自己的姓名、联系方式等基本信息，学位、专业和毕业院校等教育背景，实习单位、职位和主要职责等实习经验，语言水平、计算机技能、行业特定技能等与岗位相关的技能和专长，等等。基于个人的性格测试以及职业规划理论，结合个人信息，完善自己的意向岗位并给出选择的理由。

第三步：选择简历框架

首先，选择适合创建新媒体简历的平台。其次，根据意向岗位选择最合适的展示模块。最后进行设计布局，选择一个与自身专业相关的简历模板或框架，确保布局清晰、易于阅读。

第四步：生成简历

先使用所选框架和提炼的信息编写简历的初稿，然后在文本的基础上添加多媒体元素，如有需要可添加视频介绍、作品集链接、项目案例等。

第五步：有针对性地优化简历

针对岗位定制，即根据每个意向岗位的具体要求，分析自身优缺点，调整简历内容，确保突出最相关的经验和技能。

新媒体简历发布后还应进行维护和更新，包括定期更新简历内容、多媒体元素、互动元素等。

（二）求职简历的格式

1. 表格式简历和条目式简历

简历整体形式一般有表格式（表 3-1）和条目式（表 3-2）两种。到底采用何种形式，需根据求职者本人的实际情况来决定。

（1）表格式简历通过表格的形式展示求职者的基本情况，简明清晰，易于阅读，比较适合应届毕业生。

（2）条目式简历不受表格限制，容量较大，可以根据实际情况展示求职者的资料，比较适合有一定工作经历的求职者，也适合需要展示较多资料的应届毕业生。

对应届毕业生来说，简历的篇幅最好控制在一页纸以内。

表 3-1　表格式简历示例

姓名		性别		照片
民族		出生年月		
政治面貌		籍贯		
毕业院校		专业		
居住地址		联系电话		
求职意向				
教育背景				
社会实践经历				
获奖情况				
职业技能				
自我评价				

表 3-2　条目式简历示例

<table>
<tr><td>姓名</td><td></td><td>求职意向</td><td></td></tr>
<tr><td>出生年月</td><td></td><td>联系电话</td><td></td></tr>
<tr><td colspan="4">教育背景：
××××年×月—××××年×月××××学院××××专业</td></tr>
<tr><td colspan="4">主修课程：</td></tr>
<tr><td colspan="4">培训经历：</td></tr>
<tr><td colspan="4">工作经历：
××××年××月—××××年××月××××公司××××岗位
××××年××月—××××年××月××××公司××××岗位</td></tr>
<tr><td colspan="4">获奖情况：</td></tr>
<tr><td colspan="4">职业技能：</td></tr>
<tr><td colspan="4">自我评价：</td></tr>
</table>

2. 字体和字号

在简历中，小标题可以用黑体，正文部分一般采用宋体。可以适当用粗体来突出强调，应尽量避免使用过多不同字体。

3. 排版

求职简历以一页纸为宜，且不宜将内容安排得太满，让简历看上去密密麻麻。可以用统一的项目符号使标题或内容对齐。

4. 用纸和打印

如果需要提供纸质简历，建议使用 80 克以上的 A4 纸张打印，尽量不用复印的简历，以免影响效果。

（三）简历的内容

简历的正文一般由七个部分组成，即基本信息、求职意向、教育背景、社会实践经历、获奖情况、职业技能和自我评价。求职者可结合自己的背景和特点，对各部分内容及排列顺序进行调整，不是所有项目都必须涉及。

1. 基本信息

基本信息一般包含姓名、性别、出生年月、政治面貌、联系电话、电子邮箱和照片等内容。婚姻状况、家庭地址、身高等较为隐私的信息，可根据用人单位的招聘要求有选择地填写。

2. 求职意向

求职意向也叫求职目标，是求职简历的灵魂。简历中对自己的能力、经历等的介绍都是针对特定的求职意向而设计制作的。如果有多个求职目标，最好分别撰写不同的简历。求职意向越具体、针对性越强，获得面试机会的概率越大。

求职意向的填写应做到语言精练、概括性强，避免含糊笼统、无针对性。求职意向可通过浏览国内常用的求职门户网站，搜索具体职位或岗位名称的准确提法，规范填写。

最佳的求职意向写作方法：行业＋职位名称，或者是精准的职位名称。

3. 教育背景

正规的学校教育、自我提升和学习经历、参加的专业机构的培训等都可以在教育背景中说明，具体内容最好与所应聘的职位相关。包含以下信息。

(1)时间/学校/院系或专业/学历(原则：①匹配；②重点突出；③简洁)。

(2)主干课程(选列课程的主要原则为所学课程与申请岗位相对应，分数很高的专业课程要写明)。

(3)其他亮点(个人成绩、取得的成就等)。

4. 社会实践经历

这部分是简历的重点。一般按时间顺序由近到远排列出求学阶段所担任的职务，以及在各种实习中承担的工作，包括校外的兼职、实习经历和校内社团等实践活动。

在描述实践经历时，切忌含混不清，一定要将自己的具体工作内容明确地描述出来。对实习经历，最好用一两句话概括自己的最大收获。

5. 获奖情况

这部分包括学生时代获得的所有荣誉及各类证书，如三好学生称号、优秀学生干部称号、奖学金及技能竞赛所获奖项。可根据获奖时间顺序进行排列，也可按照奖项的级别从高到低列出。无任何工作经验的应届毕业生应着重列出此项，这有可能成为简历的亮点。列举时要注意“相关性”原则，突出对未来工作最有用和与之最直接相关的获奖情况，从格式版面上做到清晰有序、层次分明。

6. 职业技能

毕业生应让招聘者从简历中了解自己所具有的各种能力。技能描述一般分为三个方面：英语、计算机及专业技能。

7. 自我评价

毕业生在写自我评价时，可以先回顾一下自己的学习和实践经历，思考自己在以前的专业学习、社会实践和专业实习中所积累的知识和经验，然后挑选出与所投递岗位的要求比较吻合的性格特征、职业素质及工作能力等写在自我评价中，以突出自己的优势。

（四）简历的制作步骤

根据简历的组成要素，按以下步骤就可以制作一份较为规范的简历。

1. 明确求职目标

求职前应明确自己的职业定位及求职目标。

2. 强调自身核心竞争力

通常求职者应将最具竞争力的内容放在简历中的显要位置，即求职目标之后。

3. 陈述工作经历

工作经历一般放在教育背景前，但应届毕业生应将其（实习经历）放在教育背景之后，陈述时一般采用倒序写法。应将工作（实习）单位、部门、职务一一表明，并描述工作职责和业绩成果。

4. 阐明教育背景

说明毕业院校、专业、学位和主要成绩等，详细程度视求职者的核心竞争力而定。对于没有工作经验或跨专业的求职者来说，为了尽量丰富教育背景，还可将与应聘职位相关的课程列出来，使求职简历更加充实。

5. 发掘成功潜质

当求职者既无丰富的工作经验，又无十分突出的教育背景时，则可考虑从个人生活经历中提炼应聘职位所需要的素质并凸显在简历中，以证明自己能够胜任该职位。

6. 检查与评估

从应聘企业、岗位要求、个人发展三个角度评估制作完成的简历，并从头至尾仔细检查，确保简历内容完整、逻辑清晰、书写无误。

（五）制作简历的细节问题

（1）填写的内容一定要真实、完整、准确，不要留下任何修改痕迹。

（2）有条理地展现优势，突出重点，提供最重要的信息，如果经历丰富并和求职内容相关就详细介绍，特别是要介绍与个人能力相关的社会实践和任职情况。

（3）求职简历应避免的问题：①脱离招聘单位的需要。强调自身的能力是否适合该职位，应主要考虑招聘单位关注的人才素质结构。②事无巨细，面面俱到。展现优势要有针对性，有重点和核心，避免长篇大论或泛泛而谈。

（4）求职简历写完后要认真核对，不能出现文字、标点、排版错误，语句一定要通顺。

（5）其他说明：①记住自己的简历写了什么，向什么单位申请了什么职位。②按要求填写。在网上填写简历时，要严格按照招聘方的要求填写。③如果招聘方没有要求，则尽量不要以附件的形式发送自己的求职简历。因为技术等原因，某些单位的电脑无法打开附件。有的时候为了防止感染病毒，招聘单位也不会打开。所以最好按照公司网站的招聘要求发送，或者干脆用纯文本格式写在正文中。④要善于利用计算机来写简历。计算机中的中文处理程序有着强大的文字处理功能，它会帮助我们设计出令人满意的简历格式。另外，最好找一台打印质量高的打印机来打印求职简历。⑤求职简历前后文一定要对应，不要有逻辑上的错误。

（六）简历投递技巧

选择何种方式投递简历对于高校毕业生来说有着十分重要的意义。一般来说，有以下几种常见的简历投递方式。

1. 电子邮件投递

这是目前绝大多数企业采用的简历接收方式，因此求职者使用较多。但命中率较低，需要掌握一些规律和技巧。

（1）邮箱的选择

选择稳定性、可靠性高的公共邮箱；可设置签名档，建议包含个人姓名、学校及联系方式，格式统一。

（2）邮件的标题

最好在标题中写上自己的名字与应聘的职位，这样更便于招聘方审核自己的简历。

（3）邮件正文内容

无论是用正文还是附件发送简历，都应在正文中贴上简短的求职信，一定不能在邮件正文中留空或者只是注明“附件是我的简历”等。关于用电子邮件发送简历时是采用正文发送还是附件发送的问题，可视具体情况灵活处理。

2. 现场投递

在参加宣讲会、现场招聘时投递简历，获得面试机会的概率较大。参加现场接收简历的宣讲会、招聘会，应准备记事本和笔，记录简历的现场投递情况。

3. 网络在线申请

这是当前流行的简历投递方式，很多知名企业会选择这种方式进行校园招聘。应聘者通过招聘方指定的招聘网站或者官方网站来投递简历，招聘方通过设定特定的在线问题和筛选标准来筛选简历。在国内外校园招聘领域中，很多专业招聘网站会为企业提供网申系统。

4. 其他方式

主要指招聘单位要求应聘者现场递交简历并报名参加考核的方式，发布此类招聘信息的多为事业单位、医疗机构、国家机关等。

二、求职信

求职信和个人简历一样，是求职者求职时不可缺少的应用文书，是进入面试的有效通行证。一般来说，求职信更针对应聘单位指定的个人，如公司或企事业单位的负责人等。求职信常以突出的个人特征与求职意向打动招聘者。

（一）求职信的作用

1. 表现自我，求得录用

表现自我，求得录用，是求职信的基本功能。要实现求职目的，就必须扬长避短，突出优势，在众多求职者中崭露头角，以自己的某些特长、优势、技能等吸引用人单位。

一封体现个人才智的求职信，能帮助求职者顺利得到面试机会，谋求一份理想的工作。求职者需要仔细考虑自己写求职信的目的及其可能产生的影响。

2. 沟通交往，意在了解

求职信是求职者和用人单位之间的沟通桥梁。通过沟通，在相互认识、交流的基础上，实现相互交往，是求职信的基本功能。只有通过相互交往，求职者才可能展示才干、能力、资格，突出其实绩、专长、技能等优势，从而被录用。因此，求职信的表现力非常强，对给用人单位留下良好印象有重要作用。

（二）求职信的格式

求职信是一份正式的公文，有固定的格式和习惯用语。一般来说，一份完整的中文求职信分为标题、称谓、正文、结尾、署名和日期、附件六个部分。

1. 标题

求职信的标题通常只有文种名称，即在第一行中间写上“求职信”三个字。

2. 称谓

称谓是对收信人的称呼，写在第一行，要顶格写收信者单位名称或个人姓名。单位名称后可加“尊敬的××部门负责同志”，个人姓名后可加“先生”“女士”“同志”等。在称谓后写冒号。

求职信不同于一般私人书信，收信人与寄信人未曾见面，所以称谓要恰当、庄重。

3. 正文

求职信的正文内容要另起一行，空两格开始写。如果正文内容较多，就要分段写。通常求职信的正文要包含以下三个方面的内容。

(1)求职的原因。首先简要介绍求职者的个人信息，如姓名、年龄、性别等。接着要直截了当地说明从何渠道得到招聘信息以及写此信的目的。比如，“我叫李民，男，现年22岁，是一名财会专业的大学本科毕业生。我从报纸上看到贵公司招聘一名专职会计人员的消息，不胜喜悦。以本人的水平和能力，我冒昧地毛遂自荐，希望有机会成为贵公司的一名会计人员”。这段是正文的开端，也是求职的开始，介绍有关情况要简明扼要，对所求的职位态度要明朗，而且要使收信者有兴趣将自己的求职信读下去。

(2)写对所谋求的职位的看法及对自我能力的评价。对所谋求的职位进行评价，并对自己的能力做出客观公允的评价，是求职的关键。要着重介绍自己的有利条件，特别要突出自己的优势和“闪光点”，以使对方信服，从而获得参加面试的机会，为求职成功奠定良好的基础。例如：

> 我于××××年7月毕业于××学院财会专业，成绩优异，在省级会计大奖赛中获得××嘉奖(见附件)，在《××》杂志上发表过多篇学术论文(见附件)。我在有关材料上看到过关于贵公司的情况介绍，我喜欢贵公司的工作环境，钦佩贵公司的敬业精神，又很赞赏贵公司在经营、管理上的一整套切实可行的规章制度。这些均体现了贵公司的超前意识。我十分愿意到这样的环境中去努力拼搏，更愿为贵公司贡献我的学识和力量。我相信，经过努力，我会做好我的工作的。

写上述内容时，语言要中肯，恰到好处，态度要谦虚诚恳，不卑不亢。最好能达到见字如见其人的效果，给收信者留下深刻印象，进而使其相信求职者有能力胜任此项工作。

(3)提出希望和要求。提出希望和要求要适度、得体，态度要谦逊、诚恳。大学生求职者可以在这一部分表达自己对获得面试机会的渴望，例如，“希望您能为我安排一个与您见面的机会”，或“盼望您的答复”，或“敬候佳音”等。这段属于正文内容的收尾阶段，要适可而止。

4. 结尾

另起一行，空两格，写表示敬祝的话，例如“此致”等，然后换行顶格写“敬礼”，或“工作顺利”“事业顺心”等。这两行均不加标点符号，不必过多寒暄。

5. 署名和日期

写信人的姓名和成文日期写在信的右下方，成文日期写在姓名下面。姓名前面不必加任何谦称的限定语，成文日期要年、月、日俱全。

6. 附件

有说服力的附件是对求职者的鉴定凭证，所以附件是求职信不可忽视的组成部分。附件可在信的结尾处注明，然后将附件的复印件单独订在一起随信寄出。附件不需太多，但必须有重点、有分量，足以突出和证明自己的才华和能力。

(三)求职信的写作技巧

(1)求职信不宜长，但是要有特色。在求职信中要重点突出自己的背景材料中与未来单位关系最为密切的内容。

(2)言简意赅，有条理，切忌面面俱到。

(3)字迹工整，文字通顺，不能有任何错误。

(4)求职目标明确，自我评价实事求是，切忌过分夸大。

(5)要突出重点，要有特色、有个性，不落俗套，同时要让人读来觉得亲切、自然、实实在在。

(6)在正式发送求职信之前，可请身边的人帮助修改。

(7)要谦虚，同时也要有自信，表明能够合作与乐于奉献。

(8)以情动人，以诚感人，建立联系，争取面试机会。

范例一

王晓丽

联系电话：138-××××-××××　　出生年月：2002 年 12 月

电子邮箱：wangxiaoli@example. com　　性别：女

地址：云南省昆明市×××街道×××号　　政治面貌：共青团员

个人职业照

求职意向：旅游策划

具备专业知识和实践经验的旅游管理专业毕业生，寻求旅游策划管理岗位，期望利用我的专业技能，为游客创造卓越的旅游体验。

教育背景

云南旅游职业学院｜旅游管理专业｜专科学历｜2021 年 9 月—2024 年 6 月

·主干课程：旅游市场营销、旅行社运营、旅游法规、导游实务、旅游英语。

·学业成就：专业成绩优异，连续获得学院奖学金。

社会实践经历

××国际旅行社｜实习导游｜2023 年 7 月—2023 年 9 月

·负责接待国内游客，组织并带领团队游览昆明及周边景点，确保游客满意度。

·协助处理游客的各类问题和紧急情况，提高了问题解决能力和应变能力。

校内就业创业协会｜活动策划与执行｜2021 年 9 月—2024 年 6 月

·策划并执行校园旅游宣传活动，吸引超过 300 名学生参与。

·与本地旅游企业合作，为学生提供实习机会，增强了校企合作关系。

获奖情况

·2024 年｜云南省优秀毕业生｜荣誉称号

·2023 年｜云南旅游职业学院大学生职业规划校赛求职赛道｜三等奖

·2022 年｜云南旅游职业学院优秀学生干部｜荣誉称号

专业证书

·全国导游资格证书：具备专业的导游技能和知识，能够提供高质量的导游服务。

·1+X 研学旅行策划与管理职业资格等级证书：在研学旅行策划与管理方面具有专业能力和技能，能够设计和组织研学旅行活动。

·旅游规划师：具备专业的旅游规划知识、市场分析能力和旅游资源评价技能，能够为旅游目的地制定科学合理的发展规划和旅游产品。

职业技能

·语言能力：普通话二级甲等，英语 A 级，具备良好的沟通和表达能力。

·计算机技能：熟练操作 Office 办公软件，能够高效完成文档编辑、数据分析和演示制作。

·专业技能：熟悉旅游业务流程和客户服务标准，具备良好的旅游产品策划和组织协调能力。

自我评价

我是一名对旅游行业充满热情的毕业生，拥有扎实的专业知识和丰富的实践经验。在校期间，我积极参与各类实践活动，提升了自己的组织协调和团队合作能力。我期待在旅游行业中发展我的职业生涯，为企业贡献我的力量，为游客创造难忘的旅游体验。

范例二

求职信例文

尊敬的××领导：您好！

很高兴在××招聘网站上看到贵公司的招聘广告，我对××职位非常感兴趣，希望有机会加入贵公司。

我是××职业技术学院电子工程系的一名学生，即将毕业。在三年的大学生活中，我把大部分时间和精力放在学习上，取得了优异的成绩。在校期间我主修电路、电子技术、信号与系统、数字信号处理、通信原理、无线电通信以及电子测量等有关课程。在学好各种基础课的前提下，我根据自己的特长和优势有选择地加深、拓宽专业知识面，熟悉 Word、Excel 等办公软件的基本操作。与此同时，我积极参与社会实践活动，培养了较强的动手能力，同时也拥有一定的分析和设计能力，能够熟练使用 C 语言、C＋＋、VB 和 VC＋＋进行软件开发，有较好的英语听说读写译能力。

在校期间，我取得了全国计算机等级考试二级合格证书与全国大学英语等级考试四级证书。此外，我还积极参加校内的各种活动以及校外的各种社会活动，向实际困难挑战，在挫折中成长，不断磨炼自己的意志，增长自己的才干。我热爱电子这一行业，对模拟、数字、高频、低频电路都有一定的了解，我有能力、有信心，以后一定会学得更好更精。我愿用自己的专业知识及实践经验为贵公司的发展倾尽全力！

非常盼望能与您进一步面谈，恭盼回音。最后，衷心祝愿贵单位事业发达、蒸蒸日上！

此致

敬礼

求职者：×××

××××年×月×日

三、其他求职材料

（一）就业推荐表

就业推荐表是学校对毕业生在校期间综合情况的证明。由于毕业生在寻找工作时尚未毕业，因而它是毕业生身份的有效证明。

就业推荐表在形式和结构上是固定和统一的，由学校统一发放，原则上一人一份，复印有效。

就业推荐表在求职材料中具有十分重要的地位，它是学校为毕业生特别准备的求职材料，具有权威性，能够实事求是地反映毕业生的综合表现，用人单位对此有较高信任度，把它放在求职材料中可以增加求职信息的可信度。

因此，填写就业推荐表是一件十分重要的事情，需要高校毕业生严肃认真地对待，要认真阅读“填表说明”，按要求填写，确保填写规范。填写的具体要求如下。

(1)用黑色(蓝黑色)钢笔或签字笔如实填写，字迹要清晰端正，无错别字，无涂改。

(2)照片用小一寸的免冠证件照片(彩色、黑白均可，以彩色为佳)。

(3)“求职意向”由毕业生本人根据自己的实际情况填写。

(4)“院系推荐意见”一栏由毕业生所在院系负责人填写(或指定人员具体负责填写)，加盖所在院系公章。推荐意见要概括地、实事求是地反映和评价该生在校期间德、智、体、美、劳各方面的表现，突出其优点、特点，其不足之处用提希望的形式指出。

(5)以班或系为单位到学校就业办加盖“同意推荐”章及学校公章。

毕业生在双向选择的过程中，可以使用推荐表的复印件。只有在与用人单位签订协议时，才需要向用人单位提交推荐表的原件，因此一定要保管好推荐表。

(二)学习成绩单

学习成绩单记录大学期间所学课程(包括选修课)和成绩，由教务部门盖章，供用人单位真实地了解学生在校所学课程和学习成绩。

(三)相关证书

以下三种证书是求职材料的真实性和求职者各种能力的有力佐证。

(1)学历证书。学历证书包括毕业证书、结业证书等。

(2)荣誉证书。荣誉证书包括“三好学生”“优秀学生干部”“优秀团员”“优秀毕业生”等荣誉证书，各类奖学金证书，校级以上社会实践、征文比赛、文艺演出、体育运动会、社团活动等各类活动的获奖荣誉证书等。

(3)能力证书。英语等级证书、计算机等级证书、机动车驾驶证、职业资格证等。

证书用复印件即可，用人单位在决定是否录用时可能会检查原件，所以原件一定要妥善保存。

(四)其他材料

其他材料一般是指在正式出版物发表过的文学作品、科研论文、美术设计作品、音像作品、摄影作品及各类小制作、小发明等材料。这些材料也是毕业生的拳头产品，能有效敲开用人单位的大门。

四、面试的特点与内容

(一)面试的特点

1. 以谈话为主

在面试过程中，招聘考官居于主导地位，掌控着面试的谈话议题、谈话时间、谈话方式。招聘考官多以求职者的简历为基础，要求求职者回答一些基本问题，在求职者回答问题的过程中，通过观察其表情、体态、语言、语气等细节，来了解求职者的背景、能力、形象，判断求职者的素质特征和基本能力。

2. 内容具有灵活性

面试虽然遵循一定的规律，却没有具体的限定。每家用人单位的文化底蕴、用工思路、用工条件不同，招聘者的身份、习惯、思维也不尽相同，所以面试的话题是灵活多变的。因此，求职者既要做好充分的面试准备，又要注意在面试过程中灵活地应对，做到有备无患。

3. 双向沟通

虽然在面试过程中招聘者居于主导地位，但求职者也不是完全被动的。求职者也可以通过交谈、提问等方式进一步了解自己应聘单位的性质、招聘岗位、工资待遇等基本情况，以判断是否符合自己的就业意愿，决定自己是否接受这一工作。

4. 具有直观性

毕业生的知识、能力、爱好、特长、理想等内在素质，以及习惯、言语、性格、容貌、仪表等外在素质，都能够在面试中充分地表现出来。用人单位通过对毕业生内外素质直观的考核，基本能够确定其是否符合录用条件。毕业生需要掌握面试直观性的特点，力争在最短的时间内，给招聘考官留下最好的印象。

（二）面试的内容

招聘者通过观察、交谈、提问、测试等方法来了解求职者的素质与能力，判断其是否符合他们的岗位需要。常见的面试内容主要涉及个人基本情况、形象、专业能力、综合素质、应聘动机几个方面。

1. 个人基本情况

主要了解求职者的个人基本情况，如性格、健康状况、家庭情况、社会关系、个人经历等。

2. 形象

主要观察求职者的仪表及言谈举止等。一般通过直接观察、提问等进行。

3. 专业能力

主要考察求职者的所学专业与课程、学习成绩、综合测评排名、外语及计算机水平、职业资格证书及实践能力、操作能力水平等。

4. 综合素质

主要考察求职者的人际关系、团队精神、适应能力、敬业精神等，如参加过何种社团、参加过什么社会实践活动等。

5. 应聘动机

了解求职者为何要应聘本单位，想从事的工作岗位及为何对应聘的职位感兴趣，希望得到的薪酬等问题。

五、面试的类型

不同的用人单位会采取不同的面试方式。对毕业生采取何种面试形式，一般是根据招聘的人数、毕业生报名人数、招聘的岗位、招聘的对象、工作性质等情况而定的。一般来说，面试主要有个别面试、远程面试、小组面试和成组面试四种形式。

（一）个别面试

个别面试指一名招聘人员与一名应聘者进行一对一的交谈。这种形式由于只有两个人，双方容易建立较为密切的交流关系，沟通效果好。毕业生这一方可能会减少紧张、畏惧的心理，回答问题可能更流畅一些。

（二）远程面试

远程面试指招聘单位通过网络视频技术对应聘者进行面试。随着互联网的普及运用，网络招聘已经成为招聘的一种重要形式。目前许多院校都建立了自己的招聘室，增添了视频设备，为用人单位招聘、毕业生应聘创造了有利条件。远程面试主要适用于用人单位远离学校，不便到学校进行现场招聘的情况。

（三）小组面试

小组面试指招聘单位使用由人力资源部门、管理部门、分厂车间（用人部门）等多个部门的人员组成的招聘小组来进行面试。由于招聘小组每名成员面试思路、面试方法都不同，可能会从多种角度对应聘者进行考察，增加了面试的难度。由于需要应对众多招聘考官的提问考察，毕业生易产生紧张的心理，对此，毕业生必须做好多方面准备。

（四）成组面试

这种面试形式是招聘单位同时对几个（一组）应聘者进行面试。这种面试形式一般是在招聘数量大、面试人员多的情况下采用的。招聘人员通过对几个应聘者同时进行面试，可以从外表到内涵对这些应聘者进行对比，考察他们的优缺点，进而筛选出优秀的人才。

六、面试的准备

面试是一种集多种知识、能力、心理于一体的综合考核方式，是对毕业生在校几年学习、实践成果的一次检验。面试的重要性和过程中的多变性要求毕业生必须高度重视和精心准备。实践证明，只要准备充分、从容应对，面试的过程其实是比较简单的。毕业生要想在面试中有出色的表现、脱颖而出，可以从以下几个方面着手准备。

(1)了解用人单位及招聘者的基本情况。毕业生在面试前应尽可能了解用人单位的基本情况，如单位性质、单位地域、隶属关系、企业规模、经营范围、经济效益、发展前景等。毕业生参加面试的目的就是准备到招聘单位就业，一旦面试成功就意味着将到该单位工作，所以必须对可能去的就业单位进行详细了解。如果招聘单位符合就业意愿，应该在详细了解招聘单位的同时做好面试准备。毕业生还要了解招聘单位相关负责人的职务、联系电话等信息，以利于与其沟通。如果在面试准备阶段发现招聘单位情况与个人就业意愿存在差异，毕业生可以选择与招聘单位沟通取消面试，也可以在面试过程中深入提问，收集更多的信息以做出最终决定。若确实与自身预期不符，可以在面试结束后通过邮件或电话等方式，礼貌地向招聘单位的相关负责人表达自己的考虑和决定。

(2)对可能要求回答的问题要有准备。按照常规，在面试过程中，用人单位的招聘考官一般会提出这些问题：学习成绩、操作技能、兴趣爱好、家庭情况、自己的优缺点、对岗位的要求、期望薪金、工作设想等。面试前，毕业生应对面试过程中招聘考官可能提出的问题做好充分准备，最好事先把自己对这些问题的回答一一列出，并多次演练。这样当面对招聘考官提问时，就会胸有成竹、对答如流、从容不迫。

(3)准备好自我介绍。每一场招聘会都会有众多求职者参加，用人单位的招聘考官为了区分并了解应聘者，一般情况下，在面试时都要求求职者进行一个一两分钟的自我介绍。自我介绍虽然简单，但非常重要，求职者事先应精心准备并演练几回，力争通过这简短的几分钟给用人单位留下良好的第一印象。

(4)克服心理障碍。由于面试成功与否一定程度上关系到求职者的前途，往往导致求职者在面试时产生紧张情绪。所以要正确面对，消除过度紧张、焦虑的情绪，尤其是第一次面试，要增强自信心，不要给自己过重的心理负担。

(5)准备好自荐材料。求职者参加面试还需要精心准备一份自荐材料。自荐材料是求职者的“名片”，可以展示自己的特长，吸引招聘者的注意。用人单位的招聘考官进行面试时，都要翻阅求职者的自荐材料，并根据自荐材料的内容提出一些相关问题。面试是招聘者与求职者的双向交流，绝不是招聘考官对毕业生的单向“审问”。毕业生完全可以向招聘考官进行提问，以了解自己所关心、关注的问题。面试中，毕业生的提问非常重要，通过提问可以了解用人单位的基本情况和招聘意图等。对于自己要提出的问题，在面试前一定要准备好，最好也列出一个提纲。

七、面试的礼仪与技巧

面试是毕业生与用人单位招聘者之间的一次交流沟通，是非常严肃和正规的活动。礼仪在面试中的作用非常明显。一个温文尔雅、服饰得体、仪表端庄、彬彬有礼的求职者，肯定会给用人单位留下良好的第一印象。因此，毕业生在面试过程中应十分注意自己的礼仪。“礼仪”包括“礼”和“仪”两部分，“礼”是礼貌、礼节，“仪”是仪表、仪容。可见，礼仪指在各种社会交往中，人们为了相互尊重，在仪容、仪表、仪式、仪态、言谈举止等方面约定俗成的、共同认可的行为规范。礼仪既是一个人的立身处世之本，也是一个国家文化积淀和公民道德水平的外在表现形式。礼仪学习可以提高毕业生的道德水平和心理素质，也可以提高毕业生的人际交往能力和职业素质。

1. 准时赴约

面试主要是用人单位对毕业生的一次考察，它往往决定是否录用某个毕业生，所以毕业生必须高度重视。用人单位采用的面试地点多半是学校或者用人单位办公区，不论在何地面试，毕业生都应该牢记面试的时间和地点，最好比约定的时间提前5～10分钟到达，以表示自己的诚意，给招聘考官留下良好的印象。如果无故迟到，没有遵守约定的时间，必会给招聘考官留下不好的印象，甚至可能失去面试的机会。

2. 文明入场

毕业生进入面试室时无须紧张，如果面试室的门是关着的，可先轻叩两三下，得到允许后再进入，然后将门轻轻关上。进入面试室后，可以扫视一下房间整体，确定房间的基本布局，找到自己应该坐的座位。一般情况下，面试场所都为应聘者提供了椅子，先不要急于坐下，当招聘考官请你坐下时，要说声"谢谢"，入座时动作要轻缓，不要让椅子发出声响。坐下后要保持良好的体态，目视招聘考官，切忌左顾右盼、抓耳挠腮、跷二郎腿。

3. 静候面试

无论用人单位采取何种形式，面试活动都是有一定程序和顺序的。有的用人单位根据专业，有的用人单位根据到场时间来组织面试。毕业生只需静候即可，不必焦虑。毕业生应在指定的区域静候，这是一种良好素质的表现。千万不要来回走动、大声喧哗，以免影响到面试活动。如果毕业生到用人单位参加面试，就更应谨慎，要在指定办公室静候，不要随意走动。

4. 举止大方

在面试过程中，应聘者的一举一动都会引起招聘者的注意。应聘者的一举一动无不显露出他的知识修养、个性特点等，都会给招聘者留下深刻的印象。应聘者在面试中，眼神、坐姿、谈吐、行动都应文雅大方，显示出毕业生的道德修养。"坐有坐姿，站有站样"是对应聘者最起码的要求。毕业生切忌东张西望、左顾右盼、漫不经心，更不能抽烟或嚼口香糖。特别需要强调的是，不要在面试过程中打电话或者接听电话，手机应该在面试前关闭或静音。

5. 谈吐文明

在整个面试过程中，毕业生一定要认真倾听招聘考官的讲话，注意力集中。这样既礼貌，也能够抓住问题的要点，便于应对回答。一个人懂得倾听既是一种对他人的尊重，也是一种修养。不要随意打断招聘考官讲话，切忌大大咧咧、满不在乎。在回答招聘考官提出的问题时要吐字清楚，声音适中，答其所问，千万不要夸夸其谈。毕业生与招聘考官进行交流时，一定要使用普通话，使用方言不但难以沟通，也容易让人产生误解。

6. 称呼得体

如何正确地对招聘人员进行称呼也是十分重要的。如主试人员有职务，一般采用姓加职务的称呼方式，如“张总”“王总监”“赵主管”等。如主试人员没有职务，就按照学校的习惯统称“老师”。不要根据招聘人员的外观对其进行不规范的称呼，如“大姐”“大哥”“叔叔”“阿姨”等。另外，如果面试组织方介绍了面试考官，毕业生一定要记住他们的姓名、职务并与人对上号。如果没有听清楚面试考官的姓名、职务，就要及时询问：“对不起，我没有听清您该怎样称呼。”防止出现因为忘记对方姓名、职务而造成的尴尬。

7. 礼貌告辞

面试结束后，可以主动与招聘人员握手，并道声“谢谢”“再见”，然后离开，轻轻地关上门。如果有其他问题，可返回指定办公室静候，否则不宜长时间逗留，也不要随意走动。

八、面试后的工作

许多毕业生往往只注重面试时的技巧，而忽视了面试后的工作。事实上，面试结束并不意味着求职择业过程的完成。一个细心的毕业生在面试结束后，还需要做许多工作。

（一）全面总结面试经验

面试结束后，求职者必须做好两手准备。无论是否被用人单位录用，都必须对自己在面试过程中的表现进行总结。如果被录用，说明在面试过程中表现得比较优秀，可以认真总结自己的成功经验，以便不断提高并及时传授给其他同学。如果没有被录用，更应该认真地进行反省，查找自己存在的不足，总结经验教训，不断改进细节，“吃一堑，长一智”，以便在下次面试中得以提高。

（二）与用人单位取得联系

如果用人单位没有当场宣布录取结果，一般情况下会在两周内公布。这种情况下，求职者务必记下招聘人员的姓名、职务、联系电话，以便在合适的时候主动与其联系，确认自己是否被录用。对于长时间没有收到录用消息的，应该做好放弃的准备，为下一场面试重新做好准备。

（三）做好签约和顶岗实习的准备

如果确认被用人单位录用了，应该做好签约准备。毕业生应到本人所在院系（校区）领取就业协议书，并按照学校、用人单位的相关规定和要求填写好就业协议书，按约定时间交到学校或者用人单位。由于大多数用人单位都要求毕业生顶岗实习，毕业生在被录用后，应认真学习学校有关顶岗实习的规章制度，积极做好顶岗实习的各项准备工作。

拓展阅读

求职面试的四个技巧

第一，了解招聘企业。面试前要通过各种渠道收集招聘企业的相关信息，包括企业的发展历程、经营范围、行业地位、企业文化、产品服务等。这些信息可以通过公司官网、网上相关报道、向亲友打听等方式了解。了解招聘单位，可以让你在和面试官交流时自然而然地体现出自己对于公司的了解和重视，让招聘考官看到自己的真诚和热情。

第二，准备面试题。求职面试中会遇到一些比较新颖、奇特的题目，但是大部分试题都比较常规，如自我介绍、职业规划、求职优势、为什么选择该职位、性格特点、兴趣爱好等，绝大部分比较新颖的面试题也是这些经典题目的变体。这些题目都是可以提前准备的，所以一定要多做面试题，经典面试题和针对职位的专业性问题都要提前了解，准备好答案并不断进行模拟作答。这样，到了面试现场才能以不变应万变，正常发挥。

第三，着装得体。面试着装是很重要的，着装不可太随意，但是也不建议所有应聘者都穿白衬衣、黑西裤，可以根据自己的年纪和求职目标选择能够衬托自己气质的服装。同时要注意，携带的背包要和整体着装相配，不能身穿职业装却背着双肩帆布包，要选择一个大小适中、颜色低调的职业包，背包里多备几份简历，并带好笔和记事本。

第四，善用肢体动作。应届生求职者面试感到紧张是难免的。但是无论内心如何紧张也要告诉自己，不要表现在肢体动作上。握手要坚实有力，手掌不要有汗；要流露出对对方办公环境的欣赏；坐直并同面试官保持目光接触，面试官讲话时要点头或说“嗯”以表示认同，不要打断面试官；要保持微笑，回答问题时面部表情要生动并富有激情。

其他面试技巧还有：提前到达面试地点、携带相关材料(如作品集)、面试后写邮件给面试官表示感谢等。求职不易，求职者要学会运用这些技巧，为找到自己心仪的工作提供帮助。

案例分析

细节的作用

小李是某高等职业院校计算机专业的一名应届毕业生。前几天他去一家互联网公司应聘计算机工程师助理一职。面试当天，小李穿上精心准备的西装，打上领带，穿着一双锃亮的皮鞋出门了。

面试进行得很顺利，小李过硬的专业知识与技能让招聘人员很满意。招聘单位当场就录用了小李。一名面试官说：“你们注意到没有，小李专业能力很强，而且今天装扮很得体，这说明他很注重细节，这正是我们需要的人才。”

分析：对于求职者而言，知识技能这些硬件要素固然重要，而服饰、发型、谈吐、举止这些细节也可能会起到重要作用。在学校里，同学们可以张扬个性。但在求职面试的关键时刻，不要忘记对自己进行“职业化”的包装，以增加在面试阶段胜出的概率。

实践训练

模拟面试

一、目的

1. 了解面试常见问题。

2. 掌握面试常见问题的回答技巧。

二、准备

1. 活动场地：教室。

2. 人员要求：班级同学，以小组为单位开展活动。

3. 活动准备：班级同学提前了解常见面试问题并做好应对准备。

三、步骤

1. 每个小组推选一人进行抽签，决定该组成员扮演面试官还是面试者角色。可以推选成员代表小组参加活动，也可主动申请。

2. 在活动过程中，如果面试者回答不出某个问题，可请小组“亲友团”代替回答。

3. 模拟面试官对面试者进行点评及总结。

4. 教师对每个面试者进行点评及总结。

第四章　就业权益保障

【学习目标】

1. 知识层面：知道就业过程中的基本权益与常见的侵权行为。

2. 态度层面：在签约过程中树立防范意识，增强初入职场的自信。

3. 能力层面：能正确与用人单位签订就业协议书，能识别常见侵权行为，能正确运用权益保护的方法与途径，维护个人在求职和就业过程中的合法权益。能通过角色转变，做好进入职场的准备。

4. 思政层面：培养法律意识和法治观念，认识到法律在维护个人权益和社会秩序方面的重要性，敢于在就业过程中依法维护自己的合法权益。树立正确的职业道德和职业操守，遵守法律法规和职业规范，不侵犯他人的合法权益，为自己的职业发展奠定坚实的基础。

案例导入

某企业在与员工签订劳动合同中规定员工领取货币工资，并将社会保险费包含在工资之中，让员工自行参加保险，引起许多员工的不满。

后来，该市劳动保障监察大队在劳动保障年检中发现这一违法行为后，责令该企业限期办理社会保险登记、申报，补缴社会保险费。

第一节　就业权益保护

一、就业协议及其法律问题

（一）就业协议概述

就业协议是普通高等学校毕业生和用人单位在正式确立劳动人事关系前，经双向选择，在规定期限内确立就业关系、明确双方权利和义务而达成的书面协议，是用人单位确认毕业生相关信息真实可靠以及接收毕业生的重要凭据。

1. 签订原则

签订原则是指双方在订立就业协议时必须遵循的基本准则。

(1)主体合法原则。签订就业协议的当事人必须具备合法的主体资格。对毕业生而言，就是必须取得毕业资格，如果学生在派遣时未取得毕业资格，用人单位可以不予接收而无需承担法律责任。对用人单位而言，用人单位必须具有从事各项经营或管理活动的能力，单位应有录用毕业生计划和录用自主权，否则毕业生可解除协议而无需承担违约责任。

(2)平等协商原则。双方当事人在签订就业协议时的法律地位是平等的，一方不得将自己的意志强加给另一方。学校也不得采用行政手段要求毕业生到指定单位就业(不包括有特殊情况的毕业生)，用人单位亦不应在签订就业协议时要求毕业生缴纳过高数额的风险金、保证金。双方当事人的权利义务应是一致的。除协议书规定内容外，双方如有其他约定事项可在协议书的“备注”栏内加以补充。

2. 签订步骤

就业协议的订立一般要经过两个步骤，即要约和承诺。

(1)要约。毕业生持学校统一印制的就业推荐表或复印件参加各地供需洽谈会(人才市场)进行双向选择，或向各用人单位寄发书面材料，应视为要约邀请。用人单位收到毕业生材料，对毕业生进行考察后，表示同意接收并将回执寄给学校招生就业工作部门或毕业生本人，应为要约。

(2)承诺。毕业生收到用人单位回执或通过其他方式得到用人单位答复后，从中做出选择并到学校招生就业工作部门领取就业协议书，与用人单位签订协议，即为承诺。由于毕业生就业工作比较烦琐、具体，有时要约和承诺的界限很难明确区分。

3. 注意事项

就业协议涉及毕业生的切身利益。就业协议书经毕业生、用人单位、学校三方签字后生效，具有法律约束力。为了切实维护自己在就业过程中的合法利益，毕业生在就业签约时应注意以下几个问题。

(1)在签订就业协议书时，毕业生应认真阅读填写说明，注意本人情况应当符合就业政策，并遵守有关的程序规定。否则将导致就业协议无效。

(2)毕业生必须如实地向用人单位介绍自己的情况，不得弄虚作假。

(3)毕业生、用人单位和学校都应严格履行协议。若有一方提出变更协议，须征得另外两方同意，否则将由违约方承担违约责任。

(4)如果用人单位没有接收毕业生人事档案及户口的指标，毕业生及用人单位则不应无理要求学校对就业协议书进行鉴定。学校也不会将其列入毕业生派遣计划。

(5)学校将在学生毕业前安排体检，体检不合格者，签订的就业协议将自行取消，由学校通知用人单位。如用人单位对毕业生身体条件有特殊要求，原则上应在签订协议前进行单独体检，否则以学校体检结果为准。

(6)就业协议应由学校最后把关。一般情况下，毕业生与用人单位先签订就业协议，然后再交学校就业工作部门鉴定。但有的毕业生为了方便，往往自己在协议书上签字后，要求学校先鉴定，再交用人单位签约，导致个别用人单位在协议书上增加不利于毕业生权益的其他条款后再签字盖章。待毕业生与学校知晓时，因三方已签字盖章，协议已生效，只能由毕业生承担不利后果。

(7)毕业生的情况由毕业生本人填写，每一名毕业生只能签订一份就业协议书，复印的就业协议书无效。

(8)毕业生可与用人单位在就业协议书中约定就业协议的解除条件，解除约定条件一旦成就，即可依约解除协议，而无需承担违约责任，以避免产生经济损失或其他争议。

4. 违约及其处理

就业协议一经三方签署即具有法律效力，任何一方不得擅自解除，否则会给其他当事人带来一定的损害。目前，违反就业协议的情况时有发生，通常引起就业协议争议的主体是毕业生和用人单位。

(1)毕业生违约解除协议。用人单位往往为招聘一个毕业生做了大量的工作，花费一定的人力、物力和财力，有的甚至对毕业生将要从事的具体工作也有所安排。同时毕业生就业工作时间相对比较集中，一旦毕业生因某种原因违反就业协议，在规定的报到时间内不到用人单位上班，将会在工作安排等方面给用人单位造成极大的不便，损害在所难免。因此，在实际招聘工作中，毕业生一旦违反就业协议就必须承担违约责任，在征得用人单位同意并缴纳违约金后才可与其他用人单位重新签约。毕业生违约时，必须与原签约单位办理解约手续，得到原签约单位的书面退函并缴纳违约金，然后将原协议书交还学校招生就业工作部门，并换取新的就业协议书。

(2)用人单位违约，擅自解除协议。对于在就业过程中处于弱势地位的毕业生来说，遭遇用人单位违约，擅自解除就业协议时损失更大。毕业生往往会因此而错失就业机会，严重影响毕业生的顺利就业。面对用人单位的违约行为，毕业生要及时调整心态，在积极寻找别的工作机会的同时，敢于拿起法律武器维护自己的正当权益，追究用人单位的违约责任。对于协商调解不成的，毕业生可以直接向人民法院起诉，由人民法院依法裁决。

5. 就业协议的解除

(1)单方解除。单方解除包括单方擅自解除和单方依法或依协议解除。单方擅自解除协议属违约行为，违约方应依约承担违约责任。单方依法或依协议解除，是指一方解除就业协议有法律上或协议上的依据，如毕业生未取得毕业资格，用人单位有权单方解除就业协议；毕业生考取研究生后，用人单位依协议规定可解除就业协议。这些单方解除就业协议的情况，解除方无需承担违约责任。

(2)三方解除。三方解除是指毕业生、用人单位、学校三方经协商一致，取消原来签订的协议，使就业协议不发生法律效力。三方均不承担违约责任。三方解除应在就业计划上报主管部门之前进行，如就业派遣计划下达后三方解除，还须经主管部门批准办理改派。

(二)关于三方协议的法律问题

三方协议是由学校作为见证，毕业生与用人单位签订的一份意向性协议，是学生就业的第一步。它具有法律效力，但它不能替代劳动合同。毕业生要正确理解和使用三方协议，应该从四个方面着手。

1. 唯一性

即毕业生不得持有多份三方协议，如果学生签订了多份三方协议，一旦出现冲突，则以第一份协议为准。

2. 法律效力有时限

三方协议的法律效力在毕业生到用人单位报到之后即告终止。

3. 违约金的数额符合规定

三方协议中的违约金必须经由毕业生与用人单位协商之后约定，并且违约金的数额必须符合用人单位所在地的相关规定。

4. 备注栏不是空白

现实中，不少三方协议中备注栏是空白，而实际上毕业生应该尽量将单位的承诺，如休假、住房补贴、解决户口、缴纳保险等各项承诺明确写入备注栏。

在三方协议涉及的三方中，真正履行责任和享受权利的双方是用人单位和毕业生，学校只是作为一个见证单位，不承担任何责任。

(三)试用期内常见的劳动纠纷

毕业生到用人单位报到后，三方协议即告终止，此时用人单位会与其签订一份正式的劳动合同，其中约定了劳动者在单位的试用期限、服务期限、工资待遇及其他各项福利等事宜，合同签订之后，双方即正式确定劳动关系。

1. 试用期时限

试用期是用人单位和劳动者建立劳动关系后为相互了解、选择而约定的不超过6个月的考察期。劳动合同中应注明试用期的时长，试用期的基本工资、绩效奖金、社会福利待遇等。试用期期限标准如表4-1所示。

表4-1　试用期期限标准

劳动合同期限	试用期期限
3个月以上1年以内	不得超过30天
1年以上3年以内	不得超过60天
3年以上固定期限和无固定期限	不得超过6个月

试用期只适用于初次就业及再次就业改变劳动岗位或工种的劳动者，同一用人单位与同一劳动者只能约定一次试用期。试用期的工资不得低于本单位相同岗位的最低档工资或者劳动合同约定工资的80%，也不得低于用人单位所在地的最低工资标准。用人单位违反劳动合同法规定与劳动者约定试用期的，由劳动行政部门责令改正；违法约定的试用期已经履行的，由用人单位以劳动者试用期满月工资为标准，按已经履行的超过法定试用期的期间向劳动者支付赔偿金。

2. 试用期内辞职

试用期之所以称为试用，其含义就在于用人单位和劳动者均可在此期间考察对方是否符合自己的要求。劳动者在试用期内具有较为自由的解除合同的权利，根据《中华人民共和国劳动合同法》第三十七条，劳动者在试用期内提前三日通知用人单位，可以解除劳动合同。有些用人单位在劳动合同中设定了限制劳动者解除权的条款，如要求劳动者在试用期解除合同需承担违约责任，这种约定除非符合劳动合同法中关于保密和培训费用赔偿的特定情况，否则就是侵害劳动者合法权利的行为，在法律上是无效的。劳动者应当了解自己的权利，避免签订侵犯自身合法权益的劳动合同。

3. 试用期间辞退

《中华人民共和国劳动合同法》第三十九条规定，劳动者在试用期间被证明不符合录用条件的，用人单位可以解除劳动合同。法律规定得很清楚，用人单位可解除劳动合同的条件是其必须举证证明劳动者在试用期间不符合录用条件。这里毕业生应当明确，用人单位要求解除劳动合同时，举证责任在用人单位，劳动者无须提供自己符合录用条件的证明。举证责任无疑限制了用人单位解除劳动合同的随意性，用人单位如果没有证据证明劳动者在试用期间不符合录用条件，就不能解除劳动合同，否则需承担因违法解除劳动合同所带来的一切法律后果。

4. 两个试用期

有些用人单位还会在第一个试用期过后与劳动者约定第二个试用期，这种情况应该区别对待。如果前后两个试用期都是经过双方协商之后在合同中确定下来的，那么两个试用期相加超过法律规定的试用期上限的则不合法，不超过则两个试用期皆合法。

5. 只签订试用期合同而不签订劳动合同

劳动者被用人单位录用后，双方可以在劳动合同中约定试用期，试用期应包括在劳动合同期限内，劳动合同是试用期存在的前提条件。不允许只签订试用期合同而不签订劳动合同，这样签订的试用期合同是无效的，但“试用期”合同的无效，并不导致劳动法对劳动者的保护失效。

二、劳动合同及其法律问题

实践中，由于各种原因，一些毕业生无法与用人单位签订就业协议书，但又确实被用人单位录用并且已经在那里就业了。这种情形下，毕业生可以与用人单位签订劳动合同。

（一）劳动合同概述

1. 劳动合同的主体

劳动合同的主体即劳动法律关系当事人：劳动者和用人单位。劳动合同的主体与其他合同关系的主体不同：其一，劳动合同的主体是由法律规定的，具有特定性，不具有完全民事行为能力的公民与不具有法人资格的组织不能签订劳动合同。其二，劳动合同签订后，其主体之间具有行政隶属性，劳动者必须依法服从用人单位的行政管理。

(1)劳动者。指需要签订劳动合同的劳动者对象。按照全面实行劳动合同制度的改革要求，需要签订劳动合同的对象包括：新招用的劳动者、原有的固定工以及原固定工身份的特殊人员。所谓原固定工身份的特殊人员，是指根据《劳动部关于全面实行劳动合同制度若干问题的通知》和《关于贯彻执行〈中华人民共和国劳动法〉若干问题的意见》规定的以下人员。

①存在劳动关系而没能履行劳动义务的特殊人员。例如，用人单位的“富余人员、放长假”的职工，长期被外单位借用的人员，带薪上学人员，请长期病假人员，停薪留职人员，被派到合资、参股单位人员。

②企业、事业单位的党委书记、厂长或经理、工会主席等。

(2)用人单位。指需要签订劳动合同的用人单位。根据劳动法律、法规的规定，需要与劳动者签订劳动合同的用人单位包括：中国境内的企业法人，个体、合伙制非法人经济组织，国家机关、事业组织和社会团体，特殊类型经济组织，如租赁经营(生产)、承包经营(生产)的企业，等等。

案　例

小陈毕业于某职业技术学校，在当地一家小型医院当护士，月工资2000元，包吃住，个人缴纳保险费用从个人工资中扣除。两年后，小陈发现当地最低工资已经上调到2120元，于是向医院提出上调工资的要求，但是遭到医院的拒绝。医院的说法是，待遇已包吃住，总费用已经超过当地最低工资档，如果要上调工资，则不包吃住。

分析：医院每个月发放给小陈的月工资低于当地最低工资标准的做法是不合法的，违反了《中华人民共和国劳动法》。《中华人民共和国劳动法》明确规定，用人单位支付劳动者的工资应不低于当地的最低工资标准。

2. 劳动合同的内涵

劳动关系是指受劳动法调整的，在劳动者运用劳动能力、实现劳动过程中，劳动者与用人单位(劳动使用者)之间的社会劳动关系。由于我国就业竞争激烈的实际、《中华人民共和国劳动合同法》(以下简称《劳动合同法》)的发展历史，以及劳动关系中用人单位与劳动者双方地位的不平等性，有时也会造成事实劳动关系。劳动合同是劳动关系建立、变更和终止的一种法律形式。根据《劳动合同法》第十条的规定，建立劳动关系，应当订立书面劳动合同。已经建立劳动关系，但未同时订立书面劳动合同的，应当自用工之日起一个月内订立书面劳动合同。用人单位与劳动者在用工前订立劳动合同的，劳动关系自用工之日起建立。因此，劳动关系包括劳动合同关系和事实劳动关系两种形态。

3. 劳动合同的特征

劳动合同除了具有合同的共同特征外，还有下列特征。

(1)劳动合同的主体具有特定性

劳动合同的主体一方是劳动者，即具有劳动权利能力和劳动行为能力的中国人、外国人和无国籍人；另一方是用人单位，即具有使用劳动能力的权利能力和行为能力的企业、个体经济组织、事业组织、国家机关、社会团体等用人单位。双方在实现劳动过程中具有支配与被支配、领导与服从的从属关系。

(2)劳动合同的内容具有劳动权利和义务的统一性与对应性

在劳动合同的具体内容中，一方的劳动权利是另一方的劳动义务，反之亦然。没有只享受劳动权利而不履行劳动义务的，也没有只履行劳动义务而不享受劳动权利的。

(3)劳动合同的客体具有单一性

劳动合同的客体具有单一性，即劳动行为。

(4)劳动合同是诺成、有偿的双务合同

劳动者与用人单位就劳动合同条款内容达成一致意见，劳动合同即成立。用人单位根据劳动者劳动的数量和质量给付劳动报酬，不能无偿使用劳动力。劳动者与用人单位均享有一定的权利并履行相应的义务。

(5)劳动合同往往涉及第三人的物质利益关系

劳动合同必须具备社会保险条款，同时劳动合同双方当事人也可以在劳动合同中明确规定有关福利待遇条款，而这些条款往往涉及第三人物质利益待遇。

4. 劳动合同的作用

(1)劳动合同是建立劳动关系的基本形式

以劳动合同作为建立劳动关系的基本形式是世界各国的普遍做法。这是由于劳动过程是非常复杂的，也是千变万化的，不同行业、不同单位的劳动者在劳动过程中的权利义务各不相同，国家法律法规只能对共性问题做出规定，不可能对当事人的具体权利义务做出规定，这就要求签订劳动合同来明确权利义务。

(2)劳动合同是促进劳动力资源合理配置的重要手段

用人单位可以根据自身经营或工作需要确定录用劳动者的条件和方式、数量，并且通过签订不同类型、不同期限的劳动合同，发挥劳动者的特长，合理使用劳动力。

(3)劳动合同有利于避免或减少劳动争议

劳动合同明确规定了劳动者和用人单位的权利义务，这既是对合同主体双方的保障，又是一种约束，有助于提高双方履行合同的自觉性，促使双方正确行使权利，严格履行义务。因此，劳动合同的订立和履行有利于避免或减少劳动争议，有利于稳定劳动关系。

(二)劳动合同的相关法律规定

1. 劳动合同的类型

劳动合同分为固定期限劳动合同、无固定期限劳动合同和以完成一定工作任务为期限的劳动合同。

(1)固定期限劳动合同

固定期限劳动合同是指用人单位与劳动者约定合同终止时间的劳动合同。比如一年、两年、三年，期限是明确的。

(2)无固定期限劳动合同

无固定期限劳动合同是指用人单位与劳动者约定无确定终止时间的劳动合同。订立无固定期限劳动合同，更有利于促进劳动关系的稳定。有些用人单位不愿意签订无固定期限劳动合同，认为一旦签了，就要对劳动者长期、终身负责，如果劳动者偷懒，用人单位毫无办法。有的劳动者也认为无固定期限劳动合同就意味着终身捆绑在企业中，丧失了选择的机会。实际上这是一种误解。只要出现《劳动合同法》规定的情形，不论用人单位还是劳动者，都有权依法解除劳动合同。

(3)以完成一定工作任务为期限的劳动合同

以完成一定工作任务为期限的劳动合同，是指用人单位与劳动者约定以某项工作的完成为合同期限的劳动合同。这种合同在工程建设方面比较多，工程结束合同也就结束了。

2. 订立劳动合同的原则

订立劳动合同的原则是指在劳动合同订立过程中双方当事人应当遵循的法律准则，

《劳动合同法》第三条规定：订立劳动合同，应当遵循合法、公平、平等自愿、协商一致、诚实信用的原则。

(1)合法的原则

合法的原则指订立劳动合同的行为不得与法律、法规相抵触。包括订立劳动合同的主体合法、目的合法、内容合法、程序合法。

(2)公平的原则

公平的原则要求在劳动合同订立过程及劳动合同内容的确定上体现公平。

(3)平等自愿的原则

平等自愿的原则指订立劳动合同的双方当事人具有相同的法律地位，订立劳动合同必须出自双方当事人自己的真实意愿。

(4)协商一致的原则

协商一致的原则指当事人双方依法就劳动合同订立的有关事项应采取协商的办法达成一致协议。

(5)诚实信用的原则

诚实信用的原则是合同订立和履行过程中都应遵循的原则。依法订立的劳动合同具有约束力，用人单位与劳动者应当履行劳动合同约定的义务。

3. 劳动合同的变更、终止、解除

(1)劳动合同的变更

履行劳动合同过程中由于情况发生变化，经双方当事人协商一致，可以对劳动合同部分条款进行修改、补充。劳动合同的未变更部分继续有效。

劳动合同的变更主要反映在四个方面：一是生产或者工作任务的增加或减少，二是劳动合同期限的延长或缩短，三是劳动者工种或职务的变化或变动，四是对劳动者支付劳动报酬的增加或减少。例如，劳动者因意外事故致伤、致残，不能从事原岗位劳动，工作岗位需要作适当调整；国家颁布了新的法律、法规，原劳动合同的某些条款与新的法律、法规相悖；由于不可抗力(如水灾、地震、战争)等因素，造成企业或劳动者无法履行原劳动合同时；等等。经双方当事人平等协商，都可以变更劳动合同的相关内容。

(2)劳动合同的终止

指终止劳动合同的法律效力。从狭义上讲，劳动合同的终止是指劳动合同的双方当事人按照合同所规定的权利和义务都已经完全履行，且任何一方当事人均未提出继续保持劳动关系的法律行为。广义的劳动合同终止还包括劳动合同的解除。

按照我国劳动法的规定，劳动合同依法终止的条件有：

①劳动合同期限届满，双方当事人的权利和义务已经履行完毕，劳动合同自行终止。

②劳动合同双方当事人约定的劳动合同终止的条件出现，劳动合同即行终止。如职工在与企业订立劳动合同时约定，经所在单位同意，职工可以参加全国统一考试，

如果被高等院校、中等专业学校录取，职工与企业订立的劳动合同即随之终止。也就是说，在劳动合同期限内，职工一旦考取高等院校或中等专业学校，他与企业订立的劳动合同即行终止。这里需要说明的是，如果过去合同双方当事人在订立劳动合同时没有作上述约定，职工考取高等院校或中等专业学校后可以与企业协商，如果双方当事人协商一致，可以解除劳动合同。

劳动合同还可以基于一定的法律事实而终止，能够引起劳动合同终止的法律事实主要有：

①作为劳动合同一方当事人的劳动者死亡，致使无法继续履行劳动合同规定的义务，劳动合同终止。

②劳动合同在履行过程中，企业被撤销，职工由劳动主管部门另作分配，企业与职工原来订立的劳动合同终止。

③在劳动合同履行过程中，企业依据《中华人民共和国企业破产法》的有关规定宣告破产。企业宣告破产，表明此时企业已无法按照劳动合同履行其权利和义务，只能终止劳动合同。

④用人单位在招工时违反法律、法规，徇私舞弊，非法招收职工，一经发现，必须进行清退，单位与职工订立的劳动合同即行终止。

(3)劳动合同的解除

根据《关于贯彻执行〈中华人民共和国劳动法〉若干问题的意见》第二十六条，劳动合同解除是指劳动合同订立后，尚未全部履行前，由于某种原因导致劳动合同一方或双方当事人提前消灭劳动关系的一种法律行为。劳动合同的解除分为法定解除和约定解除两种。根据劳动法的规定，劳动合同既可以由单方依法解除，也可以由双方协商解除。劳动合同的解除，只对未履行的部分发生效力，不涉及已履行的部分。

三、毕业生的权利与义务

毕业生就业已纳入供需见面、双向选择、自主择业的轨道。只有充分利用自己所享有的权利，选择好有利于事业成功的职业，认真履行自己的义务，才能顺利走向工作岗位。

(一)毕业生的权利

毕业生作为就业过程中的一个重要主体，享有多方面的权利。所谓权利，是指国家法律、法规和政策对某种行为的许可和保障。为了维护毕业生的合法权益，国家在《中华人民共和国宪法》《中华人民共和国劳动法》《中华人民共和国高等教育法》《中国教育改革和发展纲要》《普通高等学校毕业生就业工作暂行规定》等法律、法规和政策中都规定了毕业生应当享有的权利，这些权利主要包括两大方面：一方面是毕业生在整个毕业择业过程中的权利，另一方面是毕业生在录用单位的权利。

1. 毕业生在择业过程中的权利

(1)获取信息权。就业信息是毕业生择业成功的前提和关键，毕业生只有在充分占有信息的基础上，才能结合自身情况选择适合自身发展的用人单位。毕业生的获取信息权应包括三方面含义：①信息公开，即所有用人信息向全体毕业生公开，任何单位和个人不得隐瞒、截留需求信息。②信息及时，也就是毕业生获取的信息必须及时、有效，不能将过时无利用价值的信息传递给毕业生。③信息全面，毕业生有权获得准确、全面的就业信息，以便对用人单位有全面的了解，从而做出符合自身要求的选择。

(2)接受就业指导权。学生有权从学校接受就业指导。学校应成立专门机构，安排专门人员对毕业生进行就业指导，包括向毕业生宣传国家关于毕业生就业的方针、政策；对毕业生进行择业技巧的指导；引导毕业生根据国家、社会需要，结合个人实际情况进行择业；使毕业生通过接受就业指导，准确定位，合理择业。当然，随着毕业生就业完全市场化，毕业生也将由从学校接受就业指导而转为主动到市场寻求和接受一些有益的社会上合法机构的就业指导。

(3)被推荐权。学校在就业工作中的一个重要职责就是向用人单位推荐毕业生。历年工作经验证明，学校的推荐往往在很大程度上影响到用人单位对毕业生的取舍。

(4)选择权。根据国家有关规定，毕业生只要符合国家的就业方针和政策，可以自主地选择用人单位，学校、其他单位和个人均不得干涉。任何将个人意志强加给毕业生，强令毕业生到某单位的行为都是侵犯毕业生选择权的行为。毕业生可结合自身情况自主与用人单位协商，要求学校予以推荐，直至签订就业协议。

(5)公平待遇权。用人单位在录用毕业生的过程中，也应公正、公平，一视同仁。由于一些配套措施相对滞后，完全开放公平的就业市场尚未真正形成，部分用人单位录用毕业生还存在不同程度不公平、不公正的现象，公平享有录用权是毕业生最为迫切需要得到维护的权益。

(6)平等竞争的权利。公平竞争是自主择业的前提，是毕业生在就业过程中的一项基本权利。在市场经济条件下，只有提供一个公平竞争的市场环境，才能促使生产要素的合理流动，从而实现毕业生资源的优化配置。

2. 毕业生在录用单位的主要权利

(1)要求用人单位履行协议接收毕业生的权利。就业协议书是国家专用于毕业生就业的正式文本，具有法律效力。双方一旦签约，就有义务严格履行协议，不得无故更改。用人单位必须依照协议接收毕业生，并妥善安排毕业生的工作，提供相应的工作和生活条件，以保证毕业生的正常工作。

(2)要求用人单位按照《中华人民共和国劳动法》的规定提供各种劳动保障的权利。毕业生到用人单位报到后应签订劳动合同。《中华人民共和国劳动法》第三条规定：劳动者享有取得劳动报酬的权利、休息休假的权利、获得劳动安全卫生保护的权利、接受职业技能培训的权利、享受社会保险和福利的权利、提请劳动争议处理的权利以及法律规定的其他劳动权利。

(3)追究用人单位违约责任的权利。毕业生与用人单位签订就业协议，是双方遵循平等自愿、协商一致原则而达成的协议，双方均有遵守的义务。如果用人单位一方不能按照协议的内容履行，或者在履行协议过程中打折扣，毕业生就可以追究用人单位的违约责任。

(二)毕业生的义务

毕业生在享有法律、法规和有关政策规定的权利的同时，也应当履行自己的义务，这些义务主要包括以下几种。

1. 诚信的义务

近年来，中国就业市场发展迅速，市场化程度越来越高，但是，在快速发展的同时亦留下部分隐患。其中之一即就业协议签订过程中的诚信危机。部分求职者在投递简历过程中可能使用虚假的毕业证书和学位证书，这是不可取的。虽然这种情况在二次就业的求职者中出现得更多，但也应引起毕业生的高度注意，在求职过程中始终保持诚信，以免对自身的信誉造成不利影响。

2. 回馈社会的义务

国家宪法规定，劳动对于公民来说既是权利也是义务，是权利和义务的结合和统一。按照“得之于社会、还之于社会、报之于社会”的原则，毕业生理应积极依托自己的职业行为，回报于国家、社会和家庭，承担起自己应尽的义务。

3. 服从国家需要的义务

虽然毕业生在择业过程中有相当大的自主权，根据个人意愿选择单位也是无可非议的，但国家和社会为学生的成才提供了很多的支持，因此学生就业不仅仅是个人行为，还应服从国家的需要。学生肩负着民族的希望、历史的重任，应当志存高远、不畏艰辛，到边远地区去、到艰苦行业去、到祖国最需要人才的地方去。

4. 如实介绍自己情况的义务

毕业生有如实向用人单位介绍自己基本情况的义务，包括培养方式、学习成绩、健康状况、在校表现、社会实践经历以及其他各方面能力等，并提供可以证明自己情况的相关资料，这是用人单位准确了解毕业生的重要基础。

5. 遵守就业协议的义务

毕业生与用人单位通过双向选择签订协议，以约束对方的行为。遵守协议是就业工作顺利的保证。表里如一、言行一致是做人的基本准则，讲信誉是毕业生应尽的义务。一旦签订协议就不能随便违约，随意违约不仅影响学校正常的就业秩序，而且会损害用人单位、学校、其他同学等各方面的利益。因此，毕业生必须增强信用意识。

6. 按时到工作单位报到的义务

毕业生办理完离校手续后，应持相关证件按时到用人单位报到。自离校之日起，无正当理由超过三个月不去就业单位报到的，由学校报主管毕业生就业部门批准，不再负责其就业。

四、防范就业陷阱

求职的道路上虽然充满了成功的机会和希望，但同样也潜藏着一些陷阱。高校毕业生必须擦亮双眼，明辨是非。

（一）就业陷阱概述

所谓就业陷阱，就是某些招聘单位、机构或个人，利用大学生在就业市场上的相对弱势地位，以提供就业机会为诱饵，采用违法悖德手段，与大学生达成权利与义务不对等的各类就业意向（协议），侵害大学生合法权益的行为。刚刚离开校园、走上社会的高校毕业生，由于社会经验不足、自我保护意识较差，加上求职心理迫切、就业竞争激烈，很容易被假象蒙骗。因此，高校毕业生在求职时需要谨防各种就业陷阱。

就业陷阱具有欺骗性、诱惑性、隐蔽性、违法性等主要特征。

（二）常见的就业陷阱

1. 招聘会陷阱

由于部分主办单位把关不严，参加“双选会”的招聘单位可能良莠不齐，有的招聘单位以安排毕业生就业的名义，收集毕业生的个人信息后出卖牟利。一些招聘单位的岗位名称模糊，名不副实，如有的投资咨询公司在录用求职者从事“期货、现货交易员”后，要求每位录用者参加为期数天的培训，并在培训后自付一定费用开户进行实盘操作。此类自费实盘操作行为对求职者具有较大的风险，更具有招聘欺诈嫌疑。

2. 抵押陷阱

国家明文规定，任何单位在招聘员工时，不得以任何理由、任何形式收取求职者的押金或者以身份证、毕业证等做抵押。因此，如果用人单位以便于管理为由对求职者收取押金或要求扣留证件，高校毕业生一定要坚决拒绝。

3. 骗费陷阱

法律规定用人单位不得向应聘者收取任何费用，包括报名费或保证金。但仍有一些招聘单位巧立名目，向求职大学生索要报名费、办证费、培训费、保证金、押金、资料费、劳保费、保险费等名目繁多的费用。向求职者要报名费或保证金的公司，很可能是想骗取求职者的金钱。还有些招聘单位不当场签约，要求职者打电话继续洽谈，而电话实际上是高额收费的。

4. 薪酬陷阱

有些招聘单位的面试人员在求职者询问薪酬时，会给出一个含糊的月薪范围，然而在月底支付薪酬时却以员工没完成工作量或工作失误为由，扣除部分薪酬。这类薪酬陷阱在求职时不易识别，大学生要提高警惕。

5. 中介陷阱

(1)少数职业中介机构利用网络平台免费发布招聘信息，大量收集高校毕业生个人信息，然后倒卖盈利。

(2)有的中介机构收取高额的中介费用后，寻找各种借口和理由，拒绝为大学生寻找工作机会，而大学生想要回中介费却非常困难。

(3)外地非法中介机构(或网络平台)与不法“用人单位”相勾结，收取不菲的中介服务费用后，以种种理由推脱责任。有的虽然为毕业生介绍了工作机会，但用人单位的状况与毕业生的求职要求相去甚远；有的虽然“帮助”毕业生上岗工作了，但这些毕业生很快就会被“用人单位”以各种借口辞退。

(4)非法中介机构之间相互串通，以高薪、大城市就业、落户等诱饵，骗取高额中介费后，将毕业生介绍给外地的、其他的职业中介机构；或者让毕业生去不法“用人单位”或私人小作坊打零工，而毕业生的户口、档案等资料却被长期违法扣留，甚至被弄丢。

6. 合同陷阱

合同陷阱主要有以下三种。

(1)口头承诺。口头承诺的过高待遇，最有可能是陷阱。口头承诺如果没有在劳动合同书中以文字形式体现，就没有法律约束力。当协议主体间发生矛盾时，吃亏的一般都是学生。

(2)不平等协议。大学生初入社会，容易缺乏维权意识，在求职中又处于弱势地位，不知道或不敢对不平等条款提出异议，使就业协议、劳动合同在某种程度上成为“霸王合同”。大学生在签订就业协议、劳动合同时，一定要慎防无保障协议、“卖身协议”等不平等协议。

(3)以就业协议代替劳动合同。有些用人单位以就业协议替代劳动合同，究其原因，是用人单位在就业协议中的许多约定不符合《劳动合同法》的规定，如果签订劳动合同，这些不合法约定将不存在，不能达到其违法用工的目的。

7. 试用期陷阱

极少数公司会在试用期内以各种理由辞退员工，这类公司往往通过不断延长招聘信息有效期，以招用新员工替代即将转正的员工，达到降低用人成本的目的。

8. 见习、实习陷阱

一些用人单位发布工作性质为“合同制”的招聘用工信息，却不与求职者签订劳动合同，而是签订“见习”协议，并将招聘信息中承诺的薪资改为见习补贴。以“见习”“实习”名义使用免费或廉价劳动力。

9. 培训陷阱

部分不法培训机构为了招揽培训生源，通常和招聘单位勾结，由“用人单位”发布虚假的招聘信息，要求应聘者参加其指定培训机构的培训，考核合格才能录用。当求职者支付培训费用并参加完培训后，却很难考核过关，即使过关，被录用者也会在见习期或试用期以各种理由被辞退。

一些培训机构混迹于招聘会，不断给大学生介绍“高薪就业”之类的机会，名义上是招工，实际上是为培训机构招生。有些培训机构以“保证就业”来引诱大学生交纳培训费，但培训结束后，却以种种理由不安排就业，或推荐大学生到一些位置偏僻、低薪的单位，甚至在试用期就借故将大学生辞退。

某些用人单位出资让应聘的大学生通过培训上岗，限制大学生的“自由”。一旦不从，就必须交纳数目不菲的违约金。有的用人单位甚至扣押应聘大学生的各种证件以达到控制应聘大学生的目的。

例如，一些所谓咨询公司或培训机构在网站上发布“高薪招聘”启事，岗位多为“移动互联网产品经理助理”之类的职位。招聘门槛不高，一般具有大专或本科学历的都符合录用条件。当求职者上门应聘时，此类公司或培训机构就声称要对求职者进行专业培训，培训合格后即可录用。在公司的诱导和承诺下，一些求职者就与其订立“内训协议”“SAP 岗前实训协议”等民事协议。这些协议明确公司与求职者间无劳动关系，只是单纯的培训关系，只有求职者在培训合格后，公司才考虑予以录用并建立劳动关系。培训协议中还约定求职者需要承担高额的培训费，如果求职者资金不够，这些公司甚至提出可以协助求职者贷款支付培训费。培训开始后，求职者发现所谓“专业”培训只是一些简单的技能培训，并无多少专业含金量。而且培训合格率很低，即使培训合格，当初声称要录用的公司往往也会消失得无影无踪，求职者的高额培训费就此白费了。一些求职者甚至因此背负了高额贷款。

10. 安全陷阱

一些别有用心的招聘单位会索要应聘者的各种证件、签名、签章。如果大学生在应聘中留下重要证据，就可能成为各种形式的债务人甚至敲诈勒索的对象。

有些“单位”利用招聘、面试做掩护，使应聘者从事偷盗、抢劫、涉毒、偷运、销赃、窝赃等违法活动，沦为不法之徒的帮凶。一旦事情败露，违法者踪影全无，而求职者成为替罪羊。

11. 传销陷阱

传销是指组织者或者经营者发展人员，并要求被发展人员以缴纳一定费用为条件取得加入资格等方式牟取利益，扰乱经济秩序，影响社会稳定的行为。作为国家法律明令禁止的非法经营活动，传销不仅严重扰乱市场经济秩序，影响社会稳定，而且还直接侵害广大人民群众的人身及财产安全，社会危害极大。1998 年 4 月 18 日，国务院发布了《关于禁止传销经营活动的通知》，宣布全面禁止传销经营活动。

传销好像离我们很远，但其实就在我们身边。近年来，一些不法之徒利用毕业生就业心切的心理，骗其加入非法传销组织的案例时有出现。每年暑期都有一部分高校毕业生因为找工作而被传销组织打着的“高薪”“好工作”等幌子欺骗，结果深陷泥潭，难以自拔。有的即使能逃离出来，也难免遭受经济上和精神上的双重损失。

12. 体检陷阱

一些“黑中介”利用求职者急于找工作的心理，假装按照正常的招聘程序，先对求职者进行笔试，之后再要求应聘者到指定的体检机构体检。体检完成后，“黑中介”再以“体检不合格”或者面试不合格不予录用等理由，堂而皇之地拒绝求职者。求职者交的体检费则被“黑中介”和指定的体检机构瓜分。

13. 成果陷阱

有些单位以招聘为名，在收集求职者资料和组织面试的过程中，要求求职者提供成果展示，以此窃取求职者的劳动成果。例如在各种招聘会上以“招聘”为幌子，在收取简历、组织面试之外，要求求职者殚精竭虑，做出一份份计划书、策划创意等。最终结果是求职者没有得到工作，而用人单位却以此得到了求职者的劳动成果。

14. 名称陷阱

部分招聘岗位名称诱人，但与实际工作岗位完全不符。如某公司招聘“客户服务专员”，要求不高，待遇相对较好，在很短时间内便有百余名求职者争相前往应聘。但许多求职者在该公司上班不久便提出要离开。原来该公司其实并不是招聘“客户服务专员”，只不过是通过这样的形式吸引更多的人员前来应聘，实际安排的岗位是存在欺诈性质的“业务员”或“营销员”。

15. 广告陷阱

有的用人单位总是以“某单位”“某大型绩优厂商”“某上市公司”等为名发布广告，既不说明单位性质、规模，也不公布名称、地址，最多只有一个电子邮箱和电话号码。此类单位大多要求求职者在上岗前交报名费、培训费或者保证金。毕业生在应聘时，一定要先打听清楚用人单位的背景。

16. 代招陷阱

一些不法之徒假托与一些知名艺人、电视台、电影公司或唱片公司有联系，声称“代招”演艺人员或模特，并可代为安排工作，诱使求职者缴纳不菲的费用参加其提供的训练课程。求职者在付款后往往得不到任何工作，或只能接受性质及薪酬跟当初承诺明显不符的工作，难以拿回已付的款项。

（三）就业陷阱的防范

应对就业陷阱，不仅要创造安全、有序、公正、合理的外部环境，还应加强对大学生的法治教育，增强大学生的自我保护意识，使大学生知法、懂法、守法，并能利用法律武器维护自身的合法权利。高校毕业生在求职时要注意以下几点。

(1)一定要选择正规的求职渠道，即便是亲朋好友介绍的用人单位，也需要事先进行充分的了解。对每个面试的单位和岗位都要事先通过多种渠道进行了解，看招聘单位是否在工商部门登记注册、注册时间是否有效，也可在面试时观察公司的工作环境、面试是否正规等。

(2)谨慎对待小广告。对街道上散发和张贴的一些“招聘启事”或在非主流媒体上刊登的招聘广告，要谨慎对待，避免上当受骗。

(3)在签订就业协议或劳动合同时，一定要仔细阅读其内容后再签字。

(4)加强自身的防范意识，尤其是在工作前用人单位就要求交费、贷款时，一定要坚决拒绝。

(5)填写个人简历时，不要在规定的表单以外的地方填写自己的联系方式，建议求职者只留本人联系电话并保持畅通，最好不留家庭电话。

(6)在接到用人单位的面试通知时应格外留意：①务必再次核实这家单位的情况，若对方使用移动电话联系，则必须索要单位的固定电话，面试前尽量通过对方的固定电话预约面试时间。②认真确认面试地点，正规单位招聘一般会将招聘地点设在单位的办公室、会议室，对于一些以租用的房间或指定的酒店作为面试地点的单位要保持警惕。③绝大多数招聘单位不会主动派车去接应聘者，应聘时不要与陌生人到偏僻地方，不要将手机等财物交给陌生人。发现被骗应及时报警。

(7)如遇到单位要求必须体检才能上岗的，则需要注意的是：通常单位不会指定私立医院或者诊所。

(8)任何招聘单位以任何名义向求职者收取抵押金、服装费、产品押金、风险金、报名费、培训费等，都属违法行为。求职者遇到此类情况要坚决拒绝并向招聘单位所在地区的劳动监察大队举报，以确保自己的合法权益不受侵害。若求职受骗情况特别严重、被骗金额较大，可以到公安部门报案。

(9)对外地企业或外地分公司、分厂、办事处的高薪招聘，不论其待遇多好，求职者都要保持清醒的头脑和高度警惕。

(10)求职者应主动学习并掌握劳动法规和相关就业政策，提高自己的求职素质和独立思考的能力。

(11)如果不慎应聘了所谓“见习”岗位，要先核实该单位是否为见习基地，若不是，应及时设法脱身，以免被不法企业侵害个人利益。

(12)面对所谓“高薪招聘”，求职者一定要保持头脑清醒。如果有的招聘者夸夸其谈，反复强调招聘的职位工作轻松并能拿高薪，就很有可能是陷阱。

(13)求职过程中，要详细了解用人单位、招聘岗位的详细信息，应仔细询问岗位的工作内容和细节，不要被名称迷惑。

第二节　职业角色适应

一、就业心理准备

随着毕业生人数的逐年增加，大学生的就业压力也在增加，甚至有些大学生在求职过程中出现心理障碍。大学生的就业心理问题已成为各高校关注的重点，也是当前不可回避的教育问题。

（一）常见的不良就业心理

1. 自负心理

一些大学生自认为学识渊博，从政、经商、做学问都不费吹灰之力。对就业形势和用人单位需求不了解，完全按照自己的想法一厢情愿地谋求高薪职位，结果由于目标定位不切合实际，在择业过程中屡屡碰壁。因此他们在择业时极容易出现“高不成，低不就”的现象，导致择业困难。

2. 自卑心理

自卑是一种缺乏自尊心、自信心的表现。有的大学生面对就业问题时总感到自己一无是处：学校不是名牌，专业不热门，以至于自己不多的闪光点也被埋没，失去了就业机会。自卑的大学生可能在招聘会上言行木讷，不敢面对考官，甚至让父母出面，这样自然很难找到满意的工作。

3. 急功近利心理

部分大学生过多考虑物质条件，一心只想在大城市、沿海发达地区、跨国公司就业。不但只要求月薪高、生活条件好，还过于讲究住房、奖金等物质条件，如果用人单位稍不满足他们的要求，他们便完全不加考虑。

4. 依赖心理

部分大学生不能主动适应市场经济的要求，消极地等待就业单位选择。当代部分大学生从小受到过度保护，依赖性较强，缺乏责任感和独立决策能力，在就业时也会缺乏进取精神，过多地依赖他人。有些学生寄希望于父母、学校、老师，怀着“车到山前必有路”的心理，一旦希望落空，就会产生很大的心理落差，埋怨父母、社会，甚至出现极端行为。

5. 焦虑心理

就业对大学生来说，既是机遇又是挑战。很多大学生对就业和步入社会深感焦虑，眼看着毕业的脚步越来越近，眼看着身边同学一个个找到心仪的工作，不由得担心自己的理想不能实现，担心择业出现失误，担心专业学非所用，担心下一次应聘又被拒之门外。毕业生择业存在一定程度的焦虑很正常，但不能过度。有的同学整天坐立不安，胡思乱想，情绪不稳定；有的愁眉苦脸，闷闷不乐，忧心忡忡；有的东奔西跑，四面出击，马不停蹄。这些都是过度焦虑的表现。

目前我国就业采取“双向选择”的原则，即用人单位和大学生之间相互选择。大学生就业呈现多元化的趋势。职业选择的自由度越大，选择行为的责任就越重，择业心理压力也越大。很多大学生把人生的憧憬和前途都放在就业上，既渴望进入社会，谋求到理想职业，又担心择业失误造成终生遗憾，因而容易焦虑，对走进社会心里没底。有人甚至患了“择业焦虑症”，一提到择业就心情紧张，怀疑自己的能力，个别人甚至产生绝望的心理，出现极端行为。还有部分毕业生因平时没有认真学习和积累经验，故而求职的知识、能力、心理准备不充分，求职屡遭挫折，也会产生极度的焦虑感。

6. 抑郁心理

在择业过程中遭遇挫折是正常的事。有的学生受挫后不能正确对待，不思进取、漠然置之，甚至放弃一切努力，把自己封闭起来，不与外界交往，这样就容易导致抑郁心理。

7. 偏执心理

在就业过程中，学生的偏执心理主要表现为追求绝对公平的偏执、高择业标准的偏执和对专业对口的偏执。特别是面对社会上的一些不良风气，有的学生会以偏概全，不能正确对待，把自己的择业挫折全部归咎为社会不公。

8. 懈怠心理

有些大学生因对工作岗位挑挑拣拣，“高不成，低不就”，自动放弃就业机会；有的干脆待在家里，整天无所事事，时常返回学校四处游荡。此外，还有部分学生以考研、出国、自主创业或自谋职业等为借口而选择“不就业”。

9. 盲从心理

就业时的盲从表现为随大流、人云亦云，是缺乏主见的表现。由于大学生阅历较浅，对社会认知不足，在择业时容易表现出盲从。在求职中，不难看到这样的场景：用人单位来招聘，同一班级的同学要么一拥而上，要么一个都不去，这是因为毕业生对自己没有准确的定位，认为大家都去的单位肯定好，这就是明显的盲从心理。

大学生的盲从心理还表现为对社会认知和家长认知的顺从，社会认同度较高的行业大家都去应聘，社会认同度不那么高的行业都“敬而远之”。家长认为好的职业就选择，家长认为不好的职业就回避。如果在择业过程受到盲从心理的多重困扰，面对现实处境就会缺乏应有的冷静和自控能力，这使很多毕业生不经意间丧失了就业的机会。

10. 过度求稳求全心理

一些大学生在择业时将职业选择对未来人生和工作的重要性过分夸大，在择业过程中顾虑重重，缺乏承受风险的能力，妨碍了“自我推销”的有效展开。也有的大学生出于求稳而只愿意去国有企业或事业单位工作，认为这些单位稳定、有保障。这部分学生对未来职业利弊的权衡过于谨慎，过度求稳求全，缺乏果断性，最终可能妨碍择业的成功。

不少大学生在求职路上或多或少地存在上述心理误区，如果不加以调适，不仅可能在求职过程中屡遭失败，甚至会产生心理健康问题，对今后的工作乃至生活造成不良影响。

（二）大学毕业生就业心理的自我调适

1. 心理调适的方法

心理调适，就是运用心理学原理和方法，促使自己的心理和行为积极变化的过程。它能帮助毕业生在求职择业过程中遇到困难、挫折和失败时，及时化解心理冲突，迅速消除心理误区，有效排除心理障碍，从而以积极心态面对求职择业。

心理调适的方法主要有以下六种。

第一，情绪转移法。当就业择业问题带来的不良情绪不易控制时，可以采取迂回的方式，把情感和精力转移到其他活动中去。如参加有兴趣的活动、学习一种新知识技能、假日郊游等，减轻或消除不良情绪的影响，以求得心理平衡。

第二，适度宣泄法。大学生在因择业遇到挫折而产生焦虑和紧张情绪时，不能一味地把不良情绪藏在心底，应进行适度的宣泄。忧虑隐瞒得越久，受到的伤害就越大。宣泄情绪比较好的办法包括向知心朋友、老师倾诉，以及参加打球、爬山等运动量大的活动。宣泄时一定要注意场合、身份、气氛，也应注意适度，合理的宣泄应该是无破坏性的。

第三，松弛练习法。这是一种通过练习学会放松身心的方法。如呼吸松弛法，即稳、慢、深呼吸，每分钟呼吸 10～15 次，一般进行 20 次以上。又如想象松弛法，即运用想象力以愉悦心情，一般可想象自己或沐浴阳光，聆听海浪；或漫步幽径，品赏花香。这类训练可以帮助大学生减轻或消除一些不良的身心反应，如轻度的焦虑、恐惧、紧张、头疼等。如择业时遇到类似心理反应，可在专业人员的指导下尝试进行松弛练习。

第四，自我安慰法。在择业时遇到困难和挫折，尽最大努力仍无法改变时，应说服自己适当让步，不必苛求，找一个自己可以接受的理由来保持内心的安宁，承认并接受现实。这样就能缓解因心理矛盾而引起的悲观失望等不良情绪，重新找回自信，树立继续努力的信心。

第五，自我激励法。毕业生在择业面试中常常出现胆怯、信心不足等现象，可以通过积极的自我暗示、自我激励进行调节，增强自信心。例如，运用内部语言或书面语言来调节情绪，在心里默念“我会发挥得很好”“我一定能成功”等语句，或者将其写在纸上，或者找个空旷的地方大声地喊出。这些对走出自卑、消除怯懦心理都有一定的作用。

第六，理性情绪法。美国临床心理学家艾里斯创立的“理性情绪疗法”认为，情绪困扰并不一定由诱发事件直接引起，常常是由经历者对事件的非理性解释和评价引起的。如果改变非理性观念，调整对诱发事件的认识和评价，情绪困扰就可能消除。例如，个别学生认为“大学生就业应该是顺利和理想的”，遇到择业挫折便消沉苦闷、怨天尤人，从而产生不良情绪，引发心理问题。如果转变了这些错误想法，不良情绪就会得到调适。大学生在择业中处于消极情绪状态时，要善于从中分析、抽取非理性的观念，综合、概括出理性的看法，并对比两种观念下个人的内心感受，使自己走出非理性的误区。

就业本身就是毕业生认识和适应社会的一个过程，在求职过程中遇到困难甚至经过几次挫折，最后才获得成功是正常的。在就业中遇到许多心理冲突、困惑，产生一些不良情绪也是正常的。大学毕业生在遇到就业问题时要及时调整心态，从容、冷静地面对就业这一人生重大课题，并做出正确、理智的选择。

2. 适当调整就业期望值

就业市场化、自主择业给大学生带来了机遇与实惠，但一部分毕业生对就业市场残酷的一面认识不足，对就业市场的客观实际了解不够。经过对就业市场、就业形势的客观了解与深刻体验后，毕业生必须面对现实、接受现实。同时，毕业生要适当调整就业期望值，因为事情的结果往往和所预想的有一定差距，要有从最坏处着想、向最好处努力的思想准备。在职业生涯规划和职业发展观念上确定自己正确的人生轨迹，要树立长远的职业发展观念，放弃过去那种择业就是“一次到位”、要求绝对安稳的观念。在择业时要看得长远一些，学会规划自己整个人生的职业生涯。

如果部分毕业生的学历、综合素质还处于有待提高的情况下，那么其获得一份十分理想工作的时机还不成熟，便可以采取“先就业、后择业、再创业”的办法。先选择一个职业，在工作中不断提高自己的社会生存能力、增加实际经验，然后凭借自己的努力，通过正当的职业流动来逐步实现自我价值。一些毕业生不愿意去经济相对没有那么发达的地区工作，可是随着国家政策的倾斜、脱贫地区的发展及西部大开发的进行，这些地区将成为经济发展的热点，也将给毕业生提供更多的发展机会。因此，到这样的地区去工作可能会更有利于自己的职业发展，取得事业的成功。

3. 建立合理的职业价值观

对于当代大学生来说，职业对个体的意义已经远不是仅仅满足生存的需要。职业的价值是丰富的，我们要充分认识到职业对个体发展、社会进步所起到的重要作用。因此，大学毕业生在择业时也不能只考虑经济收入、工作地点、办公条件等因素，更要考虑职业对自己一生发展的影响与作用，应看重职业能否帮助自己实现自我价值。因此，要在考察社会需要的基础上，树立追求自我职业发展、才能发挥、事业成功的职业价值观。对于那些虽然现在办公条件不那么好，但发展空间大、能充分发挥作用的单位要优先考虑。对于那些现在经济发展水平不太高，但发展潜力大、创业机会多的工作地点也要重视。大学毕业生要建立适合自己发展需要的、合理的职业价值观，实现正确择业。

4. 正确认识自我、认识社会，主动寻找机遇

第一，理智地评价自己。在求职择业中，要正确、客观地认识自己，把自己摆在正确的位置上。既不能骄傲自大，也不能妄自菲薄，要做出恰如其分的评价。只有了解和认识了自己的气质、性格、知识结构、能力等各方面的素质，才能做出正确的职业选择，避免盲目和减少失败。

一是气质上，要清楚自己属于什么气质类型。不同气质类型适宜不同的职业。一般来讲，胆汁质型宜于应急性强、难度大、竞争激烈、冒险性大和风险性高的职业，多血质型适合从事多变的社会性工作，黏液质型适宜持久细致工作，如科研、医务、财会工作等，抑郁质型适合某一较深领域(如哲学、古籍等)的研究工作。

二是性格上，要考虑自己属于内倾向型还是外倾向型。前者心理活动倾向于内部，适合深沉细致的工作，如图书管理、情报翻译、理论研究、计算机操作等；后者心理活动倾向于外部，适合自我表现性、自我强调性、适应性和敏捷性、灵活性强的工作，如记者、律师、公关、外交等。

三是知识结构上，大学毕业生是将要从事较强专业性工作的专门人才，因此专业知识是其知识结构的核心部分。为了胜任工作，大学毕业生必须具备扎实的基础知识、精深的专业知识和实践操作能力。基础知识是知识结构的根基，专业知识是知识结构的核心部分，实践操作能力是知识转化为物质力量的重要保证，是高级专门人才所必备的一种实践技能。

四是能力上，应分析自身的能力类型。思维型能力者适宜选择概括性、抽象性较强的工作，艺术型能力者适宜选择形象性、具体性较强的工作。

第二，主动适应社会。进入中国特色社会主义新时代，我国社会主要矛盾转变为人民日益增长的美好生活需要和不平衡不充分的发展之间的矛盾，标志着社会和经济的发展进入新的阶段。毕业生应认识到，个人职业发展应紧跟国家战略和社会需求，追求个人成长与贡献社会同样重要。选择职业时，要积极适应经济转型和产业升级的趋势，结合个人特长和国家发展需要，主动寻找并把握职业机遇，找到适合自己的路径，勇于尝试，不盲从他人，即使遇到挑战和失败，也要保持积极进取的态度。

第三，多参加招聘会，主动寻找机遇，并根据已定的择业标准进行选择。同样的机遇并不是对任何人都适用的，一份工作的好与不好也是相对的，对别人合适的，对自己不一定合适。因此一定不能盲从，要时时记住，只有适合自己的才是最好的。还要注意机遇的时效性，在发现就业机会时要主动出击，及时把握，不能犹豫，也不要害怕失败，应有敢试敢闯的精神。

5. 坦然面对就业挫折，提高心理承受能力

面对就业形势严峻、毕业生就业期心理压力较大的现状，如何帮助毕业生进行正确的心理调适和培养健康的就业心理，已成为当代大学教育必须面对和着手解决的热点问题。

第一，从社会而言，应加强就业市场和就业法规的建设。①完善市场机制，为毕业生营造公开、公正、公平的就业环境，努力拓宽毕业生的就业渠道，为毕业生提供更多的就业机会，缓解他们的就业压力。②积极制定配套的政策和措施，完善就业法规建设，使就业工作规范化、法制化。③建立和健全社会保障体系，合理优化配置毕业生资源，保证就业市场公平竞争。

第二，从学校而言，要积极推进教育体制改革。①加大教学改革的力度，进一步转变教育观念，拓宽专业口径，大力开展素质教育，努力拓宽学生的知识面，强化毕业生的创新意识、市场意识和竞争意识，全面提高他们在就业市场上的竞争力。②通过从入学起就进行职业教育、培养职业规划的理念、搜集相关就业政策和信息、教授培训就业技巧等方式提高学生的就业能力。③开展就业心理咨询工作，加强就业心理指导，以提高毕业生的心理健康水平，培养毕业生健康的就业心理，帮助毕业生保持良好的择业心态。

第三，毕业生要做好就业前的心理准备。毕业生在就业前，一般情况下应做好以下心理准备。

一是做好角色转换的心理准备。要正确选择职业，就必须及时转换角色，摆正自己的位置，客观、冷静地进入求职状态，尽快地进入一个现实的社会求职者的角色，实事求是地面对就业的现实，学会主动推销自己，并以自身的实力积极主动地去适应社会的需要。

二是正确认识自我，包括对自己心理素质的正确认识。只有全面衡量、正确认识自己的心理特点、兴趣爱好、能力特长、生理特征，用现实的态度来看待自己，才有可能在求职时扬长避短，避免盲目求职或好高骛远给自己带来心理上的伤害。

三是提高自己的心理承受能力，做好正确面对挫折和失败的心理准备。在求职择业过程中遇到挫折是正常的，产生畏缩甚至恐惧的心态也很正常，关键是切不可因此而自卑，丧失信心，失去开拓新生活的勇气。

四是做好提高自己的社会交往能力、应变能力、理论与实践相结合的能力、自学能力、获取和利用信息的能力的心理准备。

当然，这些都是应急的方法，要能在择业时有一个良好的心态，关键还是要在平时通过扎实的学习培养出充足的自信，也要不断磨炼顽强的意志，建立良好的人际关系等。

总之，毕业生如果能正确地认识自己，全面地了解和认识社会环境，弄清当前的就业形势，正确地选择职业，就能为未来的职业发展奠定良好的基础。通过社会、学校、家庭的共同努力，一定能够帮助毕业生树立良好的求职择业观念，也必将对大学教育快速、健康发展起到一定的促进作用。

6. 积极调整心态，促进性格完善

在求职择业过程中，毕业生应当自觉地提高自我心理调适的主动性。通过分析自己在就业时出现的种种不良心态，可以发现自己平时不容易察觉的一些性格缺陷。可以说，这些性格缺陷是产生就业心理问题的重要原因，如果现在没有很好地完善自己的性格，那么这些问题还会给今后的工作、生活带来困扰。因此，要正确面对自己在就业过程中暴露出来的问题，不必为自己存在的性格缺陷而过度懊恼，因为拥有绝对完美性格的人几乎是不存在的，关键是要在发现问题的基础上积极改变自己、发展自己，使自己的性格更加成熟，帮助自己顺利就业。

二、实现角色的转换

每个人在生活中都有自己的角色，在学校学习时是学生角色，踏上工作岗位后就是一名员工即职业角色了。从学校走向社会，面临的最大问题就是角色转换问题。学校与社会是两种不同的环境，学生和员工是不同的角色，对社会拥有不同的权利和义务，如果我们对“角色”的转换认识不清、准备不足，就容易产生“角色偏差”，导致在角色的突变过程中难以适应，怨天尤人，打不起精神，甚至严重影响工作。

“角色偏差”主要表现为以下四种情况：一是当改变旧角色扮演新角色时，新旧角色之间发生矛盾和冲突。二是角色错位，即行为方式超越了自己的角色范围，引起他人反感。三是角色空位，即没有按照角色来规范自己的行为。四是角色泛化，即几种角色相互干扰，影响当前主要角色的扮演。

角色偏差会影响毕业生对职业环境、工作岗位的适应，因此要注意在实践中尽快调整，顺利实现角色的转换。

（一）角色转换过程中容易出现的问题

由于社会因素、家庭因素尤其是自身认知能力、意志品质及情绪情感等因素的影响，在从学生角色到职业角色的转换过程中容易出现以下问题。

1. 对学生角色的依恋

有些同学在角色转换过程中容易出现怀旧心理，依恋学生角色。经过十多年的读书生涯，毕业生对学生角色的体验是非常深刻的，在学习、生活和思维方式上都养成了一种相对固定的习惯。因此在职业生涯开始之初，许多同学仍然会自觉或者不自觉地把自己放在学生角色之中，以学生角色的社会义务和规范来要求自己、对待工作，以学生角色的习惯方式来待人接物，这样就很容易与现实发生冲突。

2. 畏惧职业角色

一是由于心理上准备不足，一些毕业生在面对新环境时会表现得惶然不知所措，不知工作应从何处着手。二是面对社会职业的实际需要，有些同学深感自己的综合素质难以胜任当前从事的工作，现有的知识结构不够合理等，因而产生一定的畏惧心理。畏惧职业角色，就会在工作中表现得怕担责任，怕出事故，怕闹笑话，怕造成不良影响，放不开手脚，缺乏年轻人的朝气和锐气。

3. 主观思想上自傲

有一些同学对人的理解不够全面，认为自己接受了比较正规的职业教育，学到了一些知识，掌握了一定的技能，就会过高地估计自己，看不起工人师傅，甚至认为大学生毕业后干一些琐碎的不起眼的工作是大材小用。因而轻视实践，眼高手低，不能在岗位上锻炼提高自己，不能虚心地向别人学习。

4. 工作作风上浮躁

有些同学在角色转换的过程中可能表现出浮躁的作风和不稳定的情绪。这山望着那山高，一阵子想干这个，一阵子想干那个，不能深入了解工作的性质、职责及技巧等。近年来，要求调整工种或单位的毕业生人数增多，其中一个重要的原因是他们在就业后不能安下心来进入职业角色，反而总是认为单位有问题或者岗位不适合自己。事实上，如果不能静下心来踏踏实实地学习并主动适应，就什么工作也做不好。

5. 理想与现实的冲突

从学校走上社会是人生的一个重要转折，毕业生由于阅历较浅，对社会、对人生价值的认识往往较为理想化。但现实生活与理想是有差距的，面对工作单位的实际情况，诸如生活环境、人际关系、经济收入、工作程序、管理方式等不符合预期，以及在校所学知识与技能不能和实践有机结合等，不少人由期盼到失落，由一腔热血变得灰心丧气，工作的热情和积极性也大大降低。

就业之初，从相对简单的学生角色转换到较为复杂的职业角色，理想与现实之间总是有差距的，面临一些困难和挑战，产生一些矛盾和不适应，都是情理之中的，也是正常的。要完成从学生角色到职业角色的转换，就要充分认识和认真对待这些矛盾和冲突。只有大胆面对现实，立足岗位，努力学习，不断提高和完善自我，才能顺利地实现角色的转换。

（二）怎样实现职业角色的转换

一般来说，要在较短的时间内顺利实现由学生角色到职业角色的转换，获得同事的认同和领导的肯定，应当从以下几个方面提高和锻炼自己。

1. 立足岗位，树立新的意识

部分毕业生在走上工作岗位之前，往往对角色转换认识模糊，对即将从事的职业缺乏全面准确的了解。因此，应当树立独立意识、团队意识和主人翁意识，增强责任感。

(1)独立意识。学生角色的经济不独立性及社会责任的不完全性，决定了学生的相对依赖性。走上工作岗位后，昔日的学生已经成为社会认可的具有独立资格的真正意义的社会人，因此，在生活上要自理，尤其是在工作中要勇于独当一面，承担一定的社会责任。

(2)团队意识。社会的发展与进步离不开人们的密切协作。实践证明，在人的社会联系高度紧密的今天，一项大型工作的开展、一项科研项目的完成、一个生产过程的组织与管理，单靠某个人的力量显然是不够的，必须几个、几十个甚至成百上千个人共同劳动、互相配合、互相协作才能完成。这就要求每一个成员都要有互相协作的团队意识，个人利益服从整体利益，顾全大局并建立和谐的人际关系，创建一种友好的合作氛围。

(3)主人翁意识。踏上工作岗位，就意味着对所在的单位和部门承担更多的责任和义务。一个人的工作态度、工作能力及工作成绩如何，不仅关系到自己的未来，而且与单位的效益密切相关。因此，我们必须牢固树立主人翁意识，立足本职工作，从点滴做起，从我做起，从现在做起，认真履行岗位职责，发挥出自己应有的作用。

2. 热爱本职工作，培养职业兴趣

热爱本职工作、安心工作岗位是由学生角色向职业角色转换的基础。刚刚走上工作岗位的毕业生，应当尽快从以往学习生活的模式中解脱出来，全身心地投入工作岗位。如果“身在曹营心在汉”，经过几个月甚至一年的时间还静不下心来，那么不仅难以实现角色的转换，无法适应工作岗位的要求，而且会影响职业兴趣的培养和下一步的安身立业。甘于吃苦是角色转换的重要条件，只有做到这一点，才能实事求是地分析和对待角色转换中遇到的种种困难，并自觉地克服它们。

3. 虚心学习，提高工作能力

虚心学习，提高工作能力是角色转换的重要手段。由于专业课程设置的相对狭窄和学校生活的短暂，一个人在校期间学到的知识是有限的，尤其是随着科学的发展和新技术、新知识、新技能的不断出现，更需要在工作实践中去不断学习、锻炼和提高。毕业生要虚心向有经验的技术人员、领导、师傅和同事学习，学习他们观察问题、分析问题和解决问题的方法，不断丰富自己的专业知识，提高自己的专业技能，最终实现自我完善。

4. 勤于观察思考，善于发现问题

勤于观察思考，善于发现问题是角色转换的有力保障。毕业生进入职业角色，只有善于观察问题，才能发现问题；只有运用自身掌握的知识去努力解决问题，才能掌握大量第一手资料；只有分析研究工作的内在规律，才能培养自己的独立见解，逐步具备独立开展工作的能力，更好地承担角色责任。

5. 勇挑工作重担，乐于无私奉献

勇挑重担、乐于奉献是完成角色转换的重要标志。毕业生走上工作岗位以后，应当从一开始就严格要求自己，增强社会责任感，培养无私奉献的精神，不计较个人得失，努力承担岗位责任，主动适应工作环境，促使自己更好、更快地完成角色转换。

6. 准确把握自己，慎重重新选择

毕业生要根据自己的专业、特长、兴趣等，寻找适合自己的工作，以避免走弯路。但是，因为自身能力、机遇或者工作单位等方面的变化，一些毕业生在就业后一段时间内需要重新选择职业。这要求毕业生准确地把握自己，具体情况具体分析。一方面，要珍惜第一份职业，认真地、实事求是地分析自己对职业不满意的原因。如果因为自己的眼光太高，那么就应当自觉地调整自己，尝试去热爱自己的职业，从点滴做起，踏踏实实地工作。如果因为自己的能力不够，那么就应当虚心学习，不断提高自己的素质。另一方面，如果确实是客观的原因，且经过自己的努力和调整仍然难以适应现有的职业，就可以谨慎地调整自己，重新选择职业。

在人才市场逐步开放的今天，人才流动是个人发展的要求，也是社会发展的需要。作为毕业生既要干一行爱一行，也要准确地把握时机，谨慎地调整自己的岗位，以求更好地发挥自己的聪明才智。

三、树立良好的第一印象

在生活中，我们经常听到老师和家长的忠告：要给人留下良好的第一印象。良好的第一印象是应聘成功和尽快适应工作岗位的基础。第一印象一旦确立，就很容易使人先入为主，人们常说的“一好百好”就是这个道理。有时候，一个人初到单位后，如果因没有注意细节而给同事留下了不好的第一印象，那么他可能在很长一段时间内都难以融入团队。

（一）什么是第一印象

第一印象是指在与陌生人初次交往时给人留下的印象，这种印象会在进一步的交往中对对方的认识评价产生很大的影响。一般而言，初次见面时一个人的相貌服饰、神情态度、言谈举止和气质修养等所给他人留下的最初印象，往往是形成日后相互交往、建立人际关系的依据。

从根本上说，第一印象是个人文明程度、修养水平和心理品质的综合表现。显露自信和朝气蓬勃的精神面貌是人们对自己的才干、能力、知识、性格以及健康状况、相貌等的一种自我认同和肯定。如果一个人走路时步履坚定，与人交谈时谈吐得体，说话时双目有神，善用眼神交流，就会给人自信、可靠、积极向上的感觉，给人留下良好的印象。

众所周知，礼节、相貌与才华并无必然联系，但是一向礼贤下士的孙权和林肯尚不能避免这种偏见，可见第一印象的影响之大。俗话说，“良好的开端是成功的一半”，初到单位，毕业生一定要注意言行举止，使之符合良好的职业要求，为将来的事业成功奠定基础。

（二）怎样树立良好的第一印象

毕业生初到一个工作单位时，往往成为同事们关注的焦点，因为其他人对新同事还缺乏足够的了解，即使是已经接触过的人事部门和个别领导，对毕业生的了解也是比较浅层的。因此，同事们往往试图通过观察、接触，更多地了解、认识新来者。在大多数情况下，同事们不会直截了当地询问打听，一切都有赖于新来者的自我表现。通常，领导和同事们通过接触甚至仅仅是旁观，就会形成先入为主、拂之不去的第一印象。要树立良好的第一印象，必须注意以下几个方面。

1. 仪表要端庄

仪表是职业形象的基本外在特征，端庄的仪表会给人良好的第一印象。初到工作单位，要注意穿着打扮，衣服不一定讲究高档、时髦或追求名牌，但要干净整洁；可适当体现个性，但和周围同事不能反差太大。发型、妆容应简洁明快，切忌矫揉造作。要注意生活卫生，始终保持积极向上的良好形象。

2. 举止要文明

举止文明表现为待人热情坦诚，说话做事文明礼貌。与人交谈时应注意发现别人感兴趣的话题，不要过多谈论自己，同时要善于倾听，不要随便打断别人的谈话。在同事面前要落落大方，对自己的介绍要简单明了，实事求是，切忌夸大其词。与人相处应矜持得当，不卑不亢，并注意一些容易忽视又不可缺少的日常礼节。

3. 要守纪诚信

一是要自觉遵守各项规章制度和工作纪律，不迟到，不早退。二是要守信用，答应过别人的事情务必兑现，若确实因客观原因而未能做到，一定要通过合适的方式请对方给予理解，避免发生误会。如果仅仅为了讨好上级或同事，明明办不到的事情也包揽下来，只会弄巧成拙，最终引起大家的不满。

4. 要恪尽职守

在工作中，凡是接受的工作任务，一定要克服困难按时完成，绝不能因工作脏、累、单调而轻视或推诿。爱岗敬业也是团结同事、尊重同事的表现，可以赢得别人的信赖和尊敬。要愉快地服从领导的工作安排，即使不如意也不要轻易表露出来，更不要敷衍塞责，要最大限度地干好本职工作，尤其是领导交办的第一件工作，帮助自己尽快赢得领导或同事的好感。

5. 从小处做起

一是从小事做起，不以事小而不为。有人说主动承担打扫卫生、整理办公室等琐事是毕业生走上岗位的第一课，这种说法不无道理，往往就是这类看似不起眼的日常小事给人留下的印象最深。二是注意小节，不要因小失大。例如，不能长时间地接打私人电话，尽量不要在工作岗位上接待亲友或同学，不要随便串岗影响他人工作，不要随意翻看他人办公桌上的公文、信件，不传闲话，不随便打听别人的私事，等等。

总之，良好的第一印象有利于毕业生走上工作岗位后站稳脚跟，尽快融入集体。当然，毕业生不能仅仅满足于良好的第一印象，俗话说“路遥知马力，日久见人心”，只有通过长期的不懈努力，展现出自己良好的品质、正直的为人和出色的工作成绩，才能赢得别人更好的印象。

四、建立和谐的人际关系

人际关系是指在社会活动过程中所形成的建立在个人情感基础上的相互联系，它渗透于所有的社会关系之中。在职场中怎样做才能建立良好的人际关系，帮助工作顺利开展呢？

（一）建立和谐人际关系的重要性

人际关系是在人们面对面交往的过程中形成的。其基础是人们彼此之间的情感活动，具有浓厚的感情色彩。心灵上的距离越近，心情就会越舒畅、愉快。反之，就会感到抑郁和孤独。

在学校里，同学之间容易友好相处。工作后要跟很多人发生各种各样的联系，尤其是业务上、交际上的活动较多，与同事、领导之间交往频繁，人际关系就显得更为重要了。

和谐的人际关系可以尽快地消除陌生感和孤独感，创设良好的工作环境，使人工作顺心，效率提高；可以营造一个宽松的生活环境，使人生活愉快，心理健康；可以增进团结，既有利于集体，也有利于个人事业。因此，和谐的人际关系对于毕业生的职业发展和自身发展都有非常重要的意义。

（二）如何建立和谐的人际关系

人际关系的和谐与不和谐即通常所说的人们之间的喜欢与不喜欢。我们一旦踏上工作岗位，就要努力处理好与同事之间的合作关系和与领导之间的上下级关系。

1. 提高自身素质

一个人的能力大小与他受人喜欢的程度有密切联系。一般来说，在其他条件相当时，一个人的能力越强就越受人喜欢。刚刚走上工作岗位，首先应当努力钻研业务知识，提高自己的业务能力，以求尽快适应工作环境，熟悉工作程序，做出工作成绩。这是赢得同事赞誉和领导信任的基本条件，也是建立和谐人际关系的基本前提。需要注意的是，在职业岗位上要谦虚踏实。有些同学在刚刚走上职业岗位时不能虚心学习，结果自己所学的书本知识用不上，实践能力又比较弱，这样必然导致人际关系的紧张与不和谐。

2. 要表里如一

良好的形象容易产生晕轮效应，给人好的印象。初到工作岗位要注意仪表，可以适当地打扮。然而，随着人际交往的不断深入，外貌的作用会不断减弱，人们会更加注重道德品质。因此应当在塑造良好仪表的同时提高自身修养，做到表里如一，以内在美赢得更持久、更深层次的喜爱与接纳。要注意做好以下几个方面。

(1)不清高。初到单位，要拜每个人为师，不管他们年龄大小和文化程度高低，都要虚心请教，切莫骄傲自大。只有尊重他人才能赢得尊重，才能建立和谐的人际关系。

(2)平等待人。切忌以貌取人或把同事分成三六九等，同对自己有用的人关系密切，而对用不着的人就疏远不理，这是极其有害的。

(3)热心助人。在同事有困难时应当热情帮助，不能袖手旁观，坐视不管，更不能落井下石，见利忘义。患难见真情，只有愿意雪中送炭，才会赢得别人的帮助、认可和赞扬。

(4)以诚待人。只要对人真心实意而不三心二意，言行一致而不口是心非，即使在交往中发生一些误会和矛盾，也会冰消雪融，达成和解。

一个人走上工作岗位后，与同事打交道，一定要在讲求原则的同时，讲究交往的策略和技巧，切莫感情用事，引起事端。不然，不仅会影响工作的情绪，而且会影响工作的成败，在极端情况下甚至会影响到自身的人身安全。

3. 要心胸宽阔

在平常的交往过程中，要谦逊随和，要平易近人而不故步自封，这样才会给人一种容易亲近的感觉，同事们才乐意与之交往。通过交往，可以获得各种知识，取人之长补己之短；也可以扩大视野，增长见识，不断提高自身素质。也要严于律己，宽以待人，而不斤斤计较。比如，在工作中出现失误或者过错时，要勇于剖析自己，主动承担责任；当同事做错了事或者造成损失时，要善意地指出，热情地帮助。

4. 切忌独来独往

空间上的邻近是人们相互吸引的重要条件，人们会因为频繁的接触而熟悉起来，从而相互喜欢。初到一个新环境，走上新的职业岗位，就要以积极的姿态来应对它。由于性格、爱好、生活习惯和生活方式的不同，一些毕业生一开始会有些“不合群”，表现为与他人的志趣不相投，很难与人相处，经常独来独往，如果任其发展，结果往往是孤陋寡闻，导致人际关系的疏远。

5. 尊重上级

人的互补性可以使双方相互喜欢。下级和上级的关系就是带有互补性的。作为下级，要与管理者建立一种和谐的关系，就要尊重领导，自觉地服从工作安排，力争圆满完成领导交办的任务。对于确实难以完成的任务，即使领导考虑不周，也不要当众拒绝领导的安排，可在事后向领导单独解释。这样就容易得到领导的肯定，处理好与领导的关系。

拓展阅读

防范就业陷阱的“三忌四法”

“三忌”：①忌“贪”。好的职位、高的薪酬格外有吸引力，但若不考虑自己的实际情况，一味抱着碰运气的态度，便极易上当。②忌“急”。高校毕业生急于找工作的心理可能给一些利欲熏心的不法之徒带来假借招聘骗取钱财的机会。不法之徒以各种名目收取应聘者的钱财后，便人去楼空。③忌“糊涂”。虽然高校毕业生找到心仪的工作可能不那么容易，但并不等于有工作机会就一定要接受。没有最好的职位，只有适合自己的职位。高校毕业生对自己的职业生涯发展应该有个清晰的构想，不要盲目地“捡到篮里就是菜”。

“四法”：①“望”。运用自己的视觉，观察用人单位的外部环境、办公条件、人员情况、人员基本素质等。②“闻”。通过多方打听、咨询了解用人单位的经营状况。不能只听一面之词，而是要“耳听八方”，上网找资料、发帖询问等方式也是可行的。③“问”。即通过亲属、亲属的朋友、朋友以及朋友的朋友进行有目的的探询。关乎自己切身利益的事情，千万别不好意思张口。④“切”。直接打交道试探虚实。在面试中不能只做问题的回答者，有提问的机会千万别放过，否则就会失去一次了解用人单位和工作性质的好机会。

案例分析

案例一：劳动合同没盖公章有效吗？

杜小姐在某公司做文秘工作一年多了。最近，她在工作中出了几次差错，让总经理很不满意。于是，公司决定解除与她的劳动合同。杜小姐对此不服，提起了劳动争议仲裁。仲裁机构在审查公司与杜小姐签订的劳动合同时发现，公司没有在这份劳动合同上加盖公司公章，公司方只有一个法人代表的个人签字。

问题：这份劳动合同有效吗？

杜小姐认为：“第一，我与公司签订的劳动合同，虽然公司没有加盖公章，但有法人代表的亲笔签字，这就表示公司认可该合同，怎么能说是无效合同呢？第二，合同条款中并没有违法和不公正的内容。所以，不能说这是一份无效劳动合同。”

公司认为：“劳动合同上没有加盖公司的公章，本身就不符合订立合同的形式要件，这份劳动合同当然无效。”

你的意见是什么？为什么？请利用本章所学劳动合同法知识加以分析。

案例二：用人单位只签订试用合同，这合法吗？

经过面试、笔试后，某食品有限公司决定录用某高校毕业生小陈。公司人力资源部负责人对小陈说：“按照公司的规定，新录用的职工要先签订三个月的试用合同，试用合同中约定每月工资4000元，待试用合格以后再按劳动合同法的规定与员工签订正式的劳动合同，每月工资6000元。”小陈提出签订一年期的劳动合同，但公司人力资源部负责人说：“只能签订试用合同，试用合格后才能签订劳动合同。”

问题：公司的做法对吗？如果你是小陈，会如何处理这件事情？

案例三：在校生签订的劳动合同有效吗?

2023年2月，小丽拿着某高等职业院校的就业推荐表前去某公司应聘办公室文员工作，此时她的毕业实习尚未完成。公司审核及面试后，便通知小丽去上班。2023年3月，公司与小丽签订了劳动合同，双方约定：小丽的职务为办公室文员，合同期限为一年，其中试用期为一个月，试用期月薪为5000元，试用期满后，按小丽的技术水平、劳动态度、工作效益进行评定，根据评定的级别或职务确定月薪。2023年6月，小丽完成了毕业实习报告，7月正式毕业。然而同年8月，公司以小丽签订劳动合同时仍是在校大学生，不具有劳动关系的主体资格，所签订的劳动合同是无效的为由，解除了与小丽的劳动关系。

问题：公司的说法是否正确？为什么？

实践训练

大学生就业手续办理模拟咨询活动

一、目的

(1)引导学生熟练掌握就业手续办理的各项流程。

(2)锻炼学生的口头表达能力和临场应变能力。

二、准备

(1)以班级为单位，将全体同学平均分为A、B两个大组，每个大组又平均分为若干个小组，每个小组3～5人。

(2)以小组为单位，小组成员分头准备，熟悉掌握大学生就业各项手续的办理流程，并拟定若干个准备咨询的问题。问题要联系实际，具体明确，不能过于宽泛。

(3)按照小组人数准备椅子、桌子若干，排成咨询服务工作台。

三、实施

1. 第一阶段(15分钟)

A组同学扮演学校就业办工作人员、就业指导教师。B组同学扮演应届高校毕业生，就大学生就业手续办理问题向A组同学进行咨询。A组同学进行解答，咨询问题不少于5个。

2. 第二阶段(15分钟)

角色互换，B组同学扮演学校就业办工作人员、就业指导教师。A组同学扮演应届高校毕业生，就大学生就业手续办理问题进行咨询。由B组同学进行解答，B组已咨询过的问题，A组不得重复提问，否则B组同学有权拒绝回答。同样，咨询问题不少于5个。

四、点评总结

教师就各小组的表现进行点评、总结。

模块三　创业谋划

第五章　创新思维与创新发明

【学习目标】

1. 知识层面：理解培养创新思维的重要作用。掌握培养创新思维的基本方法与规律。

2. 态度层面：树立正确的创新发明观念，创新发明意识得到一定提高。

3. 能力层面：通过创新发明思维训练拓展思维模式，如能够对生活中一些物品提出改进的想法或者建议。

4. 思政层面：培养创新精神和创新能力，认识到创新对于个人和社会发展的重要性，进而在学习和工作中积极探索、勇于创新。树立正确的创新观，注重创新的道德和社会价值，不盲目追求创新而忽视其可能带来的负面影响。

案例导入

小陈的家乡是著名的山核桃产地，近年来通过改进技术和扩大种植面积，山核桃产量逐年递增。而在市场上，消费者却普遍反映他们的山核桃虽然好吃，但是壳很难咬。为解决这一难题，小陈向家乡的山核桃生产企业提出建议，在山核桃深加工的基础上将其适度砸碎，这样，消费者只需用手掰开就可食用。

这种手剥山核桃一经面世，立即受到了消费者的欢迎，而加工1千克手剥山核桃，相较普通山核桃可增值9元。仅此一项，该企业就增收300余万元。

分析： 传统思维对创新可能造成阻碍，如果小陈没有对消费者行为和偏好进行分析和思考，该企业就不可能有业绩突破，更不可能达到后来的销售额。

第一节　认知创新

一、创新思维的概念与特征

（一）创新思维的概念

创新思维是人类思维的高级过程，是指人类在探索未知领域的过程中，能够打破常规，积极向上，寻求获得新成果的具有社会价值的新颖而独特的思维活动。

创新思维等同于创意或创造力。创新思维运行的过程是创意的认知过程和输出过程，也是创造力产生的过程。也就是说，创新思维是创意的组成部分，也是创造力产生的“工具”。创新思维是在抽象思维和形象思维的基础上与相互作用中发展起来的，抽象思维和形象思维是创新思维的基本形式。

（二）创新思维的特征

1. 敏感性

要想打破常规思维的界限，产生新的思维成果，就必须能够敏锐地感知客观世界的变化。

2. 新颖性

创新思维重在创新，体现为在思考的方式、思路的方向、思维的角度上具有创造性和开拓性；认识事物时不停留在原有层面，而是进行重新认识和分析，以独特的方法解决问题，用新颖的方式处理事情。在此过程中可能产生新产品、新工艺、新方法、新方案等，从而使事物形成和产生新的实用性或新的价值。

3. 联动性

创新思维具有由此及彼的联动性，这是创新思维的重要特征。联动方向有三个：一是纵向，就是看到一种现象，就向纵深思考，探究其产生的原因。二是逆向，就是发现一种现象，则想到它的反面。三是横向，就是能联想到与其相似或相关的事物。创新思维的联动性表现为由浅入深、由小及大、触类旁通、举一反三，有助于获得新的认识和新的发现。

4. 开放性

创新思维是开放的，要创新就必须善于学习、勤于思考，实现与外界的物质、力量和信息的交换。

5. 跨越性

创新思维属于非常规性的思维活动。具有创新思维的人常常独具卓识，敢于质疑，善于破除陈规和思想的禁锢，善于从新的角度思考问题，力求另辟蹊径，得到突破性的新发现。

二、创新思维与一般思维的区别

创新思维之所以有别于一般思维而成为一种新的思维形式，主要是因为其思维形式的反常性、思维过程的辩证性、思维空间的开放性、思维成果的独创性和思维主体的能动性。

1. 思维形式的反常性

思维形式的反常性经常体现为思维发展的突变性、跨越性或逻辑的中断，这是因为创新思维有时不是对现有概念、知识的循序渐进的逻辑推理和过程，而是依靠灵感、直觉或顿悟等非逻辑思维形式。

2. 思维过程的辩证性

思维过程的辩证性主要是指它既包含逻辑思维(抽象思维)，又包含非逻辑思维；既包含发散思维，又包含收敛思维；既有求同思维，又有求异思维；等等。创新思维实际上是各种思维形式的综合体，由此形成的思维的矛盾运动，能够推动创新思维的发展。

3. 思维空间的开放性

思维空间的开放性主要是指创新思维往往多角度、全方位、宽领域地去考察问题，而不再局限于逻辑的、单一的、线性的思维。

4. 思维成果的独创性

思维成果的独创性是创新思维的直接体现或标志，常常具体表现为创新成果的新颖性及唯一性。

5. 思维主体的能动性

思维主体的能动性表明创新思维是创新主体的一种有目的的活动，而不是客观世界在人脑中的简单、被动直映，充分显示了人类活动的主动性和能动性。

三、创新思维的过程

很多人对创新思维有一个很大的误解，似乎创新思维都是偶然的、直觉的、瞬间的灵感浮现。其实，很多创新过程都是一个精心设计的复杂而漫长的过程，只有经历若干阶段的探索，才可能得到预期的想法和创意。大量实例证明，与偶然、直觉、一瞬间的灵光乍现相比，系统的创新思维过程所产生的新想法，无论是数量还是质量都要高很多。大学生尤其需要认真地学习和总结创新思维的过程和规律，有意识地应用创新思维的方法，而不是只凭直觉守株待兔。

英国心理学家华莱士(G. Wallas)提出了经典的“准备—酝酿—顿悟—验证”四阶段创造思维模式。

(一)准备阶段

创新思维是从发现问题、提出问题开始的。“问题意识”是创新思维的关键，提出问题后必须为着手解决问题做充分的准备。这种准备包括必要的事实和资料的收集、必需的知识和经验的储备、技术和设备的筹集以及其他条件的提供等。同时，必须对前人在同一问题上所积累的经验有所了解、对前人尚未解决的问题进行深入的分析。这样既可以避免重复前人的劳动，又可以使自己站在新的起点从事创造性工作，还可以帮助自己从旧问题中发现新问题，从前人的经验中获得有益的启示。准备阶段常常要经历相当长的时间。

（二）酝酿阶段

酝酿阶段要对前一阶段所获得的各种资料和事实进行消化吸收，从而明确问题的关键，提出解决问题的各种假设和方案。此时，有些问题虽然经过反复思考、酝酿，但仍未获得完美的解决，常常出现思维“中断”、想不下去的现象。这些问题会不时地出现在人们的头脑中甚至转化为潜意识，这样就为第三阶段(顿悟阶段)打下了基础。第二阶段可能是短暂的，也可能是漫长的，甚至会延续多年。在这一阶段，人的观念仿佛是在“冬眠”，等待着“复苏”和“醒悟”。

（三）顿悟阶段

顿悟阶段也称豁朗阶段。经过酝酿阶段对问题的长期思考，创新观念可能突然出现，让人大有豁然开朗的感觉，真是“山重水复疑无路，柳暗花明又一村”。这一心理现象就是灵感或灵感思维。灵感的来临往往是突然的。

（四）验证阶段

思路豁然贯通以后，所得到的解决问题的构想和方案还必须在理论和实践上进行反复论证和试验，验证其可行性。经验证后，有时方案得到确认，有时方案得到改进，有时方案也会被完全否定，甚至只能再次回到酝酿阶段。总之，灵感所获得的构想必须经过检验。

四、突破创新思维的障碍

创新思维是一切创新的前提，若思维成为定式，就会严重阻碍创新。所以，大学生要善于克服思维定式，突破创新思维的障碍。

（一）克服思维定式

所谓思维定式，就是根据已有的知识、经验，在头脑中形成的一种固定的思维模式，也就是思维习惯。一般情况下，人们遇到问题时会自然地沿着固有的思维模式进行思考。

思维定式是一种按常规处理问题的思维方式，也称常规思维。一提到思维定式，很多人会认为它就是思维障碍，这是片面的。事实上，日常生活中，绝大多数人的多数行为都是思维定式的结果。换句话说，这种思维习惯既可能成为我们良好的“助手”，帮我们形成正确的行为，缩短思考时间，提高效率；也可能成为我们最坏的“敌人”，把我们的思维拖入特定的陷阱。思维定式就如同一把双刃剑，它有利于常规思考，却不利于创新和创造。

常见的思维定式有以下几个类型。

1. 经验型思维

一般来说，丰富的经验是宝贵的，是人们处理问题时的好帮手。但是，如果过分相信与依赖以往的经验，反而不利于问题的解决。解决实际问题的过程并不像在学习中解决一道算术题那么简单，只需要把适合的公式代入即可，还要根据环境、主体、对象及问题本身的变化来适当地发挥经验的作用。有时类似的问题解决途径也是不一样的，这就需要在深入考察的基础上确定解决问题的途径。如果缺乏实际考察就盲目运用以往的经验来解决问题，往往会导致错误的结果。

2. 书本型思维

书读百遍，其义自见。人们从开始学习知识的那一天起，似乎就对书本产生了一种崇拜之情，也相应地产生了某些依赖。生活中经常有人这么说："书上就是这么写的。"这种对书中的内容不进行思索与质疑就全盘接受的现象就是书本型思维。相关知识的积淀是发展创新思维、进行创造性活动的基础。而在对书本知识进行学习的同时，不仅要接受书本知识理论的指导，更要防止对书本内容的全部无条件接受，要敢于质疑，活学活用。"尽信书不如无书。"在不断发展变化的现实世界中，虽然人们也经常碰到与书本中类似的问题，但是由于问题所处的情境、产生问题的前提及问题所指向的对象发生了变化，对问题的解答方式也就相应地发生了变化。如果不考虑已经变化的因素，依然按照书本型思维去求索，就可能走很多弯路甚至误入歧途。

3. 权威型思维

在日常生活、学习与工作中，很多人会把长辈、老师、领导、专家或名人等当作权威人物，并以他们的观点与思想作为自己为人处世、学习与工作的信条。权威人物具有自身优越性，一般情况下他们确实拥有比其他人更多的成功经验与声望，对相关问题也更具发言权，更能够使他人信服。但是，权威人物的观点与思想并不一定完全正确，也不一定适合每一个人。所以，自己要具备足够的分辨能力，不能将权威人物的全部观点与思想奉为信条。

4. 从众型思维

从众型思维是一种因个体自身缺乏判断而容易受外界环境影响的思维。在这种思维导向下，个体往往缺乏怀疑精神和自主判断的能力，受外界影响较大，在决策时，即使外界判断错误，也会迫于外界压力同意错误的判断。人们之所以依照从众型思维行事，一方面是在认识论层面缺乏批判的精神和勇气，另一方面往往是怀着节约行事、思考成本甚至逃避责任的心理。从众型思维的滋生和流行容易造成社会人格的平均化、平庸化趋向。这种思维的主导显然不利于创新思维的发展。

5. 模式型思维

模式型思维是指固守以往成功经验所总结、固化的一套方式方法。在生产、经营、科研及生活等领域中有很多模式化的东西，如生产流水线、操作规程、实验方法、商业模式等。众多模式是经验的总结、优化，对实践有很好的指导作用，很多商业上的成功正是因为模式的成功。然而“成也萧何，败也萧何”，很多商业上的失败也是由于模式的失败，如柯达、诺基亚等公司原来的成功模式便不能适应新的变化。模式型思维的缺陷是趋于保守，不能主动求变或顺应外界的变化。因此，如果能够打破某种模式，就可能带来重大的突破和收益。

6. 直线型思维

直线型思维是一种单向的、单维的、缺乏变化的思维方式。这种思维方式有两个基本特点：一是把多元的问题变成一元的，“一条道走到黑”，排除其他道路的可能性。二是非此即彼，非对即错，不考虑其他方案的可能性，简单地进行二选一。用直线型思维处理具有非此即彼的答案的问题时，能很快做出正确选择。但是，如果在处理复杂问题时也按部就班地依照直线型思维行事，便无法切中问题要点。直线型思维因过于简单且缺乏可逆性，对复杂问题的前提和可能的结果往往缺乏灵活、全面的考察，用这种直接、草率的方式处理问题，往往会导致没有回旋的余地。

7. 局限型思维

局限型思维是在忽略问题之间、问题环节或要素之间的关联性和整体性的情况下，偏重或局限于个别方面去思考解决问题的思维方式。由于对问题之间普遍联系特征的忽略，局限型思维往往不能敏锐地把握问题的发展，以致在实际解决问题时造成停滞不前或者耽误时机的后果。在现实层面，由于每个人的知识经验背景都有一定的特殊性和既定性，在思考问题时难免有相应的局限性，但我们应该学会辩证地看待问题，不断锻炼自己从联系和发展的角度去思考问题。在日常生活中，当人们遇到难题时，总会抓住甚至反复纠结于那些羁绊自己的环节，试图突破难点，但最后反过来看，当初的很多努力都成了无用功。其实，可以试着换一个角度思考，不拘泥于这一部分，或许可以把它放在整体之中，当其他问题得到解决时，这一难点也会随之解决或找到解决办法。

8. 循规蹈矩型思维

循规蹈矩型思维一般表现为安于现状，不愿意进行深入思考，不积极进行创新，是一种惰性思维。如果人们长期受这种思维的影响，就会不再主动开动脑筋，而只是机械性地操作。创造性活动是积极进行创新、开拓新知识的活动，而循规蹈矩型思维会严重阻碍创造性活动的开展。在思维方式上存在这种惰性的人，很难获得创造性成果。

9. 模棱两可型思维

模棱两可型思维一般表现为因缺乏选择能力、缺乏主见，在思考实际问题时不知该如何取舍。被这种思维束缚的个体往往缺乏决断力，在解决问题时没有自己的主见，犹豫不决。在很多情况下，由于不能确定解决问题的方案，解决问题的最佳时机就会被错过。人生中有很多机会是来之不易的，所以要勇于面对抉择，敢于付诸行动，切莫在犹豫不决中错失良机。

（二）扩展思维视角

人的思维活动不仅有方向、有次序，还有起点。在起点上，就有切入的角度。我们把思维开始时的切入角度称为思维视角。思维视角就是思考问题的角度、层面、路线或立场。实际上，思维视角对于创新活动来说非常重要，创新应该尽量多地增加头脑中的思维视角，学会从多种角度观察同一个问题。

1. 肯定—否定—存疑

思维中的"肯定视角"是说当我们思考一种具体的事物或者观念的时候，首先设定它是正确的、好的、有价值的，然后沿着这种视角，寻找这种事物或观念的优点和价值。"否定视角"正好相反，"否定"也可以理解为"反向"，就是从反面或对立面来思考事物，并在这种视角的支配下寻找事物或者观念的错误、危害等负面影响。对于某些事物、观念或者问题，我们一时也许难以判定，那就不应该勉强地"肯定"或者"否定"，不妨放下问题，让头脑冷静一下，过一段时间再进行判定。这就是"存疑视角"。

2. 自我—他人—群体

我们观察和思考外界的事物时，总是习惯以自我为中心，用自己的目的、需要、态度、价值观念、情感偏好、审美情趣等作为标准尺度去衡量外来的事物和观念。"他人视角"要求我们在思维过程中尽力摆脱"自我"的狭小天地，走出"围城"，从别人的角度，站在"城外"，对同一事物和观念进行一番思考，发现创意的苗头。任何群体都是由个人组成的，但对于同一事物，从个人的视角和从群体的视角来看，往往会得出不同的结论。

3. 无序—有序—可行

"无序视角"是指我们在开展创意思维的时候，特别是在思维的初期阶段，应该尽可能地打破头脑中的所有条条框框，包括那些法则、规律、定理、守则、常识之类的东西，进行一番"混沌型"的无序思考。"有序视角"的含义是，我们的头脑在思考某种事物或者观念的时候，会按照严格的逻辑来进行。这样有利于透过现象看到本质，排除偶然性，认识必然性。此外，创意的生命在于实施，我们必须实事求是地对观念和方案进行可行性论证，从而保证头脑中的新创意能够在实践中获得成功。这就是"可行视角"。

总之，创新思维也是一种习惯。要想拥有这种习惯必须通过认真的学习，掌握各种创新思维方法。科学有序的方法才是成功的坚实基础。

（三）超越自我

创新往往要求突破障碍，突破障碍就是突破自我，进一步说就是超越自我。

所谓"超越"，实际上也是一种思维方式。这种思维方式就是站在时代的制高点，超越时空的限制，根据对客观规律的正确认识，对事物的发展趋势进行正确的判断，从而做出科学的决策。可见，超越不是脱离实际的凭空幻想。只有超越才有创新，只有超越自我才能超越现实。超越自我意味着思维方式的不断创新，也意味着人生目标的不断前移，最终实现人生的价值。

五、创新思维的培养

（一）创新思维的基础

人类思维有三种形式：逻辑思维、形象思维和创新思维，创新思维是建立在逻辑思维和形象思维基础之上的。

1. 逻辑思维

逻辑思维即抽象思维，它撇开事物的具体形象而抽取其共同的本质，因而具有抽象性的特征。逻辑思维更讲究事物间的共性，是一种求同性思维，是一种用概念、判断、推理来反映现实的思维过程。

逻辑思维帮助我们正确认识客观世界，解决常规问题，表达思想。逻辑思维具有严密性，但容易形成思维定式。

2. 形象思维

形象思维又称直觉思维，是一种借助具体形象来开展的思维过程，它主要反映事物间的差异性，是一种求异性的思维，具有以下特点。

(1)经验性

形象思维建立在感官认识的基础之上，具有经验性。有句俗话“久病成良医”就是形象思维经验性的体现。

(2)直接性

利用形象思维可以在需要解决的问题和解决方法之间找到直接联系。例如，鲁班的手被草叶子割破了，他便产生联想，根据草叶子的形状发明了锯子。

(3)发散的想象力

对创新来说，想象力具有重要意义，在某种程度上甚至比知识更重要。因为知识是有限的，而想象力是使智力活动富有创造性的重要条件，是知识进化的源泉。

(4)丰富的灵感

灵感是人们在创造活动中受到某种启示，内部积淀到一定程度的知识突然爆发，得到奇思妙想，使长期思考的问题得到解决的思维过程。灵感具有偶然性，也具有必然性，只有知识丰富、有准备的人，才能抓住瞬间出现的灵感解决问题。牛顿从树上掉下来的苹果获得灵感，成为经典力学的创始人。但一个人如果没有牛顿那样丰富的学识，即使看到苹果落下无数次，也不可能得出万有引力定律。

由此可知，逻辑思维和形象思维各有优缺点，只有在思考问题的过程中扬长避短、相互补充，才能实现思维的创新。

(二)创造性思维

在创新活动中，除了常规的逻辑思维和形象思维外，还有一些与人们日常思维有异的特殊思维方式，即所谓创造性思维。创造性思维使人能突破思维定式去思考问题，从新的思路去寻找解决问题的方法。通常使用的创造性思维有逆向思维、侧向思维、求异思维、类比思维、综合(集中)思维、发散(扩散)思维、联想思维等。

1. 逆向思维

所谓逆向思维，就是指突破常规考虑问题的固定思维模式，采用与一般习惯相反的方向进行思考、分析的思维方式。

例如，水总是由高向低流动的，那么有什么办法能使其由低向高流动呢？人们由此发明了各种类型的泵。说话声音高低能引起金属片相应的振动，相反金属片的振动也可以引起声音高低的变化，爱迪生因之在对电话的改进中发明了留声机。又如，小孩掉进水里，把人从水中救起，是使人脱离水，是正向思维；司马光救人是打破缸，是使水脱离人。这些都是逆向思维。

2. 侧向思维

有位心理学家做过这样一个实验，分别把狗和鸡关在两堵短墙之间，在它们前面放了一盆饲料，用铁丝网隔开。鸡一看到饲料就马上直冲过去，结果左冲右突就是吃不到食物。狗先是蹲在那儿直勾勾地看着食物和铁丝网，又看看周围的墙，然后转身往后跑，绕过墙来到铁丝网的另一边，结果吃到了食物。人们在考虑某个问题时也有类似的现象，有人总是抱着正面进攻的方法一味蛮干，结果丝毫不能解决问题；有人则采用迂回战术，用意想不到的方法轻而易举地获得成功。这就是侧向思维。

侧向思维与逆向思维一样，都是相对常规思维活动而言的。它们的区别在于：逆向思维在许多场合表现为与他人的思维方向相反，但轨迹一致；侧向思维不仅在方向上不同，而且在轨迹上也有所不同，偏重于另辟蹊径。例如，要剪一个圆纸板，通常先在纸板上画出一个相应直径的圆，再用剪刀仔细剪下，花费时间较长。有人想到用圆规画圆，把圆规的笔尖改装为小刀片，则使圆规成了一个很好的切圆片专用工具，这就用不同的方法解决了同一问题，还节省了时间。

3. 求异思维

求异思维的关键在于不受任何框架、任何模式的约束。这样一来，就能够突破、跳出传统观念和习惯的禁锢，从新的角度认识问题，以新的思路、新的方法创造前所未有的更好、更美的东西。

4. 类比思维

类比思维一般用于基于相似性的推理过程，它通过比较两个或多个事物之间的相似点，来推断它们在其他方面的可能相似性或关联性。类比思维往往用于解决新问题或创造新事物，它依赖于对已知事物特性的深入理解和对未知事物的探索。例如，通过观察鸟类的飞行原理来设计飞机，就是利用类比思维将生物界的原理应用到工程设计中。

5. 综合(集中)思维

在日常生活中经常会遇到这样的情况：由两个或更多的人拉一辆车或划一条船，尽管各人用力的方向各不相同，但车或船往往能朝着一个正确的方向，即合力的方向前进。在创新活动中，同样可以把几个不同的主意合并起来，相互补充，取其长处重新组合，去解决同一个难题或完成同一件作品，这就是综合思维，又称集中思维。

6. 发散(扩散)思维

通常人们考虑问题时，由起点(提出问题)到终点(解决问题)总喜欢按一个思路进行，但也许从多个不同角度去考虑会更容易解决问题。这种围绕一个问题，突破常规思维的束缚，沿不同方向去思考、探索，寻求解决这一问题的各种可能性，由一点到多点的思维形式就称为发散思维，又称扩散思维、多向思维、辐射思维。扩散的范围越广，产生的设想就越多，解决问题的可能性就越大。面对一个新方法、新技术、新规律、新产品、新现象，一个训练有素的发明者会考虑能否有其他更多的用途，制作更多类型的作品，设计新的装置，开创新的技术种类、新的系列化产品、新的应用领域。

7. 联想思维

联想是指从一种事物想到另一种事物的心理活动。联想可以是概念与概念之间的联想，也可以是方法与方法之间的联想，还可以是形象与形象之间的联想。联想更多的是一种自由发挥的心理活动，它不受严格的逻辑约束，可以基于任何感知到的相似性、相关性或偶然的触发点进行跳跃。联想思维更多地依赖于个人的想象力和创造力，它可以是任意方向的，不一定要寻求实际应用或解决问题。它可以通过感知和情感的触发点，自由地在不同的概念、图像或记忆之间建立联系，而不一定追求逻辑上的一致性或实际应用。这种自由和非线性特征使联想思维成为创意和创新的重要源泉。

(三)培养创新思维

1. 知识是必要前提

创新建立在广博的知识的基础之上。没有丰富的知识积累，即使有了创新点子，也无法将其转变为解决问题的方法。科幻小说中有许多相当新颖的创新思想，但限于当时的科技知识水平，许多创新思想无法实现。牛顿说自己之所以看得更远，是因为站在巨人的肩膀上。巨人的肩膀就是前人知识的积淀，所以培养创新思维的第一步，就是做好知识的积累。

科学的创新来不得半点虚假，没有任何捷径可走。知识基础是对前人智慧成果的集成，是形成创造力的必要条件，离开了扎实丰厚的知识基础，就不可能顺利开展创新活动。现代社会的发展要求我们不能只拥有单一的学科知识，而必须拥有跨学科的知识结构。只有如此，才能以多种角度去分析问题、解决问题，也更加容易形成创新思维。

2. 实践经验是根本基础

创新源于实践。思维是在实践基础上分析综合，然后做出判断推理的过程，创新思维也离不开实践活动。从伽利略在比萨斜塔上做的“两个铁球同时落地”的著名重力实验到牛顿的“万有引力”，再到爱因斯坦的“相对论”的力学发展历程，我们可以看到知识是在理论—实践—理论—实践的过程中不断创新发展的。我们在工作、学习、生活中，应当注重观察细节，积累实践经验，为创新思维打下坚实的基础。

3. 多向思维法是基本方式

对于一个问题，不能只从一个角度入手，要力争从众多新角度去观察思考，以求获得更多的新认识，提出更多解决问题的新方法。当我们不能直接解决问题时，可以尝试运用逆向思维、侧向思维、求异思维、类比思维、综合(集中)思维、发散(扩散)思维、联想思维等方式，从不同的方向提出解决问题的方法。

4. 应避免的几个误区

(1)思维过度发散，舍近求远

有一个很经典的例子，就是用高度表测量楼房高度的问题。实验者提出了诸如以高度表为单摆，通过单摆在楼顶的摆动率计算楼房高度，将高度表从楼顶自由垂直下落，通过高度表下落所用时间计算楼房高度等十来种方法，就是没有使用高度表直接读出楼房高度的方法。虽然这只是一个体现利用发散思维解决问题的例子，但是创新思维应当尽量避免这种方式。我们要牢记：创新的目的就是以最简单、最直接的方法解决问题，舍近求远是不利于创新思维的发展的。

(2)过度求新，忽视创新成本

在创新过程中，还应当避免因过度求新而忽视创新的实现代价与实现的价值之间的关系。某些人在创新活动中一味求新，似乎不采用最新技术，不使用最新方法，就不能体现出创新水平。但是，创新毕竟属于社会活动，与社会条件密切相关，太“超前”的创新技术，如果实现的成本太高，远超它实现的价值，就不会在短时间内得到社会的认可和应用。

20 世纪 90 年代初，某食品厂引进了一套蔬菜水果脱水技术，用来生产脱水蔬菜和水果。这种技术在当时很先进，既保持了蔬菜、水果的营养，又可以使其长期存放，照理说应当有很大的市场竞争力。但厂家忽视了这套技术及设备的高额引进成本。由于引进成本高，使得产品价格超出当时人们的消费承受力，导致产品卖不出去，引进的设备长期闲置，最终成了一堆废铁。20 年后，技术成熟了，脱水蔬菜、水果的生产成本已接近消费者的承受力，但最先引进这项技术的食品厂已经从市场上消失了。

六、我国实施创新战略的重要意义

加快实施创新驱动发展战略，是党的二十大报告在论述实施科教兴国战略、强化现代化建设人才支撑时所强调的。这是根据世情的新变化、国情的新特征、科学发展的新要求作出的战略部署，对中国式现代化建设发展具有重要意义。

第一，推动高质量发展。创新是推动经济高质量发展的关键驱动力。通过加强创新，我国能够促进产业结构优化升级，从传统要素驱动向创新驱动转变，提高经济发展的质量和效率。

第二，增强国际竞争力。创新能力是国家综合国力的重要体现。通过提升创新水平，我国能够在全球市场中获得更大的竞争力，推动产品和服务向全球价值链的高端迈进。

第三，促进社会进步和民生改善。创新不仅推动经济增长，还是解决社会问题和改善民生的重要手段。通过科技创新，可以提高公共服务的效率和质量，解决环境保护、医疗卫生、教育等社会问题，提升人民的生活质量。

第四，保障国家安全。在当前复杂多变的国际环境中，自主创新能力对于维护国家安全尤为重要。通过自主创新，减少对外依赖，增强关键核心技术的自主可控能力，能够确保国家在关键时刻自力更生，维护国家的独立和安全。

第五，推动可持续发展。面对全球气候变化和资源环境问题的挑战，创新是实现可持续发展的关键。例如，绿色技术创新和清洁能源的开发有利于推动经济社会发展与生态环境保护的和谐共生。

总之，实施创新战略是我国在新时代进行社会主义现代化建设的重要途径，对于推动经济高质量发展、提升国际竞争力、促进社会全面进步和人民生活持续改善、确保国家安全以及实现可持续发展具有决定性的作用。创新是引领发展的第一动力，是国家繁荣和社会进步的关键所在，也是实现中华民族伟大复兴的重要推动力。加强创新有利于构建现代化经济体系，推动科技进步与产业升级，加快绿色转型，确保人民福祉和生态安全，为全面建成社会主义现代化强国、实现第二个百年奋斗目标提供强大动力和坚实保障。

第二节　创新发明

一、发明的概念

一讲到发明创造，可能很多人都会想到中国的四大发明，想到卫星，想到鲁班、袁隆平、爱迪生；而对于自己能不能进行发明创造这个问题，多半会摇头否定。

其实，产生这种想法只能说明我们对发明创造的认识不足，单纯地认为发明创造是高精尖技术的发明。虽然有些发明创造的实现是需要一定的技术的，但更多的发明思想的提出、发明思路的设计不过是人们思维观念的改变与灵感的突现，这类发明是每一个人都可以实现的。

世界知识产权组织对发明的定义为：发明是发明人的一种思想，这种思想可以在实践中解决技术领域里的特有问题。

二、发明的类型

（一）思想类发明

思想是思维活动的结果，也称作观念。面对同一事物，不同的观念会引起不同的判断结果，导致不同的行为方式。可见，观念实际上是人的意识在思想上、心理上的定位，是客观事物在人脑中形成的思维定式。

更新观念就是要去掉头脑中过时的、僵化的、形成已久的、看似难以改变的看法、做法及信念，注入或提出新观点或新看法的过程，它有时伴随着发明创造的发生。

例如，现有汽车的外观一般是前人给我们的思维定式，但这类设计对行人而言具有一定的安全隐患，像大型公交车的右前侧就是司机观察的盲点。而解决问题，并非一定要靠改进后视镜，有人就通过大面积的透明玻璃的倾斜设计，外加后视镜，大大解决了司机视线的盲点问题，提高了行人的安全性。

（二）组合类发明

将两种或两种以上的物体进行组合，通过组合而产生新的产品，或选择其优势部分生成的发明，即为组合类发明。

组合类发明是最常见的一种发明，它可以是有形物的组合、结构的组合，也可以是形态的组合、概念的组合。

（三）设想类发明

人人都有设想，将这些设想通过技术方案来实现，就成为设想类发明。例如，法国国家实用技术研究所发明了一种建筑外墙玻璃，它可以同时起到太阳能热水器的作用，这一发明成果非常符合建筑节能要求。据介绍，这是一种双层中空玻璃，其40%的面积是透明的，余下部分被盘旋的可以通水的铜管以及银反射管覆盖，覆盖物位于玻璃内层。这种双层中空玻璃可以吸收太阳能，并利用太阳能将水加热，可以节省大量的电力和煤气，具有很强的市场竞争力。

（四）移植类发明

这类发明是指将某一领域中的原理、方法、结构、材料、用途等移植到另一个领域中去，从而产生新的发明。例如，直升机就是模仿蜻蜓的飞行原理设计制造的。

（五）改进技术类发明

这类发明多指与技术进步有关的发明，一般是某一产品或某一行业因其技术的发展、进步而产生的新的发明。

三、创新发明能力训练

（一）形成创意的方法

1. 属性列举法

属性列举法也称特性列举法或分步改变法，是美国学者克劳福德提出的一种创意发明思维策略。此法强调使用者在创造的过程中观察和分析事物或问题的特性或属性，然后针对每项特性提出改良或改变的构想。

属性列举法是将一种产品的特点列举出来，制成表格，然后再把改善这些特点的事项列成表，这一方法特别适用于旧产品的升级换代。此法的优点在于能保证对问题的所有方面做全面的分析研究：通过将决策系统划分为若干个子系统（即把决策问题分解为局部小问题），把它们的特性一一列举出来，再将这些特性加以区分，划分为概念性约束、变化规律等，研究这些特性是否可以改变，以及改变后对决策产生的影响，最后研究决策问题的解决方法。

属性列举法的具体做法是，把事物的属性分为名词属性（全体、部分、材料、制法）、动词属性（功能）和形容词属性（性质、状态）三大类，并把各种特性列举出来，从这三个角度进行详细的分析，然后通过联想，看看各个特性能否加以改善，以便寻找新的解决问题的方案。该法实施简单，既适用于个人，也适用于群体。

2. 形态分析法

形态分析法是瑞士天文学家弗里茨·兹维基在20世纪40年代提出的。该方法是一种系统化构思和程式化解题的方法，通过将对象各要素所对应的技术形态进行组合，从中寻求创新性设想。弗里茨·兹维基认为它是一种简单的、规则的考虑问题的方法。准确地界定构成系统的要素、全面地分析各要素的技术形态是运用形态分析法的关键。

形态分析法在解决环境问题和推动可持续发展方面也有着广泛的应用。以城市固体废物处理为例，环境工程师可以采用形态分析法来设计一个高效的废物分类和回收系统。首先，将废物处理系统的功能分解为多个基本要素，如分类准确性、处理速度、成本效益和用户友好性。接着，针对每个要素，探索各种可能的技术解决方案和设计形态，如自动化分拣装置、生物降解材料、物联网监控系统等的使用。这些要素的不同组合可以生成多种创新的废物处理方案，经过详细评估和筛选，就能选择出最有效和最环保的方案。这样的应用不仅提高了废物处理的效率和环境友好性，还有助于推动科技创新和社会进步，提升公众的环保意识和参与度，促进社会的整体可持续发展。

（二）创意能力训练

创意能力训练离不开对创新技法的掌握。第二次世界大战后，很多国家都引进了创新技法，并结合本国国情创造出很多新的技法，丰富和发展了创新的思维宝库。创新技法虽然种类繁多，但不是每一种都已发展到成熟的阶段。事实上，基本成熟的、常用的创新技法不过几十种。一种创新技法是否成熟，可以用以下几条标准加以判断：

- 技法是否有准确的名称？
- 技法是否有明确的基本原理？

• 技法是否有可供操作的程序？

• 技法是否有典型的创新实例说明？

本书主要介绍五种创新技法，以期为日常生活中的创意能力训练提供参与的方式。

1.“六顶思考帽”

“六顶思考帽”是指使用六种不同颜色的帽子代表六种不同的思维模式（如图 5-1 所示）。任何人都有能力使用以下六种基本思维模式。

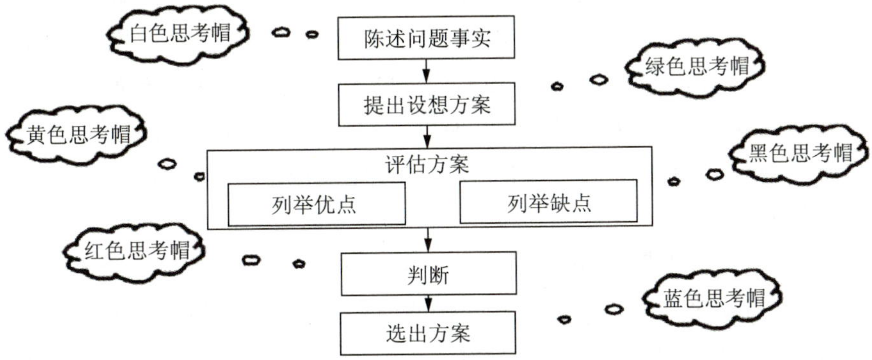

图 5-1　“六顶思考帽”法

（1）“六顶思考帽”的含义

白色思考帽：白色是中立而客观的。戴上白色思考帽即关注事实和数据。

绿色思考帽：绿色象征勃勃生机。绿色思考帽寓意创造力和想象力，它具有创造性思考、头脑风暴、求异思维等功能。

黄色思考帽：黄色代表价值与肯定。戴上黄色思考帽是指从正面考虑问题，提出乐观的、满怀希望的、建设性的观点。

黑色思考帽：戴上黑色思考帽表示可以运用否定、怀疑、质疑的看法，合乎逻辑地进行批判，尽情发表负面的意见，找出逻辑上的错误。

红色思考帽：红色是饱含情感的色彩。戴上红色思考帽，既可以表现自己的情绪，又可以表达直觉、感受、预感等方面的看法。

蓝色思考帽：蓝色思考帽负责控制和调节思维过程，包括控制各种思考帽的使用顺序，规划和管理整个思考过程，并得出结论。

（2）“六顶思考帽”的价值

“六顶思考帽”是平行思维工具，是创新思维工具，也是人际沟通的操作框架，更是提高团队效能的有效方法。

“六顶思考帽”是一个操作简单、经过反复验证的思维工具，它给人以热情、勇气和创造力，让每一次会议、每一次讨论、每一份报告、每一个决策都充满新意和生命力。这个工具能够帮助人们提出建设性的观点，倾听别人的观点，从不同角度思考同一个问题，从而创造高效能的解决方案；用“平行思维”取代批判式思维和垂直思维；

提高团队成员的集思广益能力，为统合增效提供操作工具。

(3)“六顶思考帽”的应用

对“六顶思考帽”理解的最大误区就是仅仅把思维分成六种不同的颜色，但其实“六顶思考帽”的应用关键在于使用者用何种方式去排列“帽子”的顺序，也就是组织思考的流程。只有掌握了如何编织思考的流程，才能说是真正掌握了“六顶思考帽”的应用方法，否则往往会感觉这个工具并不实用。

“帽子”顺序非常重要，我们可以想象一个人写文章的时候需要事先计划自己的结构提纲，一个程序员在编写大段程序之前也需要先设计整个程序的模块流程，思维同样是这个道理。“六顶思考帽”不仅定义了思维的不同类型，而且定义了思维的流程结构对思考结果的影响。一般人们认为“六顶思考帽”是一个团队协同思考的工具，事实上“六顶思考帽”对于个人的思考应用同样具有巨大的价值。

2. 头脑风暴法

头脑风暴法由亚历克斯·奥斯本提出。奥斯本认为，创新是一个非逻辑的过程，并没有一个基本的规则，主要依赖参与者的直觉与灵感，问题的解决依赖于大量的思想火花，而这也是获得高质量方案的前提。头脑风暴法就是基于这种创新方法的理念而设计的，其主张在讨论会上每个人应该自由地表达观点。因此，这种方法通常采用专家小组会议的形式进行，主持者以明确的方式向所有参与者阐明问题，说明会议的规则，尽力创造融洽轻松的会议气氛。主持者一般不发表意见，以免影响会议的自由气氛。头脑风暴法可使与会者自由思考、畅所欲言、互相启发，从而能够引发思想共振并产生组合效应，激发更多的创造性思维，进而获得创新的设想。

在群体决策中，由于群体成员心理相互作用影响，人们易屈从权威或大多数人的意见，形成所谓的“群体思维”。群体思维会削弱群体的批判精神和创造力，损害决策的质量。为了保证群体决策的创造性，提高决策质量，学者们从管理角度切入，开发了一系列改善群体决策的方法，头脑风暴法是较为典型的一个。头脑风暴法又分为直接头脑风暴法(通常简称为头脑风暴法)和质疑头脑风暴法(也称反头脑风暴法)。前者是专家群体决策，要尽可能多地激发创造性，尽可能多地设想方法；后者则是对前者提出的设想、方案逐一质疑，分析其现实可行性的方法。

(1)头脑风暴法的演进

根据头脑风暴法设立的原理及程序，借助群体思想，通过增加参与者的数量可以获得高质量的解决方案，但这种方法也有一定的局限性。一方面，有些创造性强的人喜欢沉思，但会议无此条件，表现力和控制力强的人会影响他人提出设想；另一方面，在会议上难以及时对众多设想进行评价和集中。为弥补其缺陷，各国学者对该方法进行了改进。

德国创造学家荷立提出了默写式智力激励法(又称“635”法)。该方法规定，参加会议的六人坐成一圈，每人五分钟内在各自的卡片上写出三个设想，然后由左向右传递给相邻的人。每个人接到卡片后，在第二个五分钟内再写出三个设想，然后再次传递出去。如此传递六次。默写式智力激励法的基本原理与奥斯本的头脑风暴法相同，都是通过特殊的会议来实现智力互激和思维共振而获得新的设想。不同的是，默写式智力激励法不是通过口头表达，而是通过填写卡片的方法来实现的。尽管“635法”大大减少了个别专家可能对其他与会专家的影响，但是这种方法仍然遭到批评，因其难以对设想进行及时的评价和集中。日本创造开发研究所所长高桥诚提出的CBS卡片式智力激励法、日本广播电台开发的NBS卡片式智力激励法和日本三菱树脂公司改革创新出的三菱式智力激励法(MBS法)则避免了这一局限。

尽管头脑风暴法易于操作，但对复杂问题的解决效果往往不是十分理想。为了解决这一矛盾，O. 赫尔默和N. 达尔克于20世纪40年代首创德尔菲法，它经过W. 戈登和兰德公司进一步发展而成。这种方法是依据系统的程序，采用匿名发表意见的方式，即团队成员之间不得互相讨论，不发生横向联系，只能与调查人员沟通并反复地填写问卷，以集结问卷填写人的共识及搜集各方意见，可用作构造团队沟通流程、应对复杂任务难题的管理技术。上述创新方法要求明确提出主题并且尽可能地提出具体的课题，这有可能限制参与者的自由联想。为了解决这一问题，戈登在头脑风暴法的基础上，于1952年提出了一种由会议主持人指导进行集体讲座的技术创新技法——戈登法，其特点是除主持人外，不让与会者知道真正的意图和目的，把具体的问题抽象化后对与会者提出，引起与会者的广泛设想。与头脑风暴法相比，戈登法通过“变陌生为熟悉”(运用熟悉的方法处理陌生的问题)和“变熟悉为陌生”(运用陌生的方法处理熟悉的问题)，帮助大家走出思维定式，发挥群体智慧，达到方案创新的目的。

实践经验表明，以上方法不仅简单易行，而且可以排除折中方案，通过对所讨论问题客观、连续的分析，可以找到一组切实可行的方案，因而在军事决策、管理决策及技术开发中得到了较广泛的应用。当然，应用上述方法时，讨论结果往往形成多个思路，确定“可能解”实施的成本(时间、费用等)很高，而且存在取舍的选择难度，还要求参与者有较高的素质，这些都会影响实施的效果，所以效率比较低。许多问题的解决都因为这个步骤而耽误时间，也有很多企业因为陷于头脑风暴法的汪洋大海而错失产品推出的良机。

(2)头脑风暴法的原则

庭外判决原则：对各种意见、方案的评判必须放到最后阶段，此前不能对别人的意见提出批评和评价。要认真对待任何一种设想，而不管其是否适当和可行。

欢迎各抒己见，自由鸣放：创造一种自由的气氛，激发参加者提出各种奇特乃至荒诞的想法。

追求数量：意见越多，产生好意见的可能性越大。

探索取长补短和改进办法：除提出自己的意见外，还鼓励参加者对他人已经提出的设想进行补充、改进和综合。

(3)头脑风暴法的要求

为了提供一个良好的创造性思维环境，应该确定专家会议的最佳人数和会议进行的时间。经验证明，专家小组以 10 至 15 人为宜，会议时间一般以 20 至 60 分钟效果最佳。

专家的人选应进行严格规范，这样便于参加者把注意力集中于所涉及的问题。具体应按照下述三个原则选取：①如果参加者相互认识，要从同一职位(职称或级别)的人员中选取。领导人员不应参加，否则可能对参加者造成某种压力。②如果参加者互不认识，可从不同职位(职称或级别)的人员中选取。这时不应宣布参加人员职称，不论成员的职称或级别的高低，都应同等对待。③参加者的专业应力求与所论及的决策问题相一致。这虽不是专家组成员的必要条件，但专家中最好包括一些学识渊博、对所论及问题有较深理解的其他领域的专家。

头脑风暴法专家小组应由下列人员组成：方法论学者——专家会议的主持者；设想产生者——专业领域的专家；分析者——专业领域的高级专家；演绎者——具有较高逻辑思维能力的专家。

头脑风暴法的所有参加者都应具备较高的联想思维能力。在进行“头脑风暴”(即思维共振)时，应尽可能提供一个有助于把注意力高度集中于所讨论问题的环境。有时某个人提出的设想，可能正是其他准备发言的人已经思考过的。其中一些最有价值的设想，往往是在已提出设想的基础之上，经过“思维共振”的“头脑风暴”迅速发展起来的设想，以及对两个或多个设想的综合设想。因此，头脑风暴法产生的结果应当认为是专家成员集体创造的成果，是专家小组这个宏观智能结构互相感染的总体效应。

头脑风暴法的主持者最好由对决策问题的背景比较了解并熟悉头脑风暴法的程序和方法的人担任。主持者的发言应能激起参加者的思维“灵感”，促使参加者感到急需回答会议提出的问题。通常在“头脑风暴”开始时，主持者需要采取询问的做法，因为主持者很少有可能在会议开始 5 至 10 分钟内创造一个自由交换意见的气氛，并激起参加者踊跃发言。主持者的主动活动也只局限于会议开始之时，一旦参加者的积极性被调动起来，新的设想就会源源不断地涌现出来。这时，主持者只需根据“头脑风暴”的原则进行适当引导即可。应当指出，发言量越大，意见越多种多样，所讨论问题越广越深，出现有价值的设想的概率就越大。

(4)头脑风暴法的记录处理

会议提出的设想应由专人简要记录下来或现场录音录像，以便由分析组对会议产生的设想进行系统化处理，供下一(质疑)阶段使用。系统化处理程序如下：为所有提出的设想编制名称一览表；用通用术语说明每一设想的要点；找出重复的和互为补充的设想，并在此基础上形成综合设想；提出对设想进行评价的准则；分组编制设想一览表。

3. 综摄法

综摄法是 W. 戈登于 1944 年提出的。戈登认为，创新不是阐明事物间已知的联系，而是探明事物间未知的联系，采用非逻辑推理等方法，把那些看似无关的东西联系起来，即综摄。综摄法是一种运用类比进行创新的方法，也称类比思考法、类比创新法，其主要思想是“变陌生为熟悉，变熟悉为陌生”，一般采用会议的方式进行。

(1)综摄法的特点

两大思考原则。

一是异质同化。简单来说就是运用熟悉的方法和已有的知识进行分析、比较，提出新设想，即把看不习惯的陌生事物当成早已习惯的熟悉事物。

二是同质异化。从新的角度或运用新方法“处理”一些早已习惯的熟悉事物，从而提出新的设想，即把熟悉的事物当成陌生的事物看待。

四种类比技巧。

一是拟人类比。进行创造活动时，人们常常将创造的对象拟人化。在机械设计中，采用拟人化的设计，可以从人体某一部分的动作中得到启发，常常会收到意想不到的效果。现在，这种拟人类比的方法还被广泛应用在科学管理中。

二是直接类比。即从自然界或者已有的成果中找寻与创造对象相类似的东西。例如，设计一种水上汽艇的控制系统，人们可以将它同汽车相类比。汽车上的操纵机构和车灯、喇叭、制动机构等都可经过适当改革，这样比凭空想象设计一种东西更容易获得成功。再如，运用仿生学设计飞机、潜艇等，也采用的是直接类比的方法。

三是象征类比。所谓象征，是一种用具体事物来表示某种抽象概念或思想感情的表现手法。在创造性活动中，人们可以赋予创造对象一定的象征性，使它们具有独特的风格，这叫象征类比。象征类比较多应用在建筑设计中。例如，设计纪念碑、纪念馆时，需要赋予它们宏伟、庄严、典雅的象征格调；而设计咖啡馆、茶楼、音乐厅时，就需要赋予它们艺术化、优雅的象征格调。

四是想象类比。人类的想象力是无穷的，可以通过童话、小说、谚语等来激发灵感，从中获得处理问题的方案。在科技迅猛发展的时代，人们利用幻想解决问题已成为现实。众所周知，科幻小说作家凡尔纳就具有非凡的想象力，他运用想象类比的方法，在还没有收音机的时代，就让他小说中的人物看上了电视。

(2)综摄法的实施过程

第一个阶段：提出问题，分析问题。创新就是不断提出并解决问题，这些问题可以是外界提出来的，也可以是创意小组自己提出来的。提出问题后，就要对问题进行简短的分析，可先由专家对问题进行解释和概括的分析，这个过程是将陌生的东西熟悉化(异质同化)。

第二个阶段：模糊主题，类比设想。主持人引导小组成员讨论，将与问题本质相似的同质问题在会议上提出，而把原本的问题隐匿起来。将具体问题包含在广义的问题中提出，可以营造一种使构思自发产生的条件，以引起广泛的设想，从而激发创造力，然后使广义的问题逐步清晰和具体化，最终完成创意。

第三个阶段：自由联想，无限延展。这一过程是综摄法的关键所在。因为目标十分抽象，与会者可以对问题进行延展。当某些见解对于揭示主题有利时，主持人应及时加以归纳、予以引导。这一阶段的目的在于使熟悉者陌生。如对抽象词汇“引力”与“张力”展开类比联想：弹簧的伸缩，拉紧的橡皮筋，牵引放飞的风筝；编织中的毛衣，字符结构的离散；线团的束缚，伤口的愈合。类似联想还可以更多，其目的是让思维的链条变得松弛。

第四个阶段：架构互传，牵强配对。这一步有两种做法，戈登的做法是把类比联想的事物与主题牵强地进行配对，在这种情况下，通常会激发创意。而另一种做法是把两种元素牵强地联系在一起，同时展开幻想并与主题联系起来。不管采用哪一种做法，小组成员均需围绕主题和类比元素展开讨论和研究，直到找出表现主题的创意为止。这一阶段由分而合的目的在于使陌生者熟悉。以广告创新为例，可针对联想与主题进行连接：拉紧的橡皮筋可比喻为我们与家、与亲人的关系——“拉得越开，弹得越疼”；牵引放飞的风筝可叙述为“放线——父母让你闯世界；归根——你让父母享天伦”；“线团的束缚”延展为电话线缠绕双腿，诉诸“不要让电话线绊住你回家的脚步”。其中许多类比现象均可发展为广告创新的立足点。

第五个阶段：实用配对，制订方案。在此阶段要结合解决问题的目标，对上一阶段类比联想所得的启示进行艺术、技术、经济等方面的可行性研究，将创意构思转化为问题的解决方案。

4. 逆向思维法

指悖逆平常的思维方式，从相反方向思考问题的方法，也叫反向思维法。因为客观世界上许多事物之间，甲能产生乙，乙也能产生甲。例如，化学能可以产生电能，据此意大利科学家伏特发明了伏特电池；反过来，电能也可以产生化学能，于是通过电解，英国化学家戴维发现了钾、钠、钙、镁、锶、钡、硼等元素。逆向思维法包括三大类型。

(1)反转型逆向思维法

这种方法是指从已知事物的相反方向进行思考，产生发明构思的途径。一般可以从事物的功能、结构、因果关系三个方面作反向思维。比如，市场上出售的无烟煎鱼锅就是把原有煎鱼锅的热源由锅的下面安装到锅的上面。这是利用逆向思维对结构进行反转思考的产物。

(2)转换型逆向思维法

这种方法是指在研究问题时，由于解决问题的这一手段受阻而转换成另一种手段，或转换思考角度，以使问题顺利解决的思维方法。面对塑料污染，一家食品公司的团队成员在探索环保包装方案时没有执着于寻找新材料，转而考虑改变包装的使用方式。他们发现消费者常丢弃大部分包装，于是设计了可重复使用的容器，将包装变成储物盒。这一改变减少了材料浪费，提升了产品价值。公司推出的环保包装不仅受到市场好评，也减少了塑料垃圾。这展示了逆向思维在解决环境问题中的应用，通过改变使用习惯而非仅依赖材料替换，实现了环保与商业的双赢。

(3)缺点逆用思维法

这是一种利用事物的缺点，化被动为主动，化不利为有利的思维发明方法。这种方法不是以克服事物的缺点为目的，相反，它是化弊为利来找到解决方法的。例如，金属腐蚀是一种坏事，但人们可以利用金属腐蚀原理进行金属粉末的生产或进行电镀等，就是缺点逆用思维法的一种应用。

5. 信息交合法

信息交合法，又称“要素标的发明法”“信息反应场法”。它是一种在信息交合中进行创新的思维技巧，即把物体的总体信息分解成若干个要素，然后把这种物体与人类各种实践活动相关的用途进行要素分解，把两种信息要素用坐标法标于垂直相交的X轴与Y轴上，构成“信息反应场”，每个轴上各点的信息可以依次与另一轴上的信息交合，从而产生新的信息。

(1)信息交合法的公理与定理

其公理包括两点：不同信息的交合可产生新信息，不同联系的交合可产生新联系。

其定理则包括以下两个。

定理1：心理世界的构象即人脑中勾勒的映象，它由信息和联系组成。

定理1提示了三种构象：①不同信息、相同联系所产生的构象。比如，轮子与喇叭是两个不同信息，但交合在一起组成了汽车，汽车可行走，喇叭则可发出声音表示“警告”。②相同信息、不同联系产生的构象。比如，同样是“灯”，既能做成可吊、可挂、可随身携带的灯(如手电筒)，也可做成无影灯。③不同信息、不同联系产生的构象。比如，独轮自行车本来与盒、碗、勺没有必然联系，但杂技演员将它们交合在一起，构成了杂技节目这一物象。

定理2：新信息、新联系在相互作用中产生。

定理2则表明，没有相互作用就不能产生新信息、新联系。所以“相互作用”(即一定条件)是中介。当然，只要有了一定的条件，任何信息均可进行联系。比如，手杖与枪是看似无关的不同信息，但是在战争范畴(条件)内，则可以交合出“手杖式枪支”。

两个定理告诉我们，世界是相互联系的，信息则是联系的印记。在联系的相互作用中，不断地产生着新信息、新联系。任何事物均有一定的条件限制。信息交合法也不是万能的，它只是一种具有实用价值的思维技巧，不可能取代人类的所有思维技巧，更不可能取代人类的任何思维活动。

(2)信息交合法的三原则

信息交合法作为一种科学实用的思考与发明方法，使用时不能随心所欲，而应遵循一定的原则。

整体分解原则：先把对象及其相关条件整体加以分解，按序列得出要素。

信息交合原则：将各轴的每个要素逐一与另一轴的各个标的相交合。

结晶筛选原则：通过对方案的筛选，找出更好的方案。如果研究的是新产品开发问题，那么在筛选时应注意新产品的实用性、经济性、易生产性、市场可接受性等。

信息交合法是一种运用信息概念和灵活的手法进行多渠道、多层次的推测、想象和创新的创造性发明技法。应用它进行创造发明，可以通过相似、接近、因果、对比等联想手段搭起微妙的桥，使之曲径通幽，把某些看起来似乎是孤立、零散的信息交合成一项新的概括。它有着自己独特的特点，不但能使人们的思维更富有发散性，还有助于人们在发明创造活动中不断地强化理性的、逻辑的思维能力。同时，它的应用范围十分广泛，在创造性思维、创造性教育中作为培养、培训方法，也更具系统性和实用性。

第三节　创新成果的转化与保护

知识和技术创新是人类经济、社会发展的重要动力源泉，决定着一个企业、一个地区甚至一个国家的创新能力。目前，我们正处于以知识的创新、传播和应用为基础的知识经济时代，知识、科技创新型企业成为经济活动中最具活力的经济组织形式，代表了未来经济发展的方向。如何保护创新者的知识成果并顺利将其转化为可应用的新技术和新产品，实现其市场价值，成为创新活动中不可回避的问题。

一、知识创新及其成果转化

创新活动中的知识包括科技知识、管理知识以及人们在长期工作中形成的相关的经验、能力等对创新和经济发展具有意义的各种知识。知识经济时代最重要的特征是知识取代土地和资本等资源成为最重要的生产要素。知识作为新的资源，具有共享普惠、无限增值的本质特征，它克服了传统物质资源排他性和消耗性的固有缺陷，并能引导物质资源的可持续利用。知识创新是通过科学研究，包括基础研究和应用研究，获得新的基础科学和技术科学知识的过程，其目的是追求新发现、探索新规律、创立新学说、创造新方法和积累新知识。知识创新为人类认识世界、改造世界提供了新理论和新方法，为人类文明进步和社会发展提供了不竭动力。对企业而言，知识创新是技术创新的基础，是新技术和新发明的源泉。

知识创新的成果有三种表现形式：一是新知识，即知识性成果主要是指通过基础研究和应用基础研究而取得的新发现、新学说，主要体现形式为科学论文、科学著作、原理性模型或发明专利等；二是新产品及新技术，这是应用技术性成果，即以科学原理或技术原理为基础，通过开展技术发明活动而取得的新技术、新工艺、新产品、新材料、新设备，以及农业、生物、矿产新品种和计算机软件等实验室产品；三是思想性成果，主要涉及管理方式及管理手段等的新观点、新理念和新思想，主要体现形式为研究报告等。要发挥知识创新成果的价值，实现企业盈利能力和竞争力的提升，进而推动经济发展和社会进步，创新成果的转化和商业化应用是关键。

知识创新成果转化是一个涉及从新知识的产生、新技术的开发到新产品的生产、新产业的形成直至新价值的实现的复杂的动态过程。该过程强调将新产品、新技术、新思想经推广应用以及商业化后取得经济效益，因此可对成果的成熟度、是否具有实际应用价值、是否可实现盈利等商业潜质进行检验，是将创新成果从实验室推向市场的环节，也是知识资本转化为企业利润的关键步骤。

不同类型的知识成果，转化的模式和过程也存在区别。通常，论文、著作等知识性成果的转化注重通过知识的普及和传播，丰富提升劳动者的知识和技能；模型和发明专利的转化需要经过试验、孵化等过程，演变成应用技术性成果，向企业转移，从而获得进入市场的机会。应用技术性成果的转化主要是新技术、新工艺、新产品、新材料、新设备等通过企业或现场测试，进而在企业内实现对现有技术、工具、原材料、产品等的改进和替代，并实现企业成本下降、利润上升等经济效益。思想性成果的转化主要强调通过新的管理理念和思想在企业内的应用，提高企业决策效率，完善企业管理制度等。论文、论著类知识性成果和思想性成果的转化一般不能直接带来经济利益，而是具有更多的社会价值。发明专利和应用技术性成果的转化往往可以直接带来经济价值，是企业技术创新的主要形式。

传统经济条件下的创新主体一般是纯粹的研究部门和科技人员，他们负责科技创新的全过程。而在知识经济条件下，企业、大学、研究机构、中介机构和政府等都将成为创新的主体。例如，一些以大学或研究机构为主进行的知识性成果和思想性成果的转化通常需要在研究机构、成果所有人以及企业间建立合作互惠的机制，常见的方式有基于专利发明组建产学研联合体、成立科技型公司或直接进行成果交易等。这要求社会提供较完善的技术中介服务，建立专利信息数据库，完善技术市场交易规则，一方面保护所有人的知识产权，另一方面又使得创新成果获得商业化的机会，给企业及成果所有人带来经济回报，保证创新活动的可持续性。同时，知识创新及技术创新主体的多元化从宏观上要求国家建立完备的知识创新体系，即建立由科研院所和高等院校组成的知识创新系统和知识传播系统；从微观上要求企业建立技术创新系统和知识应用系统。从转化的最终实现来看，企业是创新与转化的核心，脱离企业和企业行为的创新与转化较难具有持久的生命力。

二、创新与知识产权制度

作为社会生产的重要组成因素，知识本身是有价值的，其对生产的贡献在于可以组合生产要素、形成生产方向、提升要素品质，即在相同的要素投入下获得更高的效率和更大的价值产出。此外，知识的生产需要投入，需要承担风险，因此，知识要素有资格参与收益分配，学习和利用他人的知识也理应付出成本，而不是无偿使用甚至任意挥霍。人们是否愿意创新与创新所获得的收益有关，这种收益的多少则取决于创新者与创新成果的产权关系，因此，界定和保护创新者的知识产权成为促进和保障创新不可或缺的基础。

（一）知识产权的概念与分类

知识产权是指人们对通过脑力劳动创造出来的智力成果和知识财产所依法享有的权利，是权利人享有的对某一特定知识的排他性使用的权利。发明人、专利权人、注册商标所有人、作家、艺术家、表演者等都是知识产权保护的主体。新的技术方案、商标标识、文字著作、音乐、美术作品、计算机软件等是相应的客体。

与一般有形财产权相比，知识产权有以下特点：知识产权的客体是智力成果，具有无形性，不具有特定的物质形态；智力成果体现在一定的物品上，可以通过一定的手段被复制和被利用；智力成果需经过法定程序被国家有关机关认可才能受到法律保护（著作权除外）；知识产权具有排他性和绝对“垄断性”，不经权利人许可，其他人不能使用或者利用它，也就是说“一物不能有二主”；知识产权有法定保护期，过了保护期就进入共有领域，人人可以无偿使用；知识产权既具有人身方面的权利，又具有财产方面的权利；在一国所获得的知识产权，只能在该国范围内有效，具有地域性。

（二）知识产权制度及其作用

知识产权制度是智力成果所有人在一定的期限内依法对其智力成果享有独占权，并受到保护的法律制度，贯穿于智力成果权的取得、利用、管理和司法保护的全过程，涉及创新激励、资源整合、知识成果转化等内容。目前，以专利、商标、著作权、商业秘密等为主要内容的知识产权制度在绝大多数国家已建立，成为激励技术创新的根本制度，知识产权的国内、国际保护已为知识经济的发展提供了有效的法律保障。在国际上，发达国家及其跨国公司极力将其拥有的智力成果优势转化为知识产权优势，从法律上获得对创新成果的排他性使用，并由此形成国际市场的竞争优势。知识产权制度在创新活动中的作用主要体现在以下几个方面。

1. 保障作用

依据经济学理论，知识的可共享性会导致外部性和“搭便车”现象。知识的扩散和传播有利于社会整体的利益，使得知识具有很强的正外部性，如一项科技成果的引进，一家引进，百家受益。但是，知识的创造者基于利益的要求，追求的是对创新知识利用的垄断。不付出任何成本、不向知识的创造者支付任何代价即可获取创新知识的“搭便车”行为，会使创新者的付出不能得到回报，甚至连投资成本都难以回收，势必抑制创造者的创新欲望和积极性，扼杀整个社会的创新能力，这就是知识共享的负外部效应。知识产权法律制度的设计，就是试图在知识共享与知识垄断之间寻求平衡，但更倾向于实现知识创造者对知识利用的控制，通过制度设计，使创新知识由可共享转化为创新者的私有权利，从而鼓励创新。

2. 促进作用

保护创新、促进创新是知识产权立法的基本宗旨之一，如我国的专利法、商标法、著作权法等，其制度设计的出发点和最终目的都是保护和鼓励创新。主要体现在：第一，知识产权立法赋予权利人的独占权，实质是一定时期、一定范围的市场垄断，其潜在的垄断利益会刺激创新者的积极性，加大创新力度。第二，知识产权立法赋予权利人的潜在垄断利益必须通过实施才能变为现实，这一制度本身对知识产权的实施具有推动作用。第三，知识产权制度在赋予权利人独占地位的同时，还辅以必要的配套措施，以化解垄断所带来的弊端。以专利法为例，其促进作用体现在对创新的激励和保护方面，包括明确专利权的保护范围、延长专利权的有效期限、规定专利权的强制许可条件及设立专利侵权的例外情形等。这些规定旨在平衡专利权人的利益与公众利益，促进技术的创新和应用。第四，知识产权制度对创新的促进还具有效率性。专利制度将知识产权所能带来的潜在利益交给市场，权利人通过交换行为在市场上获取利益，这一机制有利于市场机制发挥作用，减少政府对市场的直接干预。

3. 资源配置作用

知识创新成果与一般产品不同，重复的创造活动不仅不会增加社会创新知识的总量，还会造成一定程度的社会资源浪费。一个人完成某一发明创造和十个人均各自独立完成同样的发明创造，对社会知识财富积累的贡献是等同的，但后一种情况无疑导致了社会资源的浪费。因此，在知识创新活动中，市场机制容易失灵，这就需要依靠知识产权制度发挥其对创新的资源配置作用。

首先，在知识的创造活动中，知识产权制度规定的权利人对权利的独占权会在一定程度上使重复的创造活动失去价值。与权利独占制度相配套的权利登记、技术公开等制度，实现了权利的固定化和创新信息的公开化，为避免创新资源的重复投入或无效投入提供了制度保障和信息来源保障。同时，由此得以公开的大量与创新有关的信息，为整个社会的创新活动提供了丰富的、可供利用的基础资源，为后续创新提供了便利。以专利制度为例，世界知识产权组织的统计表明，世界上90%的创新成果可以在专利文献中查到，利用这些公开的专利信息，可以节约60%以上的研发时间和40%以上的研发经费。

其次，知识产权制度的设立可以明确创新知识的权利类型和界限，制止未经权利人许可的共享行为，使创新知识私有化成为现实。创新知识之所以可以具有交换价值，成为私权的客体，成为当今市场中最为活跃的交易对象，主要是依赖于越来越健全的知识产权制度。

最后，知识产权制度中的交易登记制度，以及针对知识产权的转让和许可等其他更加具体的规范和制度，为创新知识在市场主体间的流动提供了可能性和制度保障，避免了创新知识一物多卖，致使受让方的实际权利受损的情况。同时，针对创新知识的特殊性所设计的关于知识产权的入股、质押、证券化等法律制度，为知识产权、创新资源的合理流动提供了广泛的空间和法律保障。

4. 平衡和规制作用

知识产权法禁止或不认可违反法律、损害公共利益的创新行为，对以不正当手段或侵权方式利用他人成果的行为进行制止，对符合社会利益和能够促进社会进步的重要创新行为予以重点激励，指引着创新的方向。此外，知识产权作为一种具有垄断性质的权利，存在被滥用而给社会公众利益造成损害的可能，因此，知识产权制度一方面要充分肯定和保护创新者的权利，另一方面还要对这种权利进行限制，以防止私权膨胀损害社会公益。权利人滥用独占权进行捆绑销售、掠夺性定价、规避竞争的技术联盟及滥用诉讼权等行为，已成为西方国家经济生活中新的突出问题。因此，只有在充分发挥知识产权制度激励创新作用的前提下，高度重视知识产权创造、利用过程中的行为规制，才能营造出一种健康有益的创新环境。

三、知识产权的申请

著作权在作品创作完成之日就依法自动产生了，而工业产权则是需要通过申请、经行政主管部门审查批准才产生的民事权利。人们自主创新的成果，一般体现为新的科学发现及拥有自主知识产权的技术、产品和品牌等。要加强知识产权管理，首先需重视专利的申请工作。专利权主要指发明专利、实用新型和外观设计，是与市场交易和企业创新活动关系最密切也最具有代表性的一类知识产权。专利获批需要三个条件：一是新颖性或首创性，它要求专利所包含的原理或设计必须是首次提出的，如果只是简单模仿或改进就不具备申请专利的资格。二是公开信息。专利所包含的原理必须以书面形式完整、清晰、简单明确地表述出来，可以根据原理以同样方法制造。专利公开带来了两个重要社会福利，一方面可减少重复研发，避免资源投入的浪费；另一方面方便专利的出售与技术推广。三是收费性，它要求专利持有人必须每年向专利管理部门支付必要的金额，其作用在于建立一个进入门槛，并使个人产权的获得受到限制，这样可以提高专利的经济性。

专利权的申请主要包括以下内容。

（一）做出是否申请的决策

发明创造产生之后，有申请专利、作为技术诀窍保密和公开成果三种处理形式。在做出专利申请决策之前，通常需考虑两方面的问题，一是发明创造是否属于专利保护的对象及范围；二是是否具备专利的实质性条件，即新颖性、创造性和实用性。如果决定申请专利，则要明确申请的目的。一般申请专利的目的有两种，一种是为了自己实施或通过有偿转让、共享等方式许可他人实施；另一种是出于策略上的考虑，通过抢先申请专利抑制或削弱竞争对手的优势，而自己则不想实施或暂不实施。

（二）选择专利申请类型

不同专利类型的审查标准、审查周期、专利费用及保护时限是不一样的。申请人需根据发明创造的价值和效益大小，选择好申请类型。发明专利需要经过形式审查和实质审查，审查周期较长，对创造性的要求较高，但保护期较长。如果发明创造涉及的是一种方法或是没有一定形状、构造的产品，只能申请发明专利，对于重大的或创造性程度很高的发明创造也应考虑申请发明专利。实用新型专利仅保护具有一定的形状、构造且是可移动的产品，其获得授权只需经过形式审查，审查周期短，花费少，对创造性的要求较低，但保护期较短。通常产品市场寿命在10年以内或产品创新性不强时可申请该类型。外观设计专利仅保护产品的外表式样，不涉及产品的制造技术、结构和用途，主要包括产品的形状、图案、色彩或者其结合所做出的富有美感并适用于工业上应用的新设计。外观设计专利获得授权只需经过形式审查。如果一项发明创造既可申请实用新型专利，又可申请外观设计专利，则以选择后者较为合适。因为两者的保护期限相同，但后者申请文件的准备更简单，审批速度往往更快，且费用比前者更低。

（三）确定专利申请内容

专利申请内容的选择需考虑以下问题：一是确定要对发明创造的全部内容进行申请还是部分申请。如某些工艺参数、微量成分等技术特征在侵权诉讼中是不易确认的，就应考虑采用技术保密的方式保护，而不宜采用专利保护。二是确定仅对基本技术进行申请还是将基本技术和与之配套的外围技术一起申请。三是对于属于一个总的发明构思的两项以上的发明或者实用新型，要确定是否进行合案作为一件申请提出。如果在合案申请时，审查员认为申请不具备单一性，则申请人就需作分案申请。四是需要对近期不准备实施，甚至将来是否实施也不明朗的技术，即储备性技术是否申请专利及申请什么内容做出恰当的决策。

（四）选择恰当的专利申请时间

申请专利时，选择好申请时间十分关键。选择得当，就能适时得到专利保护；选择不当，就有可能失去获得专利保护的机会，不仅白白浪费精力和申请费用，还会向公众公开自己的技术，给申请人带来损失。申请时间的选择有下面几种策略。一是及时申请，以防止竞争对手捷足先登。二是提前申请。按照我国专利法的规定，一项发明创造只要具备专利的“三性”就可以申请专利，并不要求技术必须完全成熟才能申请。但是若在一项发明创造尚不成熟时过早地申请专利，往往会造成申请文件准备不充分，影响专利申请的成功。因此，提出专利申请的时间，既要保证技术上有相当的可靠性，又要保证能抢在他人之前，这就是申请专利的最佳时间。三是延迟申请，即一项发明创造完成后并不及时申请专利而推迟到某一时间再行申请，以争取比较长的实施保护期。通常当发明创造本身存在局限、有待进一步开发或配套技术不具备、市场前景不明朗的时候，可考虑延迟申请。

拓展阅读

大众创业万众创新，大学生如何发力

在一次“创新创业大家谈”分论坛上，参与者围绕着加强创新创业教育，推动大众创业、万众创新，进行了深入对话。某文化创意有限公司总经理小罗结合自身经历，对大学生创新创业提出几点建议。

第一，大胆地去做。现在新兴的产业包括“互联网＋”、物联网、云计算、移动互联网等都给社会创造了非常多的需求。只要有想法，就是有机会的。政府为创业者提供了各种扶持政策，如今的社会环境也很宽容，即使创业失败也不要灰心丧气。

第二，做好失败的心理准备。准备创业的大学生要有足够的心理准备，不能认为只要去做就一定会成功。但一次的不成功会为下一次的成功积累更多的经验，关键在于坚持。

第三，要对自己有清醒的认识。创业不一定要做负责人，如果在平台里拥有股权和期权，同样可以实现梦想；组建团队共同创业，成功的把握会更大。还有一个提醒，要对自己有清醒的认识，在没有积累的情况下不要急于创业，等机会成熟再去做。

案例分析

互联网＋农业，带领家乡走向现代化

张浩，一名来自农业大省的大学生，专业背景是计算机科学与技术。在大学期间，他接触到了 SYB(Start Your Business，创办你的企业)创业培训课程，这门课程为他打开了一扇全新的创业之门。

毕业后，张浩并没有选择留在繁华的都市，而是决定回到自己的家乡——一个位于农村地区的小镇。他发现，尽管家乡的自然资源丰富，但由于信息闭塞和缺乏现代化的农业技术，很多农产品的销售仍停留在传统模式，村民的收入并不高。

受到 SYB 课程的启发，张浩决定利用自己所学到的计算机技术和互联网知识，为家乡带来一场“农业革命”。他注册了一家名为“农网互联”的公司，致力于将家乡的农产品通过电商平台推向全国。

张浩首先建立了一个农产品电商平台，在线上销售家乡的特产。他利用自己的技术背景，不断优化平台的用户体验和交易流程，吸引了更多的消费者。同时，他还积极与当地的农户合作，指导他们如何提高农产品的质量和产量，以满足市场的需求。

除了电商平台，张浩还引入了现代化的农业技术和管理理念，帮助村民们提高农业生产的效率。他定期组织培训课程，教授村民们电子商务的基本知识和技能，让他们也能参与到线上销售中来，共享互联网的便利。

经过几年的努力，“农网互联”逐渐成了当地知名的农产品电商平台，吸引了大量的外地买家。家乡的农产品走出了大山，走上了千家万户的餐桌。村民们的收入大幅提高，生活水平也得到了显著改善。

张浩成了当地创业青年的典范。他深知自己的成功离不开 SYB 创业培训课程的启蒙和支持。因此，他也积极参与当地的创业培训工作，希望能够帮助更多的年轻人点燃创业的梦想，为家乡的发展注入更多的活力。

第六章　创业机会和创业风险

【学习目标】

1. 知识层面：了解创业机会的含义和特征，知晓创业风险的含义及防范途径。

2. 态度层面：树立创业过程中的机会和风险意识，主动学习有助于识别创业机会的行为方式。

3. 能力层面：认识有商业潜力和适合自己的创业机会。增强对机会风险的理性认识，提高自己的风险防范能力。

4. 思政层面：培养创业精神和创业意识，认识到创业对于个人和社会发展的重要性，在学习和工作中积极探索、勇于创新，为自己的职业发展和社会进步做出贡献。树立正确的创业观，注重创业的道德和社会价值，不盲目、轻率地开始创业。

案例导入

小杨是一名会计学专业的学生。大学学习期间，他从家里借了 5 万元，和两个朋友合资 10 万元创办了会计服务有限公司，其创业生涯也正式拉开了序幕。

谈及创办会计服务公司的原因，小杨兴奋地说："首先，是自己内心的一股劲头，是一种不服输的斗志和怀揣梦想的信念；其次，是想利用自己所学的专业知识，发挥自己的专长。"

其实，摆在小杨面前的现实是非常残酷的。由于缺乏创业所必需的知识和经验，创业时准备得不是很充分，加上不太懂企业经营的规则，刚开业的公司举步维艰，第一个月没有任何收入。

“在创业过程中遇到的最大困难就是自己太年轻了，给客户的印象是工作经验不足，能力低。”小杨说，“尽管当时理论学得比较扎实，但业务能力明显不足，这是创业过程中的一大难题。”

但是，他并没有因公司的惨淡状况丢掉斗志，而是用实际行动去针对性地解决公司面临的问题：客户不信任，他就用更加专业而周到的服务去打动他们，或者让公司里社会经验丰富的员工出面与客户沟通；公司规模小，激励机制匮乏，员工流动频繁，就先去全面熟悉公司所有部门的业务，哪里缺人就补在哪里，并通过机制建设让新人能够很快熟悉业务，同时用自己的执着，尽最大努力向来到其身边的每个人传递“通过不断拼搏而获取成功”的信念；工作经验不足，就想方设法从各个方面努力，去拜访同行，去请教专家。经过半年多的努力，小杨的会计公司的情况得到了明显改善，员工增加了4个人，客户群也增加到60家。

随着业务量的扩大，为了公司更好更快发展，小杨休学1年，全身心投入公司的经营。他在开展业务的同时，研究行政管理、服务细则、绩效考核、员工激励等方方面面，使公司快速步入了正常的运营轨道。不久，他又以独到的眼光，投资了一个有关污水废弃处理技术的研发项目，适时创立了一个科技有限公司。至此，可以说他的创业路上增添了新的闪光点。

第一节　创业机会识别

一、影响创业机会识别的因素

理论界与实践界都一直试图回答：是什么因素导致一些人更善于识别出有价值的创业机会，这些创业者有什么独特之处？下面是取得共识的四类主要因素。

1. 先前经验

特定产业中的先前经验有助于创业者识别商业机会，这被称为“走廊原理”。它是指创业者一旦创建企业，他就开始了一段旅程，在这段旅程中，通向创业机会的“走廊”将变得清晰可见。这个原理提供的见解是，某个人一旦投身于某产业创业，这个人将比那些从产业外观察的人更容易看到产业内的新机会。有调查发现，多数创业机会其实是在复制或修改以前的想法或创意，而不是全新创业机会的发现。

2. 专业知识

有些人认为，创业者有“第六感”（超感官知觉），使他们能看到别人错过的机会。实际上就是在某个领域拥有更多专业知识的人，会比其他人对该领域内的机会更具警觉性与敏感性。例如，一名计算机工程师就比一名律师对计算机产业内的机会和需求更为警觉与敏感。

3. 社会关系网络

研究结果发现，社会关系网络是个体创业机会的主要来源。社会关系网络能带来承载创业机会的有价值的信息，个人社会关系网络的深度和广度影响着机会的识别，这已是不争的事实。通常情况下，建立了丰富社会关系网络的人会更容易得到机会。

4. 创造性思维

创造性思维是产生新奇或有用创意的过程。从某种程度上讲，机会的识别是一个创造的过程，是不断反复的创造性思维过程。在许多产品、服务和业务的形成过程中，甚至在许多有趣的商业传奇故事中，我们都能看到创造性思维的影子。

尽管上述因素并非创业成功的必然因素，但具备了这些因素的创业者，往往较其他创业者具有更多的优势，也更容易获得成功。因此，我们应在日常生活中有意识地加强实践，培养和提高发现创业机会的能力。一是要养成良好的市场调研习惯。发现创业机会最根本的一点是深入市场进行调研，要了解市场的供求状况和变化趋势、顾客的需求是否得到满足、竞争对手的优势与不足等。二是要多看、多听、多想。我们常说见多识广，识多路广。单凭个人的知识、经验、思维及对市场的了解，不可能做到面面俱到，多看、多听、多想能使我们广泛获取信息，及时从别人的知识、经验想法中汲取有益的东西，从而增加发现机会的可能性和概率。三是培养独特的思维。机会往往是被少数人抓住的，我们要克服从众心理和传统习惯思维的束缚，敢于相信自己，有独立的见解，不人云亦云。在创业的道路上，有时需要的恰恰是发现一般人没有看到的机会，或者说做一般人不屑于去做的事，把平凡的事做到不平凡。

二、创业机会的识别方法

（一）新眼光调查法

1. 注重二级调查

阅读他人发表的作品，利用互联网搜索数据、寻找并浏览包含自己所需信息的文章等都是二级调查的形式。

2. 开展初级调查

通过与顾客、供应商、销售商交谈和采访他们，直接与这个世界互动，了解正在发生什么及将要发生什么。

3. 记录和审视想法

有效的记录对于激发创新至关重要。具体而言，第一，应建立一个系统化的想法记录习惯，无论是使用传统的笔记本还是数字工具如智能手机应用、云笔记服务等，都应确保能够随时记录灵感。第二，记录时要注重想法的多样性和实用性，包括但不限于市场洞察、技术趋势、运营改进、竞争分析、创意发散等方面。第三，要定期回顾和评估这些想法，这样才有助于从中发现创新的线索和机会。例如，瑞士某音像、书籍公司的创始人通过记录和回顾自己的想法，最终筛选并实施了有价值的商业计划，成功开办了自己的公司。这表明，系统地记录和审视想法是创新的重要推动力和创业成功的重要步骤。

（二）通过问题分析和顾客建议发现机会法

1. 问题分析

创业者从一开始就要找出个人或组织的需求和他们面临的问题，这些需求和问题可能很明确，也可能很含蓄。一个有效并有回报的解决方法对创业者来说是识别机会的基础。对问题的分析需要全面了解顾客的需求，以及可能用来满足这些需求的手段。

2. 从顾客那里征求想法

一个新的机会也可能由顾客识别出来，因为他们知道自己究竟需要什么，这样，顾客就会为创业者提供机会。顾客的建议多种多样，就最简单的而言，他们会提出一些诸如“如果那样的话不是会很棒吗”这样的非正式建议，在实践中多留意这些建议，就可能有助于发现创业机会。

（三）通过创造获得机会法

这种方法在新技术行业中最为常见，它可能始于拟满足的市场需求，进而积极探索相应的新技术和新知识；也可能始于一项新技术发明，进而积极探索新技术的商业价值。通过创造获得机会比其他任何方式的难度都大，风险也更高。同时，如果能够成功，其回报也更大。这种情况下产生的创新，在人类所有产生重大影响的创新中居于重要地位。

第二节　创业风险及误区

一、创业风险识别

（一）创业风险的来源

创业环境的不确定性，创业机会与创业企业的复杂性，创业者、创业团队与创业投资者能力与实力的有限性，是创业风险的根本来源。研究结果表明，由于创业的过程往往是将某一构想或技术转化为具体的产品或服务的过程，在这一过程中，存在着几个基本的、相互联系的缺口，它们是上述不确定性、复杂性和有限性的主要来源，也就是说，创业风险在给定的宏观条件下，往往直接源于这些缺口。

1. 融资缺口

融资缺口存在于学术支持和商业支持之间，是研究基金和投资基金之间存在的断层。其中，研究基金通常来自个人、政府机构或公司研究机构，它既支持概念的创建，又支持概念可行性的最初证实。投资基金则将概念转化为有市场的产品原型（这种产品原型有令人满意的性能，对其生产成本有足够的了解并且能够识别其是否有足够的市场)。创业者可以证明其构想的可行性，但往往没有足够的资金实现构想的商品化，从而会给创业带来一定的风险。通常只有极少数基金愿意鼓励创业者跨越这个缺口，如个人专门进行早期项目的风险投资及政府资助计划等。

2. 研究缺口

研究缺口主要存在于仅凭个人兴趣所做的研究判断和基于市场潜力的商业判断之间。当一个创业者最初证明一个特定的科学突破或技术突破可能成为商业产品基础时，他仅仅停留在自己满意的论证程度上。然而，一旦这种程度的论证后来不可行了，在将预想的产品真正转化为商业化产品(大量生产的产品)的过程中，即具备有效的性能、低廉的成本和高质量的产品能从市场竞争中生存下来的过程中，就会需要大量复杂而且可能耗资巨大的研究工作(有时需要几年时间)，从而形成创业风险。

3. 信息和信任缺口

信息和信任缺口存在于技术专家和管理者(投资者)之间。也就是说，在创业中，存在两种不同类型的人：一是技术专家，二是管理者(投资者)。这两种人接受不同的教育，对创业有不同的预期、信息来源和表达方式。技术专家知道哪些内容在科学上是有趣的，哪些内容在技术层面是可行的，哪些内容根本就是无法实现的。在失败类案例中，技术专家要承担的风险一般表现为在学术上、声誉上受到影响，以及没有金钱上的回报。管理者(投资者)通常比较了解将新产品引进市场的程序，但当涉及具体项目的技术部分时，他们不得不相信技术专家。如果技术专家和管理者(投资者)不能充分信任对方，或者不能够进行有效的交流，那么这一缺口将会变得更大，带来更大的风险。

4. 资源缺口

资源与创业者之间的关系就如同颜料、画笔与艺术家之间的关系。没有颜料和画笔，艺术家即使有了构思也不能实现。创业也是如此。没有所需的资源，创业者将一筹莫展，创业也就无从谈起。在大多数情况下，创业者不一定也不可能拥有所需的全部资源，这就形成了资源缺口。如果创业者没有能力弥补相应的资源缺口，要么创业无法起步，要么在创业中受制于人。

5. 管理缺口

管理缺口是指创业者并不一定是出色的企业家，不一定具备出色的管理才能。创业活动主要有两种管理缺口：一是创业者利用某一新技术进行创业，他可能是技术方面的专业人才，却不一定具备专业的管理才能；二是创业者往往有某种“奇思妙想”即新的商业点子，但在战略规划上不具备出色的才能，或不擅长管理具体的事务。

(二)创业风险的构成

创业风险主要包括风险因素、风险事件和风险损失三个方面。

1. 风险因素

风险因素主要包含有形风险因素和无形风险因素两大类。有形风险因素也称实质风险因素，是指某一目标本身所具有的足以引起风险事故、增加损失机会或加重损失程度的因素，如创业各要素存在的风险因素。无形风险因素是不确定的风险因素。无形风险因素是与人的心理或行为有关的风险因素，通常包括道德风险因素和心理风险因素，如人的道德水平、心理状况等。

2. 风险事件

风险事件也称风险事故，是指酿成事故和造成损失的直接原因和条件。风险一般只是一种潜在的危险，而风险事件的发生会使潜在的危险转化成为现实的损失。从这个意义上来说，风险事件是损失的媒介。创业中的风险事件是指导致创业风险损失的可能性变成现实的事件，如政策调整带来的损失等。

3. 风险损失

风险损失指非故意的、非预期的和非计划的经济价值的减少和灭失，包括直接损失和间接损失。创业风险损失一般表现为由于风险事件的出现给创业者或创业企业带来的能够用货币计量的经济损失。

（三）创业风险的分类

1. 按照风险的来源分类

按照来源，创业风险可以分为主观风险和客观风险。主观创业风险是指在创业阶段，由于创业者的身体与心理素质等主观方面的因素导致创业失败的可能性。客观创业风险是指在创业阶段，由于客观因素导致创业失败的可能性，如市场变化、政策变化、竞争对手发展等。

2. 按照风险影响的范围分类

按照影响的范围，创业风险可以分为系统风险和非系统风险。系统风险又称市场风险，也称不可分散风险，是指由于多种因素的影响和变化，导致投资者风险增大，从而给投资者带来损失的可能性。系统风险的诱因多存在于企业等经济实体外部，企业等经济实体作为市场参与者，能够发挥一定作用，但系统风险的诱因往往来自多种因素的影响，企业本身又无法完全控制它们，其带来的波动一般都比较大，有时也表现出一定的周期性。非系统风险又称非市场风险或可分散风险，它是创业者或创业企业本身的商业活动和财务活动引发的风险。

3. 按照风险的可控程度分类

按照可控程度，创业风险可以分为可控风险和不可控风险。可控风险是指在一定程度上可以控制或部分控制的风险，如财务风险、团队风险等。不可控风险的产生与形成则不能由风险承担者所控制，如宏观经济政策的变化、政治形势的变化等。

4. 按照创业过程分类

按照创业过程，创业风险可以分为机会识别与评估风险、团队风险、确定并获取创业资源的风险、创业产品开发风险和创业企业管理风险。机会识别与评估风险是指创业者在项目选择过程中，由于信息掌握不够全面、能力不足、问题解决不当等主客观因素，面临的创业方向选择和决策失误的可能。团队风险是在团队组建过程中，由于团队成员选择不当或者缺少合适的团队成员带来的。确定并获取创业资源的风险是指由于存在资源缺口或无法获得所需要的资源对创业活动带来较高的风险。创业产品开发风险一般存在于开发新产品的创业，其在产品开发过程中可能存在技术转化不好、开发周期过长等风险。创业企业管理风险是指在管理方式、企业文化的选取与创建以及建立企业组织、管理制度、营销方案等方面存在的风险。

5. 按照风险内容的表现形式分类

按照内容的表现形式，创业风险可以分为机会选择风险、环境风险、人力资源风险、技术风险、市场风险、管理风险和财务风险。机会选择风险源于创业者因选择创业而放弃原来的其他机会，比如在原有职业上所丧失的潜在的升迁或发展的机会。环境风险是指创业活动所处的社会、政治、经济、法律环境等变化，或由于自然灾害导致创业者蒙受损失。人力资源风险是指由于人的因素，对创业活动的开展产生不良影响或使创业活动偏离经营目标的潜在可能性。技术风险是指由于技术成败、技术前景、技术寿命的不确定性等带来的技术转化或技术使用过程中的风险。市场风险是指由于市场情况的不确定性造成创业者或者创业企业损失的可能性，包括产品市场风险和资本市场风险。管理风险是指管理运作过程中，因信息不对称、管理不善、判断失误等影响管理的水平，从而产生的风险。财务风险是指创业者或创业企业在财务支配活动中造成失误而产生的风险。

二、大学生创业的常见问题

（一）盲目选择项目

大学生选择的创业项目多集中在高科技和智力服务领域，如软件开发、网络服务、网页制作、家教中介、设计工作室等。此外，快餐、零售等连锁加盟店也颇受大学生创业者的青睐。但大学生可能并不了解市场，如果缺乏前期的市场调研论证，只凭自己的兴趣和想象决定投资方向，甚至一时心血来潮就决定干哪一行，就容易造成创业失败。

因此，大学生创业者在创业初期一定要做好市场调研，也可委托专业机构进行可行性研究，在了解市场的基础上创业。一般来说，大学生创业者资金实力较弱，选择启动资金不多、人手配备要求不高的项目，从小本经营做起比较适宜。

（二）缺乏创业技能

一些大学生创业者既不了解创业的相关政策法规，也没有在相关企业的实习实践经历，却对创业的期望值非常高。当创业计划转变为实际操作时，才发现自己根本不具备解决问题的能力，这样的创业无异于纸上谈兵。

市场瞬息万变，时刻都有风险，防范风险只能靠自己增加本领。一方面，可以去企业实习，积累相关的管理和营销经验；另一方面，应积极参加创业培训，积累创业知识，接受专业指导，这样才能提高创业的成功率。

（三）融资渠道单一

资金难筹几乎是每一个大学生创业者都会遇到的难题。例如，银行贷款申请难、手续复杂、需要担保等。如果没有更广阔的融资渠道，创业计划便只能是一纸空谈。针对这类问题，可以广开渠道，除了银行贷款、自筹资金等传统方式外，还可以充分利用风险投资，如一些正规的投资平台、创业基金等融资渠道。

三、创业中的常见风险及其防范

本书选取系统风险和非系统风险、现金风险和产品风险作为例证，简要介绍创业中的常见风险及其防范。

（一）系统风险与防范方法

系统风险是由于某种全局性的共同因素引起的，创业者或初创企业本身控制不了或者无法控制其影响的风险。由环境、市场引起的风险一般是系统风险，相对较难有效消除。对于系统风险，创业者或初创企业应尽量做好防范，一般有如下三个方面的做法。

首先，深入分析创业者或初创企业所处的环境。当下，国家对大学生创业十分支持，创业者要深入了解创业的税费减免、小额贷款担保、无息贷款、政府贴息贷款，以及科技型创业在场地、项目、资金、技术、培训等方面的资讯，以便自己的创业项目更好地得到政策的帮助。另外，要深入分析创业的宏观环境、行业环境、地区环境等，对创业过程中可能遇到的系统性风险进行预判。

其次，准确预测能够预测的风险。创业中的很多风险是不可预测的，有一些风险却是可以预测的。创业者要尽可能利用自己掌握和能够调动的资源，采用科学的方法，对那些能够预测的风险进行深入分析，通过企业内部成员的探讨和外部专家的预测来判断未来的变化，准确判断其对企业未来可能产生的影响。

最后，采取有效措施，合理应对。由于系统风险的不可分散性，创业者只能依据以上两个步骤分析并制订合理的应对措施。当创业者经过以上两个步骤做出了判断之后，要给出妥善的应对办法。预判的风险是尚未发生的风险，不能心存侥幸，以免风险发生后追悔莫及。

（二）非系统风险与防范方法

非系统性风险是由创业者或者初创企业自身引起的，它只对创业者或者初创企业产生影响。

1. 机会选择风险防范

在创业之初，创业者由于缺乏创业能力与实践经验，在选择创业项目过程中可能出现随意性。例如，项目从来源看包括朋友介绍的，偶然碰到的，靠灵感产生的，看到别人正在做的，听了一场报告知道的，看到报纸上介绍的，等等。在进行项目选择的过程中也可能存在随意性，因为偶然发现的项目，能够做起来也很可能出于偶然。解决的办法是：把选择项目设定为创业必需的程序之一，在实践中进行创业项目的选择，验证市场和产品两个核心要素，确定了市场存在和产品优质再行动，不能依靠创业者的主观评价。

2. 技术风险防范

技术创新能够带来丰厚的回报，但是把技术转化为产品的过程中也存在着巨大的风险。因此，在实施具有一定技术含量的创业项目时，要注意防范技术风险。首先，应加强对技术创新方案的可行性论证，减少技术开发和技术选择的盲目性，确保技术聚焦而不能过于分散。其次，要通过组建技术联合体或建立创新联盟等方式来分散技术创新的风险。最后，要不断激发技术开发人员工作的积极性和创造性，高度重视知识产权。

3. 管理风险防范

管理风险具体体现在构成管理体系的每个细节上，可以分为四个部分：管理者素质、组织结构、企业文化、管理过程。防范管理风险的方法如下。

(1)在管理者素质方面。首先，领导者要加强自身的品德修养，从而增强企业凝聚力，同时着力弥补其他方面的不足，如资源、市场经验等，提升管理的效率和效果。其次，要扩展知识，对技术创新涉及的知识方法等有一定的理解，加强与技术创新人员的沟通，使创新活动的组织更为科学。最后，要全面提升管理层人员的素质和能力，管理人员尤其要注重协作沟通能力的提高，刻意培养自身管理创新意识和创新能力。

(2)在组织结构方面。创业型企业应在组织效率和灵活性上充分发挥自身的先天优势，积极利用多种渠道与社会组织加强内外信息沟通和交流，注重知识经验的有效识别和积累，加强企业知识管理，建立知识储备库，提高企业开放程度，利用各种社会力量，与高校、科研院所建立密切关系，增强组织对创新方向的把握。

(3)在企业文化方面。要致力于良好的企业文化的建设，包括凝聚力、向心力的形成和培养，尤其是创新精神和团队精神的塑造，真正把创新作为企业生存和发展的根本所在，形成朝气蓬勃、齐心向上的企业精神和企业文化，为一切创新活动创造良好的环境。

(4)在管理过程方面。应遵循技术创新管理的科学性，减少管理人员的随意性。首先，要设立正确的创新目标，最大限度地利用现有条件制订科学合理的计划，其中包括对风险的预测及建立相应的防范规避机制。其次，组织的过程管理要以计划为依据，充分挖掘企业的各种资源，并注意组织结构的适时调整，使现有资源的效用发挥到最大。领导过程要以现有目标为前提，加强对参与创新人员的适当激励，保持创新团队的士气。最后，在控制环节中，除了关注信息的准确及时、控制关键环节、注意例外处理等方面，还应突出关注控制的经济效益、关注所采取的行动的效果和效率。

4. 财务风险的防范

财务风险是指公司财务结构不合理、融资不当使公司可能丧失偿债能力而导致投资者预期收益下降的风险。财务风险是企业在财务管理过程中必须面对的一个现实问题，是客观存在的，企业管理者一般只能采取有效措施来降低财务风险，难以将其完全消除。要防范财务风险，建立和完善财务预警系统尤为必要。

(1)建立短期财务预警系统，编制现金流量预算。由于企业理财的对象是现金及其流动，短期内企业能否维持下去并不完全取决于是否盈利，而取决于是否有足够现金用于各种支出。

(2)确立财务分析指标体系，建立长期财务预警系统。经济效率的高低直接体现企业的经营管理水平，对企业而言，在建立短期财务预警系统的同时，还要建立长期财务预警系统。其中获利能力、偿债能力、运营效率、发展潜力等最具代表性。反映获利能力的有总资产报酬率、成本费用利润率等指标，反映偿债能力的有流动比率和资产负债率等指标，反映运营效率的有应收账款周转率及产销平衡率等指标，反映发展潜力的有销售增长率和资本保值增值率。

(3)树立风险意识，健全内控程序，降低负债的潜在风险。如订立担保合同前严格审查被担保企业的资信状况，订立担保合同时适当运用反担保和保证责任的免责条款，订立担保合同后跟踪审查被担保企业的偿债能力等，都有助于减少直接风险损失。

(三)现金风险与防范方法

无论是创业型企业还是大企业，现金流断裂都是其失败的一个重要原因。在创业过程中，导致现金流断裂的因素包括如下三种情况，针对不同的情况应该采取不同的应对办法。

1. 创业管理失控及其防范

在创业过程中，创业项目对创业者能力的需求与创业者能力生成相对滞后的矛盾长期存在。伴随着创业项目的发展，创业者对创业项目的控制能力与管理手段可能存在跟不上的事实。在创业过程中，创业者也容易出现讲排场、大肆铺张浪费、销售实际与销售预期差距偏大、资源消耗过多等情况。

创建企业的第一目标是让企业活下来，企业活下来的呈现形式是企业的现金支出能够补偿企业的耗费。在创业过程中，企业拥有的现金量是一定的，因此要想方设法减少创业过程中现金的使用。主要有两个方面措施。

(1)减少固定资本的投入。创业者要千方百计减少投入，减轻收入补偿的负荷。第一，充分利用社会分工细密的条件，采用委托、代理、合作等资源整合的方式，尽一切可能减少固定成本的投入。第二，用销售收入补偿耗费做投入的标尺，在投入数量、种类和时间三个方面，以能够让企业活下来为限度，只要与企业生存不直接相关的投入则不投、少投、缓投。

(2)有计划地使用资金。首先，制定费用合理的标准，要以企业生存为尺度，对企业生存有必要的费用为合理，否则是不合理的。其次，管控创业项目实施的阶段，按照项目发展阶段，规定每个阶段的计划费用额度。最后，千方百计控制运营费用，采取一个人、一支笔、一本账的管理方式，按计划严格控制资金的使用。

案　例

小小装修队，依靠网络年赚百万

有一支装修队，它虽然没有实体店，但依靠网络论坛宣传积累口碑，实现一年的营业额1000多万元，净利润150多万元。

小海是装修队的老板，他有自己的公司，但是没有实体的办公地点，客服人员全部在家中办公，一切沟通都通过电话、网络实现，既节省了房租及各种日常办公支出，也方便了工作。另外，小海与客户的所有订单几乎都是在快餐店里签下的。

小海在创业过程中采取的网络推广方法与技巧如下。

首先，他在国内一些著名的装修论坛上发表文章，当有客户问问题时，他就耐心解答。慢慢地，他在论坛上有了一定的名气。

其次，他在装修论坛上反思业内问题，抓住了顾客的需求点，反响很大，颇受论坛里的网友支持。

最后，鼓励顾客在论坛上发布装修经历。做装修非常看重顾客的口碑，只要有了好的口碑，生意自然就会找上门来，而小海只是鼓励顾客将经历写完发到网上，如果有顾客发牢骚，他也会针对问题进行回应，这样更真实。毕竟人孰能无过，更重要的是让更多潜在顾客知道小海是真的在做事。如此一来，业主若对小海装修满意，便会在朋友圈里宣传，慢慢地顾客人气就聚起来了。

小海表示，口碑是一个积累的过程，并不会在短时间内爆发，自己的积累大约用了两年多的时间。如果快速爆发，结果反而很难预料。

2. 销售管理失控及其防范

在创业过程中，当销售收入不断持续地增加时，创业者容易产生急切的心理，耗费大量资金去尝试多种业务推广方式，这样可能产生大量应收货款，导致现金流断裂。

在创业过程中，影响企业生存的是现金，不是资金。在这一过程中，要准确理解现金与资金、销售额与销售回款。一是留意现金与销售额和利润脱离。产品卖出去了，会计则依据开具的销售凭证记账，销售额和其中的利润就反映出来了。可资金是否全额地及时到账则是另一笔账目，这中间的差额所体现的是现金与销售额、现金与利润的不对等，它经常会掩盖真实的现金流量。二是减少由“应收”产生的“差额”。财务明细中的“应收”，反映的是资金往来关系，体现的是企业短期债权，记在资金平衡表中的资金来源一方。但它掩盖了资金平衡的真实，应收不等于实收，甚至不等于能收，不是资金的真实存在。

3. 时间点把握不准及其防范

在一些有一定技术含量或技术含量较高的创业项目开发过程中，有一些创业者习惯以产品制造出来推向市场的时间点为准，来计划资金的安排与使用。在他们心目中，只要产品制造出来，销售收入就很容易产生，但他们忽略了产品制造出来与销售收入一般不同步，更难用销售收入补偿项目耗费的事实。此时如果没有后续资金补充，创业就可能失败。

在创业过程中，现金的储备要以产品制造出来，并且将产品投放到市场，销售收入有计划地回流的时间为标准来准备。

案　例

从失败到成功的创业之路

2019 年下半年，即将大学毕业的小叶在一家锂电池厂做销售，电池行业的发展让处在其中的小叶尝到了甜头，赚取了第一桶金。彼时年仅 21 岁的小叶发现，他所在公司的货根本不愁卖。

2020 年年初，小叶就坐不住了，他回到老家找了三个合伙人，成立了一家电池材料科技有限公司。因为锂电池的技术门槛相对较高，自己当时没有团队和资金，他选择了生产锂电池的主要原料电解液。

回到家乡后他发现，家乡已经有了 4 家电芯厂，还没有电解液厂，他的一个合伙人具备电解液的生产和检测能力。在小叶看来，机会在向他招手。在家人的支持下，小叶满怀信心地开始了创业之旅。

经过了 6 个月的努力，小叶工厂的产品出来了。本以为之前谈的一些厂家可以测试和使用，但小叶没想到，送出去的样品如石沉大海，来过工厂的客户认为他们的企业规模小，产品不可靠。产品卖不出去，公司每天还有固定的开销，小叶的压力越来越大。从开始施工建设，资金的投入远远超过了他的预算，家里的住房都被拿去做了抵押贷款。更让小叶崩溃的是，公司内部产生了分歧，一边是客户的不认可，另一边是内部矛盾的一步步激化，小叶还背负着大量债务。那时的他几乎要顶不住压力了，这样的状态大概持续了三个月的时间，公司实在没法再发工资，请过来的技术人员离开后，小叶的创业走到了失败的边缘。

为了逃避创业失败的打击，小叶选择了离开，他回到了原来工作的城市。当时电池行业仍在发酵，于是他找到了做销售时结识的一位电池界的专家，希望专家可以帮他介绍一份工作。专家把他介绍到一家正在建设的电芯厂。

那天，小叶签下了最重要的合作伙伴，重启了创业计划。小叶的新合作伙伴因为产能受限，有建立分厂的计划，他们认为小叶在老家的工厂非常适合成为他们的分厂。从此小叶的公司进入了一个迅速发展的阶段。2021年全年销售10吨电解液，走出了创业成功实质性的第一步。

很多创业者把资金的来源寄希望于外部投资机构，把希望寄托于别人，导致创业存在很大的风险。创业者要清醒地认识到：单纯的找钱比赚钱难得多。职业金融机构向优秀的企业投入股权资本的行为，直接目标是赚钱。创业项目是能够让资金增值的载体，这个项目必须有自己的前期投入，有运作过程，并且在这个过程中能够显示项目的核心优势，证明这个优势的标准是项目的市场目标、销售额和利润。一个项目做到这个程度，往往已经是一个企业了。创业者决定项目，项目决定资金，主要是说项目规模、特点和启动方式决定资金数量和进入时间，创业者的能力和项目特点共同决定投入资金的时间、方式和数量。只有项目优势显现的时候，资金才需要项目这个能使自己得以保存和增加的载体。总而言之，创业者要先赚钱，在赚钱中不断增强自己的实力。

（四）产品开发风险与防范方法

一旦开始创业活动，由于创业者要使用相当长时间思考并开发创业产品，会不可避免地产生一种非理性的思维定式，主要表现在心理偏好和偏执心态两个方面。先是心理偏好的产生。创业者看好了一个项目，对利益的追求一旦落实到具体目标上，追求目标的过程就会强化实现目标的愿望，日益强化的愿望通过持续的“注意”而产生心理偏好。心理偏好一旦产生，就会转化为对目标本身和其相关假定的信任。这种被不断加强了的信任是无限执着的偏执心态，表现在对待项目上的“义无反顾”，在许多人看来不可行的事，当事人却信心十足，直到撞了南墙才如梦初醒。

在产品开发过程中，要时刻铭记，创业者是产品功能开发的设计者，消费者才是产品功能的确证者，创业者开发的产品，必须经过消费者使用才能确定品质。创业者制造产品先于消费者评价产品是一个事实，只有在承认事实的基础上，小规模、探索性地对创业项目进行尝试，认识、理解、通透和把握创业项目中诸多要素之间的关系，才能做出符合市场需求的产品。

第三节　“互联网＋”的创业思维与模式

一、什么是“互联网＋”

（一）“互联网＋”的含义

“互联网＋”是创新2.0下的互联网发展的新业态，是知识社会创新2.0推动下的互联网形态演进及其催生的经济社会发展新形态。“互联网＋”是互联网思维的进一步实践成果，它推动经济形态不断地发生演变，从而带动社会经济实体的生命力，为改革、创新、发展提供广阔的网络平台。

通俗地讲，“互联网＋”就是“互联网＋各个传统行业”，但这并不是简单的两者相加，而是利用信息通信技术及互联网平台，让互联网与传统行业进行深度融合，创造新的发展生态。它代表了一种新的社会形态，即充分发挥互联网在社会资源配置中的优化和集成作用，将互联网的创新成果深度融合于经济、社会各领域，提升全社会的创新力和生产力，形成更广泛的以互联网为基础设施和实现工具的经济发展新形态。

（二）“互联网＋”的本质

根据第52次《中国互联网络发展状况统计报告》，截至2023年6月，中国已经有了10.79亿网民。通信网络的进步，互联网、智能手机、智能芯片在企业、人群和物体中的广泛使用与安装，为“互联网＋”奠定了坚实的基础。

互联网作为一种通用的技术，和电力技术、蒸汽机技术一样，对人类经济产生了深远的影响。“互联网＋”的本质是传统产业经过互联网改造后的在线化、数据化。网络零售、在线批发、工业4.0、跨境电商等所做的工作分享，都是努力实现交易的在线化。数据只有流动起来，其价值才能最大限度地发挥出来。只有商品、人和交易行为迁移到互联网上，才能实现“在线化”，只有“在线”才能形成“活的”数据，随时被调用和挖掘。

（三）“互联网＋”的物质基础

“互联网＋”的实践风起云涌，极大地改变了经济、社会的面貌，其不竭动力来自三个方面：一是新信息基础设施的形成，二是对数据资源的松绑，三是基于前两方面而引发的分工形态变革。

“互联网＋”仰赖的新信息基础设施可概括为“云、网、端”三部分。

“云”是指云计算、大数据基础设施。生产率的进一步提升、商业模式的创新都有赖于对数据的利用能力，而云计算、大数据基础设施为用户便捷、低成本地使用计算机资源打开了方便之门。

“网”不仅包括原有的互联网，而且拓展到了物联网领域，使网络承载能力不断提高，新增价值持续得到挖掘。

“端”则是用户直接接触的个人电脑、移动设备、可穿戴设备、传感器，乃至以软件形式存在的应用。“端”是数据的来源，也是服务提供的界面。

（四）“互联网＋”时代创业的特征

1. 创业变得更加容易

随着信息产业的迅速发展和互联网的普及，人们获取信息的能力变得比以前任何时期都强。再加上现代物流的出现和日趋成熟，进入21世纪，我国电子商务有了迅猛的发展，企业对消费者（B2C，Business to Consumer）、企业对企业（B2B，Business to

Business)、消费者对企业(C2B，Consumer to Business)、消费者对消费者(C2C，Consumer to Consumer)、商家对政府(B2G，Business to Government)等多种网络经营模式横空出世。电子商务相对于实体经营而言，成本和市场准入门槛低，因此许多人选择了网络创业。同时，随着金融体系改革的进一步深化，小微企业融资问题得到一定程度的好转，也使得创业变得更容易。

2. 知识和技术在创业中的重要性大大增加

任何事物在不同的时期都有不同的表现形式，创业自然也不例外。虽然无论在任何时期进行创业，敏锐的市场洞察力、坚强的意志、良好的机遇等都是必不可少的，但不一样的是，相对于以往任何一个历史时期的创业而言，知识经济时代的创业，最重要的不再是资本，取而代之的是知识和技术。在知识经济时代，自身资金拥有量较少，但是掌握某一行业的核心技术并懂得现代管理方法的创业者成功的案例不在少数。

3. 创业与创新的联系变得更加紧密

相对于以往任何历史时期的创业，在知识经济时代，知识和技术突飞猛进，传统的技术和管理方式不断被高新技术和现代管理理念和方式取代。知识经济时代也是一个“全民创业”的时代，各行各业的竞争变得更加激烈。因此，创新变得越来越重要，无论是创业还是守业，都要具备创新的精神、能力及实际行动力。

4. 创业的形式和渠道变得更加复杂多样

在知识经济时代，除了传统的制造业等实业形式外，“非实业”形式的创业也正如火如荼地发展着。比如，凭借知识和技能创办的咨询公司、网络公司、评估公司、众筹公司等，与传统创业形式一起发展，涉及现代生活的方方面面。

在“互联网＋”的时代背景下，在“大众创业，万众创新”的历史机遇下，大学生作为掌握先进知识和技术并拥有强烈创新意识的群体，其创新创业活动运营很可能引领社会创新创业的方向。

(五)“互联网＋”与传统行业的结合

对于传统行业来说，“互联网＋”是不可阻挡的发展趋势，不过这也意味着要扬弃熟悉的发展方式，因此充满了挑战。“互联网＋”推进传统行业与互联网的融合，能够创造出许多新产业、新业态，为“大众创业，万众创新”创造更多机遇，越来越多的企业和创业者正在涌入“互联网＋”市场。盘点这些率先实现“互联网＋”改造的行业，它们具备以下特点。

(1)形势倒逼变化。无论是交通、医疗还是教育等行业，每天都会面对大量用户，而传统的人工处理方式费时、费力、费钱。所以“互联网＋”是一个皆大欢喜的选择，故而能在短短几年时间里获得公众的接受和追捧，成为社会大趋势。

(2)信息基础良好。各传统行业良好的发展基础也是快速推动实现“互联网＋”产业化的基础。比如铁路系统本来就有比较完善的后台系统，而出租车、专车、医疗和教育则是企业在较快的时间里搭建了完善的信息系统。

(3)企业高度参与。盘点率先试水的“互联网＋”行业，都是开放平台让企业唱戏。所以在短短的几年内，这股潮流席卷了各行各业乃至社会生活的方方面面。

“互联网＋”不等于“＋互联网”，“＋互联网”是一个信息化过程，“互联网＋”是信息化之后要在这片土壤里再生长出新生事物的过程。以下试举几例简要介绍。

1.“互联网＋”工业

“互联网＋”工业即传统制造业企业采用移动互联网、云计算、大数据、物联网等信息通信技术，改造原有产品及研发生产方式，与“工业互联网”“工业 4.0”的内涵一致。是应用物联网、智能化等新技术提高制造业水平，推动制造业向智能化转型，通过决定生产制造过程等网络技术实现实时管理，这样不仅可以节约创新的技术、人力与时间成本，还拥有培育新市场的潜力与机会。

“互联网＋”工业和正在演变的“工业 4.0”将颠覆传统的制造方式，重建行业规则。例如，一些互联网公司就在工业和互联网融合的变革中不断抢占传统制造企业市场，通过价值链重构、轻资产、扁平化、快速响应市场来创造新的消费模式。而在“互联网＋”的驱动下，产品个性化、定制批量化、流程虚拟化、工厂智能化、物流智慧化等都将成为新的热点和趋势。

2.“互联网＋”农业

互联网带来的新技术赋能，不仅改变了农产品的流通模式，催生了农产品电子商务的繁荣，也推动了“新农人”群体的诞生。

首先，数字技术可以提升农业生产效率。比如，利用信息技术对土壤、肥力、气候等进行大数据分析，并提供与种植、施肥相关的解决方案，能够提升农业生产效率。其次，农业信息的互联网化有助于与需求市场的对接，互联网时代的新农民不仅可以利用互联网获取先进的技术信息，也可以通过大数据掌握最新的农产品价格走势，从而决定生产重点以把握趋势。最后，农业互联网化可以吸引越来越多的年轻人积极投身农业品牌打造，具有互联网思维的“新农人”群体日趋壮大，将创造出更为多样的“新农业”模式。

3.“互联网＋”金融

传统金融向互联网转型，金融服务普惠民生，已成为大势所趋。互联网与金融的结合将掀起全民理财热潮，低门槛与便捷性让资金快速流动，大数据让征信更容易，小额贷款的发展也更加火热。这也将有助于中小微企业、工薪阶层、自由职业者等大众获得更好的金融服务。

在“互联网＋”金融模式下，金融服务边界不断拓展，服务人群将包括数十亿尚未被互联网覆盖的长尾互联网用户，以及迅速增长的农村手机上网用户。金融不再像工业时代那样以企业为中心、以生产为中心，而是开始以普通消费者为中心，金融服务和产品正逐步深度嵌入人们的日常生活。

4.“互联网＋”医疗

“互联网＋”医疗有望改善现实中的医疗生态。具体来讲，互联网将优化传统的诊疗模式，为患者提供一条龙的健康管理服务。在传统的医疗模式中，患者可能存在事前缺乏预防、事中体验不佳、事后缺少服务等现象。而通过互联网医疗，患者有望实现网上挂号、询诊、购买、支付，节约时间和经济成本，提升事中体验，并可以依托互联网在事后向医生请教沟通。

互联网医疗的未来将会向更加专业的移动医疗、垂直化医疗发展。大数据和移动互联网、健康数据管理在未来有较大的机遇甚至可能改变健康产品的营销模式。同时随着互联网个人健康的实时管理的兴起，传统的医疗模式也或许会迎来新的变革，以医院为中心的就诊模式或许将演变为以医患实时问诊、互动为代表的新医疗社群模式。

5.“互联网＋”教育

一张网、一个移动终端，几百万学生，学校任你挑，老师由你选，这就是“互联网＋”教育。在教育领域，面向中小学、大学、职业学校等多层次人群开放课程，可以做到让其足不出户接受教育。“互联网＋”教育会使未来的一切教与学活动都围绕互联网进行，老师在互联网上教，学生在互联网上学，信息在互联网上流动，知识在互联网上成型，线下的活动成为线上活动的补充与拓展。

“互联网＋”教育影响的不只是创业者，还有一些平台能够提供就业机会，如在线教育平台提供的职业培训就能帮助一批人提升职业技能，一定程度上有助于他们的顺利就业。这样一来，就能实现以创业解决就业。

6.“互联网＋”商贸

在零售、电子商务等领域，过去这几年都可以看到和互联网的结合，特别是移动互联网对原有的商贸行业起到了很大的升级换代作用。此外，如果说电子商务对实体店的生存构成巨大挑战，那么移动电子商务则正在改变整个市场营销的生态。智能手机和平板电脑的普及、大量移动电商平台的创建，都为消费者提供了更多便利的购物选择，移动电商也成为很多新品牌借助社交网络走向市场的重要平台。

应该说，“互联网＋”是一个人人皆可获得商机的概念。需要注意的是，“互联网＋”不是要颠覆，而是要思考跨界和融合，“互联网＋”更重要的是“＋”而不是“－”，即思考互联网时代产业如何与互联网结合创造新的商业价值，企业也不必因此陷入“互联网＋”的焦虑和误区。

二、互联网思维

互联网思维其实就是用互联网的模式来思考并解决问题。在互联网、移动互联网、物联网、云计算、大数据等科技不断发展的背景下，互联网思维就是对市场、用户、产品、企业价值链乃至整个商业生态重新进行全面审视、系统化的思考方式。

(一)用户思维

1. 用户思维的含义

用户思维就是以用户为中心，企业一切的生产和销售行为都要围绕用户进行，探求用户真正的需求，知道用户的痛点，想用户所想，因为用户的口碑是企业最有价值的资产。用户思维是互联网时代的企业最需要的，是互联网企业成功的秘密武器，每个用户都值得重视。企业应针对每位用户进行数据管理和个性化推荐，争取做到了解用户，知道用户所需，想用户所想，这是企业长期立于不败之地的法宝。

2. 用户思维的应用

用户思维是互联网思维的基础和核心，其他思维都是围绕着用户思维而展开的，比如后面讲到的极致思维和迭代思维，这两种思维表面上看是做产品时所用到的思维，但究其根本，产品都是为用户服务的，所以了解用户想要什么，都要体现在产品中，这样的产品才能让用户满意。比如一些公司在做手机的时候，要和用户进行沟通，甚至邀请用户参与手机的研发过程，用户可以根据自己的体验，对手机的外观和功能进行建议，和工程师一起讨论最佳解决方案。这就是充分尊重用户的意见，围绕着用户的需求来研发手机。

在互联网的大潮中，有些传统企业可能感到迷茫，不知道应当何去何从，认为生意越来越不好做，因为用户比以前更强大了，他们可以预先知道自己的产品是好是坏、可不可以购买。但是从另一个角度看，这也为企业找到了一条做产品和提供服务的捷径，企业只要找到用户喜欢什么、用户的行为习惯是什么，始终围绕用户做产品，就可以事半功倍。企业总觉得用户是很难捉摸的，他们的需求总是摸不透，然而用户往往是在细节处被打动的。

(1)传统企业要有一个明确的定位，即自身的产品和服务想要给人们怎样的印象，进而确定什么样的用户会为这些产品和服务买单。

(2)企业要将注意力倾注于产品之中，做能打动用户的产品，这比高明的营销手段更能令人信服。

(3)产品应该是有灵魂的，比如某款手机代表高品质和精益求精、不断创新的精神。往往产品的精神层面才是最吸引人的地方，一旦用户在产品中找到了某种精神和思想上的共鸣，就容易喜欢和支持这类产品。

(4)企业应该注重服务质量。传统观点认为把东西卖出去挣到了钱，目的就达成了，这在现在看来已经过时了。如今，从产品卖出去那一刻开始，企业就要为用户提供良好的服务，企业的价值才真正开始体现。

(5)企业应该建立一个能与顾客进行沟通的平台。这个平台应该具备几项功能：一是反馈，让用户的想法有可以表达的地方。二是关怀，企业通过这个渠道，主动探求用户的需求，对用户的行为和习惯数据进行管理。三是服务，比如通过微信公众号等对会员进行积分管理、为会员提供优惠活动等。四是交流，企业应学会和用户经常进行交流，如此才能让用户感受到企业对自己的关注。

在互联网时代，企业如果通过好的产品和优质的服务赢得用户，用户就可能通过社会化媒体——微博、微信等将自己良好的体验在自己的圈子里扩散，因为人们往往愿意相信熟人的意见。这对于企业来说是非常有效和低成本的营销方式。

3. 粉丝经济

(1)粉丝。威廉·凯利(William Kelly)提出，粉丝(fans)是指体育或表演艺术的热爱者(通常是作为观众)，或者说是指某位公众人物或某种娱乐消遣的热情仰慕者或热心者。与大众文化的普通受众相比，粉丝在文化产品中投入了更多的时间、精力和情感，他们从文化产品中制造出更高强度的意义，他们与所关注对象建立起来的关系也更加紧密。粉丝的消费习惯固定，可预测程度很高。粉丝经常实践着一种类似博物馆和图书馆的馆藏式消费，会购买、收藏他们所喜爱对象的所有相关物品。此外，粉丝还会为了满足自己的需要对文化商品进行生产性使用。

(2)粉丝心理。从心理学和社会学角度来看，粉丝之所以会针对某个事物做出狂热行为，是因为他们需要通过这种由衷的热情来定义一个真实的自我，从而实现对自我身份的强烈认同和自信。激情和狂热正是他们的一种生活方式，在对某个事物产生狂热依恋的过程中，他们形成了一套个人化的信念系统和价值观，产生了群体归属感。事实上，如果从“内部人”的角度来看，粉丝群体的行为和文化只不过是他们情感的正常流露和表现。只有当产品和品牌持续地使消费者产生唤起感、兴奋感、认同感和归属感，并深刻地影响他们的价值观和生活方式时，普通消费者才能转变为粉丝。

驱使粉丝行为的心理原因很多，这里着重介绍三点。

①参与感。首先，粉丝注重的是“参与感”。互联网思维的核心是口碑，口碑的本质就是用户思维，就是让用户有参与感。很多做平台的企业都是从社群开始做起的，企业提供一个线上的平台，这个平台可能是因为一个人们感兴趣的话题而建立的，当这个平台聚拢了一定规模的用户时，用户就可以在平台上就一个话题或者现象与其他成员进行讨论，也可以参与平台组织的线上线下的活动。平台上的每个成员都可能积极地参与活动。但在此过程中，可能并没有什么经济上的利益。

②被尊重感。粉丝注重被尊重感，这是一个越来越注重个性的时代，每个人都想找到自己的存在感，都想要被欣赏、被尊重。这就需要企业更加重视用户的感受，和用户做朋友，用户需要的不再是浅层次的“欢迎光临”和“欢迎再来”，而是心与心的交流。

③成就感。粉丝们都渴望成就感，可以看到，很多痴迷于车辆、手表、玩具的粉丝，对产品背后的技术、背景和演进的故事都如数家珍，达到了专家的程度。他们希望自己的观点都被认可、建议被采纳，希望自己的想法真正运用到自己喜爱的产品中去，以此获得成就感。

（二）极致思维

互联网时代的竞争，是全球范围内的竞争，是更加激烈的竞争，这种竞争实际上是产品和服务的竞争。在物质生活日益丰富的当今社会，消费者对于商家所提供的产品和服务越来越挑剔，要求也越来越高，尤其在互联网时代，消费者获得信息的成本变低了，转换门槛也变低了。于是，很多商家都觉得生意越来越难做，消费者“说翻脸就翻脸”。其实刚好相反，解决办法反而变得更简单了，那就是要求商家把产品和服务做到极致，唯有做到极致，才能抓住用户的注意力。

1. 什么是极致思维

极致思维，就是把产品和服务做到极致，把用户体验做到极致。只要超越用户预期，形成口碑效应，就能给后期的推广带来极大的便利。

极致思维体现的是一种匠人精神，是对产品的专注和追求极致，这种精神首先是产品经理这个角色要具备的。简单来说，就是能够为了实现目标而推自己一把，要有“铁人”的意志和充足的热情，在资源、目标、时间等多个维度达到极致的平衡，最终不断地创造极致的产品。

2. 产品极致思维

极致的产品本身就具有拉动性，好的产品是在顾客中建立口碑的前提。如果好的产品在顾客中建立了良好的口碑，通过互联网得以快速传播，自然就会引得顾客“蜂拥而至”，在这种情形下，企业甚至不需要花大力气对产品进行推广，也能达到畅销的目的。

那么什么才是好的产品呢？以顾客为中心的产品就是好的产品。因此，做任何产品，都要时刻从用户的角度考虑问题，想用户所想，才能深入而准确地挖掘到顾客喜欢的产品，并将其做到极致。

其实，移动互联网的产品通常都是“做减法”的，因为互联网产品众多，这就要求产品自身必须有非常鲜明的特色，才会从类似产品中脱颖而出，抓住人们的眼球。产品经理应放大产品的核心功能，将其发挥到极致，并给产品其他部分适当做减法，从而更加突出产品的核心功能。需要减少的部分是与核心功能不相关的，或不能帮助凸显其核心功能的。用户精力有限，他们不会花太多力气去学习每一步是怎样操作的，更想快速上手，达到自己的目的。因此，简单易用的产品更能吸引用户的第二次使用。

3. 服务极致思维

在互联网经济时代，消费者的体验不仅仅指产品，还有服务。要将服务做到极致，企业既需要明白顾客的体验情境是怎样的，设身处地地从顾客的角度考虑问题；又需要对顾客的行为进行分析，在细节处体现用心打动顾客。

服务上的极致思维遵循的基本原则是想顾客想不到，给顾客以尊重感、惊喜感，从而培养顾客的忠诚度，使其通过口碑效应进行无偿扩散。对服务业而言，服务上的极致设计和考虑代表了服务者的经营诚意，有利于推动整个社会服务品质的提升和人与人之间相处模式的进步。

在信息量爆炸的今天，消费者和用户的产品转换成本很低，企业需要将产品和服务做到极致，才能吸引用户的眼球。产品经理首先要热爱所做的产品，对每一个细节都要反复推敲，从消费者的角度考虑问题，完善设计。在互联网行业中，通常是“只有第一，没有第二”，企业要抓住用户，除了初期的必要投入之外，还要将自己的产品和服务做到极致，让用户在第一时间记住。

在越来越注重客户体验的今天，企业应将服务的每个细节做到极致。从顾客的角度考虑问题，做到情境再现，通过追踪用户使用产品的情境，去改进和完善所提供的服务。极致思维是互联网思维中与产品有关的思维，它提醒每个企业回归产品和服务本身，将每个细节演绎到极致，因为产品是企业与消费者沟通的最重要桥梁，好的产品胜过一切营销手段。

（三）迭代思维

过去的商业社会强调产品管理，包括产品的设计、开发、测试、生产、销售和维护等环节，这些都是严格按照既定流程进行操作的。这样的流程保证了产品在生命周期各环节的质量控制，有利于企业提供更加优质的产品和服务，但也容易导致产品开发完成之后就已经滞后于市场的风险。在传统的商业思维中，错误都是灾难，一旦出现重大错误，造成的损失便无法估量。但在互联网时代，在迭代中不断试错、不断完善，才是好产品的运营方式。

迭代思维在移动互联网中的应用最为广泛，因为移动互联网的发展比传统互联网要快很多，所面对的客户群体也异常庞大。在面对这样大的用户群时，自然要分清楚产品面对的用户主要是哪一群人，他们有哪些爱好与习惯，会怎样使用这些产品，在使用过程中出现了什么问题，应该怎样解决。互联网产品就是在不断的快速升级中一步步完善的，产品的技术也在进步，每过一段时间都会有新的功能来取代旧的功能。

1. 迭代思维的含义

迭代最初源于数学领域，是数学中的一种算法，是指将初始值经过相应公式进行计算后得到新的值，并通过相同方法对新的值进行计算，经过几次反复计算得到最终结果。任何事物经过几次迭代之后都会蜕变成新的事物，具体到移动互联网的操作上，以 APP(手机应用软件)开放为例，团队成员会在最短的时间内上线第一版，通过用户的反馈再以最短的时间进行开发升级，并迅速推出最新的版本供用户使用，然后收集用户的反馈进行再开发。发布—反馈—再发布—再反馈，这样的一个过程就是一次迭代，经过几次迭代之后，APP 就能达到相对完美的状态。

2. 迭代思维的基本要求——“快”

互联网时代对企业提出的最大挑战就是“速度”，农业文明征服了饥饿，工业文明征服了空间，信息文明征服了时间。现在的信息文明把整个地球连成了一片，速度成了第一位。因此，对企业来讲，怎样用最快的速度满足用户需求就成为非常重要的课题。“快”是迭代思维的核心思想之一，即在最短的时间内要将产品推出，用试错来快速解决产品问题并节省研究讨论的时间，对客户反馈意见以最快的速度进行调整并将其体现在下一轮迭代中。在互联网时代，企业不应过于追求能一次性满足客户需求的产品，因为用户的需求是多变的，一成不变的产品是不能满足用户需求的。试错更多体现在对速度和结果的追求上。快速试错已经成为一种以效率为前提的解决问题的方式。正如微信创始人所说，移动互联网变化太快了，学习和快速迭代比过去的经验更重要。互联网时代产品更新换代频率很快，如果好想法不尽快落实，就很容易被其他人抢占先机。因此对于开发者来说，时机很重要，一个好的想法可能只是在今天很受欢迎，如果为了更完美对其进行修正而拖到明天再发行，它可能就失去意义了。这也需要开发者勇于尝试，可能最先推出的产品并不完美，有很多错误，但它一旦进入市场，就要接受大众的评判，企业可以根据用户的需求再进行改正。没有在任何时候都完美的产品，在技术迅猛发展的今天，快速实现产品的迭代方能有更强竞争力。

3. 迭代就是微创新

在互联网时代，客户和市场的需求变化很快，这些特点导致产品和服务的生命周期较短。试错是做每一个产品必要的环节。试错的过程不是对大方向进行否定，而是对整个大方向中的细节进行调整，在每次试错的时候进行创新。这就是所谓微创新。

微创新是一种新的创新模式。从工业时代到互联网时代，创新模式也已发生了改变，由技术驱动的创新模式变为应用驱动的创新模式。微创新就是以用户为中心，围绕消费者体验进行的创新模式。技术创新是工业时代的思维，其创新方式是围绕企业的；微创新是信息时代的思维，其创新方式是围绕消费者的。从细节入手，直击用户痛点，让用户欲罢不能是每个企业都应该学会的，所以企业要关注细节，在细节处与别人拉开差距，进行微创新。

（四）平台思维

1. 平台思维的含义

平台战略研究专家、麻省理工学院教授迈克尔·A. 库斯玛诺对“平台”的定义是：首先要有被众多公司应用的基础技术或产品（也可以是服务），其次要用一个共同的目的将众多参与方（市场参与者）汇聚起来，最后通过更多用户、更多补充的产品和服务使其价值呈几何级增长。比如一些 APP 的用户在平台上可以分享音乐、图片、信息，可以吸引广告商。这类 APP 向用户免费提供平台，用户越多，收入的广告费就越多，从而吸引更多软件开发者来开发软件，使平台的价值越来越大。

“平台”绝不是一个新的概念，它在历史上就不断地被运用，是人类社会中颇具有效性的商业策略。早期的平台形式就是“市集”和“农贸市场”。市集是连接买家与卖家的纽带，也能提供完善的交易规则，如营业的时间、税收的比例等，同时提供了交易的场所，买家和卖家可以各取所需。平台这个概念已经延续到了今天，由于互联网的普及，越来越多的线上平台型企业出现了，这些平台型企业切入买卖双方的利益链条中，使两者的联系更加紧密，信息更加透明，这是平台思维的现实基础。

2. 平台的网络经济效应

网络经济效益就是放大效应。企业之所以可以利用互联网平台放大经济效应，有两个原因：第一，这个平台是开放的，可以整合全球的各种资源；第二，这个平台可以让所有的用户参与进来，实现企业和用户之间的零距离接触。在互联网时代，顾客的需求变化越来越快，越来越难以捉摸，单靠企业自身所拥有的资源、人才和能力很难快速满足顾客的个性化需求，这种需求迫使企业打开自己的边界，建立一个更大的商业生态网络。比如，微信作为一个平台就具有很强的网络效应，如果身边的朋友、同事都使用它作为聊天工具，就会产生一个很强的正向网络效应，吸引越来越多的用户使用微信。

3. 平台的“付费方”和“被补贴方”

构建一个平台生态圈，首先要找到这个平台连接的几条边，一般是两个或者三个。其中有“付费方”和“被补贴方”。对于“付费方”和“被补贴方”的选择，是需要平台仔细考虑的。对于大部分平台来说，付费方是平台的一边，被补贴方是平台的另一边，如一些电子商务型的网站连接的是卖家和买家，一般将卖家视为付费方，将买家视为被补贴方。然而有时平台型企业不能单纯地将一边群体完全视为付费方或者被补贴方，而是在两边使用群体中找出比较愿意支付的使用者作为付费方，或者按照平台提供的服务程度来决定是否需要付费。

4. 平台思维的盈利模式

找到平台的“付费方”和“被补贴方”之后，就找到了对于平台型企业来说最关键的盈利模式。但模式中的盈利点不是一成不变的，需要随着市场需求的变化和一些其他因素有所调整，这就要求平台型企业抓住瞬息万变的市场需求。另外，平台型企业应结合自身特点，挖掘自身核心竞争力，寻找盈利的契机。

比如，BAT(百度、阿里、腾讯)都是平台型的互联网公司，由于这些平台的正向网络效应，有了大规模用户在平台上，就肯定会有盈利模式。用户的多少对于平台的建立固然很重要，但是平台同样需要整合资源的核心能力。因为平台手握大规模用户，所以可以掌握用户的行为习惯和购买习惯等一系列数据，通过对这些数据的挖掘和分析，平台就可以对客户群体进行细分，这样就可以帮助平台的另一方，如广告商快速而精准地投放广告，使之获利，平台的价值也就得到了体现。这也是平台型企业盈利模式中很重要的一方面。

平台型企业的另一个盈利点就是提供服务。通过直接给“付费方”提供其想要的产品或服务并收取平台费用。比如移动出行类平台企业就是典型的服务型平台企业，它将车主和乘车者整合在其平台内，通过给车主介绍乘客，反过来给乘客提供车辆服务信息，从营业额中收取管理费，这是服务型平台企业最常见的盈利模式之一。

5. 平台的成长过程

平台型企业在创立之初是非常艰难的，因为用户数量不大就不能形成网络效应，这就要求在短时间内聚揽用户，于是现在的很多平台型企业会大力度地搞优惠活动，给用户补贴，从而让更多的用户注册。这种活动固然能达到一定的效果，但并不是所有平台型企业都能负担得起的。

在最初阶段，企业可以通过让用户免费体验自己的产品和服务或为初次进入平台的消费者提供折扣、赠品等积攒人气。当平台用户数量达到临界点之后，就会形成网络效应，用户数量会越来越多。平台在聚集大量用户的基础上，要对用户的行为习惯进行数据分析，预测用户的购买行为，进而进行个性化推荐。在这里，平台不仅仅是一个联络者的角色，更是一个资源的整合者。平台是不断发展和成长的，在发展的每个阶段都要找到自己的价值所在，在成长过程中也需要不断发掘自身的新价值，为所连接的两边或多边创造利益。

在平台的成长过程中，在最开始还没有形成网络效应的时候，平台需要提供一些奖励机制来使用户规模达到爆发点，然后通过一系列的机制来维护会员，增加会员的转移成本。当然，维护平台成长的方式远不止这些，企业需要积极应对市场变化，这样才能使平台健康成长。平台模式的精髓在于打造一个多主体共赢互利的生态圈，需要一个循序渐进的动态过程。“平台生态圈”不但是要构建起一个平台，更是要以某个平台为基础，营造“为支撑平台活动而提供众多服务”的大系统。所有的平台生态群都建立在“更好地满足当前时代的多方需求”的基础之上，谁更能把握当前时代的利益相关各方的需求及其发展趋势，谁就能设计出更好的平台；谁能抓住有更大价值的多方需求，谁的平台就更有现实价值，并有机会逐步打造更有价值的平台生态圈。

因此在互联网时代，对于平台型企业，需要从以下四个步骤来构建平台，如表 6-1 所示。

表 6-1　平台企业的构建步骤

步骤	具体行为
找到价值点，实现立足	把握住诸多价值链中具有共性的环节
	为一个或多个价值链提供更多价值
建立核心优势，扩展平台	建立技术、品牌、数据、用户习惯等
	构建独特的无形资产优势
	利用网络效应，做大平台
衍生更多服务，构建生态圈	构建更多高效的辅助服务
	增强平台的黏性和竞争壁垒
	形成平台生态圈
平台战备升级，巩固生态圈	平台功能向更高价值链环节进行战备性转移
	保持和增强平台生态系统基业长青

（五）跨界思维

1. 跨界思维的含义

跨界趋势数年前已萌芽，这两年成为浪潮。那些看起来彼此距离有几光年的产业，突然近在咫尺。各个产业不再是割裂分离的，而是向同一轨道靠拢。跨界思维意味着敢于突破之前思维的局限，打破传统工业时代讲究精准、严密、控制的思维模式，寻找到专业与人文、理性与感性、传统与创新的交叉点，甚至重新审视自我，完成自我颠覆和重塑。

2. 跨界的类型

在互联网迈向"大互联"时代的今天，跨界成为一种必然趋势和普遍现象。互联网网状联结的技术特征是没有边界的，它是一种天然的无边界存在。互联网发展带来的跨界现象，可以从三个层面去理解。

(1)第一个是产业层面，即产业无边界。虚拟经济和实体经济的融合、平台型生态系统的商业模式的发展，使得很多产业的边界变得模糊，如我们很难对一些互联网公司的性质进行准确定义。

(2)第二个是组织层面，即组织无边界。是指互联网的发展使得专业化分工日益明显，"虚拟化组织"的增多给传统的组织管理带来了挑战，组织的边界不再那么明显。

(3)第三个是人才层面。在互联网时代，信息总量的爆炸式增长以及信息传播方式的便捷和迅速，大大消除了信息不对称，使得我们每个人都主动或被动地进行跨界的知识储备，产品经理之类的跨界人才成为各大企业竞相追逐的对象，尤其是能够跨越传统产业和互联网的"两栖"人才，更是不可多得。

（六）流量思维

1. 流量的本质

在对互联网公司进行估值时，一个很重要的指标就是流量，包括注册用户数量、活跃用户数、用户访问频率等。一个注册用户为 1000 万的互联网产品，即使没有任何盈利，也可能估值不菲，这在互联网领域是常有的事。在用户数量、活跃度这些指标的背后，是对用户注意力的一种占有。

(1)流量的本质是用户关注度。源源不断的关注便会成为一种"入口"，金钱自会随之而来，可见流量自会转化为商业价值。这是一个"信息过剩"的时代，也是一个"注意力稀缺"的时代，于是，如何在"无限的信息"中攫取"有限的注意力"顺理成章地成为核心命题。

(2)流量意味着体量，体量意味着分量。传统零售行业选址的核心指标就是"地段"，其本质就是抢占人流量的入口。互联网经济同样是一门流量生意。流量是所有商业模式得以改进的基础，缺乏流量基础则一切无从谈起。例如一款互联网搜索引擎，其核心商业价值的基础就是"海量用户搜索"，只有海量用户搜索，才会有广告商愿意选择其后台预付费用购买各种"关键词""点击量"。又如一些即时通信软件，其核心价值会随着用户数急剧增加，可以从最初的即时通信变成“社交娱乐平台”，从而带动开发公司的飞速发展。

2. 流量思维的法则

(1)免费是为了更好地收费

互联网产品为什么能免费？互联网产品和服务都是数字化的。假如一个东西花了1万元，如果有1万个人用，那么分摊到每个人身上的成本就是1元。如果有1亿个人用呢？摊到每个人身上的成本就几乎可以忽略不计了。但是，有了1亿个用户之后，无论是做增值服务，还是做广告，都会有一个ARPU(每用户平均收入，Average Revenue Per Use)值，相当于每个用户因为这种商业模式贡献的收入，它会超过每个人分摊的成本。这就使得互联网上免费的模式不仅可行，而且可持续，甚至有可能建立新的商业模式。所以很多互联网公司的巨大成功都建立在免费的基础上，因为一旦推出的免费产品的品质甚至超过那些收费产品的时候，它给用户带来的体验上的冲击就是巨大的。这时，它自身就是一种有力的广告，会超过所有广告和营销手段。

(2)免费是为了获取流量

对于互联网产品来说，免费往往成了获取流量的首要策略，互联网产品大多不向用户直接收费，而是用免费策略极力争取用户、锁定用户。互联网的免费模式意味着，只要用户对网站的产品或者网站本身产生了黏性，用户就会在网站的产品或者网站本身进行内容创造，用户创造的内容同样更容易吸引更多潜在消费者，这就是互联网时代的商业模式，也就是核心竞争力。

3. 免费的方式

(1)在别人收费的地方免费

传统的免费更多是一种促销手段或营销噱头，新型的免费是一种长期的产品价格策略，也就是企业的核心服务永远不收费。

互联网通过电子商务把公司跟用户直接联系起来，这样就可以发展用户预订，不用担心会有库存，公司也不需要中间商和渠道，就可以让利于用户。这意味着硬件不再是一个价值链里的唯一一环，而是变成了第一环，变成公司与用户之间的窗口和桥梁。对于传统厂商来说，面临的最大挑战就是要学会用互联网的思路去做后续的服务。如果一个厂商只会生产、售卖硬件，那么它最后可能会变成只能挣微薄利润的代工厂，价值链的高端会被做信息服务和用户体验的厂商拿走。

(2)“羊毛出在狗身上”

免费不是互联网产品的必然特征，用户价值才是，免费只是给用户创造价值的典型手段。所以，免费本质上是不存在的，而是将价值链延长，让免费的成本成为盈利模式中的制造成本或者营销成本。真正的免费只是实现了费用承担者的转移，即“羊毛出在狗身上”。

《免费——商业的未来》一书的作者安德森归纳出四种基于核心服务的完全免费的

商业模式：

①直接交叉补贴，如电信运营商已经坚持很久的存话费送手机。

②三方市场，广告商付费而消费者免费，如竞价排名广告。

③免费加收费，即部分用户免费，另一部分用户收费，如邮箱的免费用户和收费用户。

④纯免费，如由热心人捐赠运营费用的多语言网络百科全书协作计划。

除了第四种模式，前面三种都是交叉补贴的概念，都是通过费用承担者转移来实现收费。因此，在考虑使用免费策略的时候，一定要思考谁可能是自身免费的成本费用的承担者。

（七）社会化思维

1.“社会化”与“关系”

“社会化”的核心是“关系”。其实“关系”是一个边界很宽的概念，亲人是一种关系，朋友、同学、同事也是一种关系，而相互追随、关注一个话题，甚至是出现在同一个地点、购买同一种东西，这些理论上都是不同的“关系层”。当前社会化网络大规模兴起，其核心的推动力就是互联网上的各种社会化网络和应用，它们让更多现实社会中难以形成的“关系层”通过互联网不断涌现。

在过去几年的时间里，在我国的社会化媒体上，多数人的注意力都集中在抢占高速成长的用户群，抢占一些社交的局部节点。在这个过程中，社交关系的价值基本上没有被真正挖掘过，如何在已有的一些“关系层”上进一步演化出有独特价值的垂直应用也没有被真正思考过。因此，社会化思维还存在很大的开发空间。试举一例，微信成功的真正原因在于不是“把关系做大”而恰恰是“把关系做小”，让每个人与不同的圈子和个体更紧密地连接，把“弱联系”转变成“强联系”，然后通过无数个高黏性、高活跃的“小网络”变成一个基于“紧密关系”的“大网络”。因而在微信平台上释放“小关系”的价值，不仅是基于关系的传播所带来的信息链式反应，还能在信息流动中注入信任和精准等助推力。

2. 社会化思维——基于信任的口碑营销

在大众媒体出现之前，朋友、家人等熟人之间的交流是主要的信息传播途径，所以熟人之间的口碑也是商家获得顾客的重要途径。口碑营销在企业的宣传推广中起到了不可替代的作用，我们熟知的很多中华老字号就都是依靠口碑起家的，可以说，口碑是很多企业成功的基石。

口碑宣传的力量在于信任。当家人、朋友向我们传递信息的时候，我们不可避免地会把对他们的信任关联到这些信息上，当这些信息是对某个商品或品牌的评价时，就会成为口碑。后来，随着大众媒体的兴起，报纸、杂志、广播电视等媒体成了有效和主流的信息传播渠道，企业多依靠在媒体上发布广告接触大众。

如今，一切已经开始发生变化，随着互联网尤其是社交网络的发展，人与人之间通过网络的联系越来越紧密，信息通过社交网络在朋友等熟人之间的传播效率也越来越高。十数年前，我们通过互联网获取信息的主要途径是门户网站，而今天，我们则通过社交软件获得更多的信息，于是，社交网络成了用户重要甚至首要的信息来源渠道。

此外，很多用户不相信广告，但对有相同经历的陌生人却很信任，他们往往愿意相信社会化媒体上人们对于品牌的评价，也愿意从自己信任的圈子和社群来获取品牌和产品信息，并做出购物决策。从心理学来看，人们都有通过增加信任来降低交易成本的潜意识需求，因而“人靠谱所以东西靠谱”的概念已被广告行业通过公众人物代言的方式运用了上百年。但是社会化网络可以把每个人都变成“高可信度”的节点去影响小范围的人，而这会在传播信息之外形成非常强烈的购物引导。

同时，一切似乎又在回归。在没有媒体对于信息传播渠道的垄断时，我们通过跟家人、朋友和其他熟人交流来获取信息。但信息传递的范围和深度已经今非昔比，不再局限于一个场所、一个群体，通过社交网络上的接力转发，信息几乎可以到达全国甚至全世界的任何一个人。于是，既有关系链的信任，又有比传统媒体更高的传播效率，口碑营销乘着社会化网络时代的东风，迎来了一个有利的复兴时机。

（八）简约思维

1. 简约的概念

大道至简成为互联网时代的产品战略。在产品规划和品牌定位中，要力求专注和简单。而对于产品设计，则力求简洁和简约。简约，意味着人性化。

传统的商业形态正不断地受到互联网冲击，消费者的话语权越来越强，大众的审美观念表现为追求简单化，如不用多思考的娱乐综艺节目、更直白的互联网沟通平台、直来直去省略中间环节的购物模式、有足够专业品牌支撑就希望尽量省事的产品说明等。这越来越成为一种趋势。

从消费者的行为来看，当前消费者的选择太多，选择时间太短，耐心越来越不足，转移成本越来越低(如线下要从一家门店出来再进入下一家，线上只需要点击一下鼠标)。所以，商家必须在短时间内抓住消费者。

因此，简约成了互联网时代重要的商业逻辑。所谓简约思维，用一句老话就能概括：“一切从简。”这句话在过去代表人的素养和修为，在今天则代表企业在开发产品和服务上所展现的素养和修为。它包括三个要素：看起来简洁、用起来简化、说起来简单。

(1)看起来简洁，即“一目了然”，一看便知所有的内容。表现为把简单的界面呈现给用户，把简洁的产品提供给客户，把复杂的组织和逻辑留在背后。

(2)用起来简化，即“一键到底”。使用时不需要忙于记住操作的顺序、功能的位置，可一键直达需要的功能，找到想要的界面。

(3)说起来简单，即要求可做到“一传十、十传百”。现在广告传播、品牌传播已经不再具备巨大的优势。企业提供的产品和服务必须能够快速被客户看到价值，并能用简洁的语言来描述进而传播。简约是一种审美观，不是一种完全理性的结论，不是说尽可能做得简陋一点，而是说自身是否有一种观念——当看到一个界面时，如果它密密麻麻铺满了按钮，就会在第一时间认为它“不够美”，想要把它简化一下。

2. 产品设计：做减法

亚里士多德曾说，自然界选择最短的道路。14 世纪哲学家奥卡姆·威廉提出的奥卡姆剃刀原理也告诫人们“切勿浪费较多东西去做用较少的东西同样可以做好的事情”——后来以一种更为广泛的形式为人们所知，即“如无必要，勿增实体”。此后，奥卡姆剃刀演变为一种“以结果为导向，始终追寻高效简洁”的思维方法。那么在产品设计方面，如何做减法呢？简言之，外观要足够简洁，操作流程要足够简化。

（九）大数据思维

如今，数据资产逐渐成为重要的竞争力，一切皆可数据化。管理专家戴明与德鲁克在诸多思想上持对立观点，但“不会量化就无法管理”的理念却是两人的共识。有了大数据，管理者可以将一切量化，从而将公司业务尽在掌握，提升决策质量和业绩表现。换言之，大数据意味着一场管理革命。

大数据意味着文字被量化成一个一个的字符，声音被量化成数字音频，图像被量化成各种格式的数字图片。形形色色的电商平台上琳琅满目的商品是数据化了的现实物品，团购网站上各种各样的打折信息是数据化了的服务，微博是数据化了的思想和观点，转发是数据化了的传播，社交平台数据化了人与人的关系，签到网站是数据化了的位置，而各种地图应用则是数据化的地理场景……总之，线上是线下的数据化映射。数据化意味着事务在数据空间里的极易操作，往往由此生发出大量的创意和商机。我们应该意识到，人和物的一切状态和行为都能够量化、数据化，能够在数据空间中被操作。

从大批杂乱无序的数据中集中、提炼信息并分析出研究对象的内在规律，这就是大数据思维，其实质是精细化的管理及对数据的重视，往往能够创造非常大的价值。大数据之所以被寄予厚望，或许恰恰是因为其创造价值的过程本身就是一场“商业和科学革命”。数据处理与分析等基础技术的突破已经不是当前的最大障碍，关键在于如何从商业、社会的角度充分理解数据。

索尼公司的创始人之一井深大解释索尼衰落的根本原因时说，新一代基于互联网 DNA 企业的核心能力在于利用新模式和新技术更加贴近消费者、深刻理解需求、高效分析信息并做出预判，所有传统的产品公司都只能沦为这种新型用户平台级公司的附庸，其衰落不是管理能扭转的。互联网的魅力就是“the power of low end”。

这段话有两层含义。第一，传统企业衰落的根本原因在于较难贴近消费者，难以了解消费者的真正需求。第二，互联网公司的强项恰恰是天然地贴近消费者，了解消费者的真正需求。这些公司运用大数据技术将消费者在互联网上留下的“足迹”全部收集起来，及时、高效地分析利用，形成预判和商务决策，就能够在竞争中立于不败之地。可见，传统企业也要嫁接互联网企业的“基因”，才能有长足的发展。

当数据成为资产时，数据相关的信息技术部门将从“成本中心”转向“利润中心”。

数据渗透各个行业，渐渐成为企业的战略资产。有些公司的数据相对于其他公司更多，使他们拥有更多获取数据潜在价值的可能，如互联网领域与金融领域的企业。拥有的数据的规模、活性，以及收集、运用数据的能力，将决定企业的核心竞争力。掌控数据就可以深入洞察市场，进而做出快速而精准的应对决策，这意味着巨大的投资回报。在大数据时代，数据已经成为企业的重要资产甚至是核心资产，数据资产及数据专业处理能力成为企业的重要竞争力。

三、"互联网＋"的创业模式与商业模式

创业模式是指创业者通过对创业各要素的合理配置，为实现自身的创业理想与权益，对各种创业要素的合理搭配的范式。大学生创业模式实质上就是其创业组织形式、创业方式、创业行业等创业要素的统一整合。

（一）"互联网＋"的创业模式

在"互联网＋"时代，根据对互联网本身的一次开发以及其作为技术载体的二次或三次开发应用，结合创业创新理论及"互联网＋"对大学生创业模式进行新的划分与定义，我国大学生的创业模式主要分为以下三类。

1. 基于互联网本身的创业模式

基于互联网本身的创业模式是指以互联网提供的技术和信息为平台，将产品和服务进行信息交换，通过信息的时间差进行易货交易，最终实现价值增值的创业模式。这种创业模式相当于为一些大的平台网站做线上分包商或代理商，由于门槛较低，大学生较容易进入。

(1)初级互联网服务。主要是通过从事网上服务获利，具体来说，就是为其他通过互联网创业的人提供服务。随着一些互联网创业者的生意越做越大，诸如物品拍照、商品描述、广告制作等必须做的工作变得愈加庞杂，自己去做这些工作又显得力不从心，于是就把这些机械性、重复性的工作外包出去，初级互联网服务创业者可以通过提供此种服务赚取佣金。

(2)C2C(Consumer to Consumer)模式。即消费者个人对消费者个人的互联网创业模式，它本质上是网上拍卖，是一种民众之间的自由贸易，通过网上完成交易来便利个人与个人之间的商品流通。这种交易模式很受大学生创业者的青睐。大学生群体既是互联网创业货源的提供者，也是消费群体，通过此种交易可以赚取信息差价，从而获得利润。

(3)B2C(Business to Consumer)模式。即以互联网为主要手段，由商家或企业通过互联网网站来满足不同消费者对网上产品风格、包装、形状、功能等方面的不同爱好以及个人收入上的差异化因素，不断推出高、中、低档产品的一种互联网创业模式，如多名玩家通过计算机网络互动娱乐的视频游戏等。这种模式是大学生互联网创业的主要交易模式之一。

2. 基于“互联网＋”的创业模式

随着“互联网＋”时代的到来，加上传统行业的创业门槛越来越高，越来越多的大学生将互联网平台作为技术平台，通过对传统行业的互联网“升级”，以互联网介入相关产品和服务，在产品说明、价值呈现、服务介绍、技术应用等方面向客户提供服务，从而赚取利润。前文提到的“互联网＋”工业等模式就是这类创业的典型。

3. 基于物联网的创业模式

物联网是在互联网的基础上，利用射频自动识别(RFID)、无线数据通信等技术，构造一个覆盖世界上万事万物的物品网。在这个网络中，物品(商品)能够彼此进行“沟通和交流”，无需人的干预。其本质是利用RFID技术，通过计算机或移动互联网实现物品(商品)的自动识别和信息的互联与共享。基于物联网的大学生自主创业模式是指以物联网的技术为平台，针对物联网的物体识别、物体感知、物体沟通等设计，研发相关产品与服务的创业模式。

(1)物体识别。在物联网时代，如同每个人都有身份(ID)，物体也将不再是一个笼统的品类，而是有唯一的标识符且可以识别的，如已有的二维码以及RFID无线射频识别，可通过无线信号识别特定目标并读写相关数据。大学生创业者可以根据所学专业进入此领域，该领域门槛相对较低，创业者容易进入。

(2)物体感知。例如家电必须能够感知环境和人，随着传感器的发展不断突破，温度、湿度、人体红外等的技术和价格都已经很成熟了。其他各种新型传感器也在不断突破中。当前无线技术百花齐放，Wi-Fi一马当先，蓝牙、5G都应用得很广，让传输变得更加快捷。通过物体感知可以创造新的产业领域，比如穿戴设备领域。国外一些大型互联网公司就在做可穿戴产品，这说明其具备可以挖掘的市场潜力，可穿戴设备不仅仅是智能手机或平板电脑的替代品，还有更大的发展空间。

(3)物体沟通。移动互联网的兴起、智能手机的普及让物与人的沟通突破了时空的限制。目前在工业领域，信息化需求尤为迫切，在柔性生产的要求下，流水线上的各个单元都有连接需要。此外，在健康、安全、智能家居等领域，物联网都有很多应用机会，这是大学生可以关注的创业方向。

(4)智慧物联。物联网是手段，智慧空间、智慧城市等是目标，其实现需要具备逻辑思维与行为交互能力。目前，我国智慧城市建设处于提速和标准化阶段。根据《数字中国发展报告(2022年)》，试点城市的建设正稳步推进，一批智慧城市标准规范相继出台。建设智慧城市，单纯技术型或产品型的公司很难做到，需要具备研究能力的公司来实现。作为智慧城市建设的支撑，大学生创业者可以从一些需求迫切、智能化难度较低的家电，如饮水机、热水器、空调等入手，逐步深入城市交通、环境保护、大气监测等领域。

(二)“互联网＋”的商业模式

“互联网＋”企业的四大落地系统(商业模式、管理模式、生产模式、营销模式)中，最核心的就是商业模式的互联网化，即利用互联网精神(平等、开放、协作、分享)来颠覆和重构整个商业价值链。目前来看主要分为六种商业模式：工具＋社群＋电商/微商模式、长尾模式、跨界模式、免费模式、O2O模式、平台模式。

1. 工具＋社群＋电商/微商模式

互联网的发展使信息交流越来越便捷，让志同道合的人更容易聚在一起，形成社群。同时，互联网将散落在各地的星星点点的分散需求聚拢在一个平台上，形成新的共同的需求，并形成了规模，解决了重聚的价值。

如今互联网催生了新的商业模式，即“工具＋社群＋电商/微商”的混合模式。比如，微信最开始就是一个社交工具，先是通过各自工具属性/社交属性/价值内容的核心功能过滤到海量的目标用户，加入了朋友圈点赞与评论等社区功能，继而添加了微信支付、精选商品、电影票、手机充值等商业功能。

为什么会出现这种情况？简单来说，工具如同一道锐利的刀锋，它能够满足用户的痛点需求，因而可以用来打开流量的入口，但它无法有效沉淀粉丝用户。社群是关系属性，可以用来沉淀流量。商业是交易属性，可以用来变现流量价值。三者看上去是三个方面，但内在融合的逻辑是一体化的。

2. 长尾模式

“长尾”概念由克里斯·安德森提出，这个概念描述了媒体行业从面向大量用户销售少数拳头产品到销售庞大数量的利基产品的转变。虽然每种利基产品只产生小额销售量，但利基产品的销售总额可以与传统面向大量用户销售少数拳头产品的销售模式媲美。它通过C2B即可实现大规模个性化定制，其核心是“多款少量”。所以长尾模式需要低库存成本和强大的平台，并使得利基产品对于兴趣买家来说容易获得。

3. 跨界模式

不管做哪个行业，真正构成最大威胁的对手一定不是现在行业内的对手，而是那些行业之外的看不到的竞争对手。

互联网为什么能够如此迅速地颠覆传统行业呢？因为互联网的颠覆实质上就是利用高效率来整合低效率，其间对传统产业核心要素的再分配也是生产关系的重构，并以此来提升整体系统效率。互联网企业通过减少中间环节、减少所有渠道的损耗、减少产品从生产到进入用户手中所需要经历的环节来提高效率和降低成本。因此，对于互联网企业来说，只要抓住传统行业价值链条当中的低效或高利润环节，利用互联网工具和互联网思维重新构建商业价值链，就有机会获得成功。

身处传统行业的人士在进行互联网转型的时候，往往舍不得或不愿意放弃依靠垄断或信息不对称带来的既得利益。因此仅仅把互联网当成一个工具，思考的是怎样提高组织效率、如何提高服务水平。所以传统企业在转型过程中很容易受到资源、过程及价值观的束缚和阻碍，但反过来说，一旦突破某些思维定式，就有机会实现转型。

4. 免费模式

“互联网＋”时代是一个“信息过剩”的时代，也是一个“注意力稀缺”的时代，怎样在“无限的信息中”获取“有限的注意力”，便成为“互联网+”时代的核心命题。于是，众多互联网创业者开始想尽办法去争夺注意力资源，而互联网产品最重要的就是流量，有了流量才能够以此为基础构建自己的商业模式。所以说互联网经济就是以吸引大众注意力为基础，去创造价值，然后转化成盈利。

很多互联网企业都是以免费、好的产品吸引到很多用户，然后提供新的产品或服务给不同的用户，在此基础上再构建商业模式。互联网颠覆传统企业的常用方式就是在传统企业用来赚钱的领域免费，从而彻底把传统企业的客户群带走，将之转化成流量，然后再利用延伸价值链或增值服务来实现盈利。

5. O2O 模式

O2O 是 Online to Offline 的英文简称。狭义理解就是线上交易、线下体验消费的商务模式，主要包括两种场景：一是线上到线下，用户在线上购买或预订服务，再到线下商户实地享受服务，目前这种类型比较多。二是线下到线上，用户通过线下实体店体验并选好商品，然后通过线上下单来购买商品。广义理解就是将互联网思维与传统产业相融合，未来 O2O 的发展将突破线上和线下的界限，实现线上线下、虚实之间的深度融合，其模式的核心是基于平等、开放、互动、迭代、共享等思维，利用高效率、低成本的互联网信息技术，改造传统产业链中的低效率环节。

O2O 的核心价值是充分利用线上与线下渠道各自优势，让顾客实现全渠道购物。线上的价值是方便、随时随地，并且品类丰富，不受时间、空间和货架的限制；线下的价值在于商品看得见摸得着，且即时可得。从这个角度看，O2O 应该把两个渠道的价值和优势无缝对接，让顾客觉得每个渠道都有价值。

6. 平台模式

互联网的世界是无边界的，其市场是全国乃至全球。平台型商业模式的核心是打造足够大的平台，产品更为多样化，更加重视用户体验和产品的闭环设计。

张瑞敏对平台型企业的理解就是利用互联网平台将企业放大。原因有二：第一，这个平台是开放的，可以整合全球的各种资源。第二，这个平台可以让所有用户参与进来，实现企业和用户之间的零距离接触。在互联网时代，用户需求的变化越来越快，越来越难以捉摸，单靠企业自身所拥有的资源、人力和物力很难快速满足用户的个性化需求，这就要求打开企业的边界，建立一个更大的商业生态网络，通过平台以最快的速度汇聚资源。可见，平台模式的精髓在于打造一个多方共赢互利的生态圈。

但是对于传统企业尤其是中小企业而言，也不应该一味地追求大而全、做大平台，而是应该集中自己的优势资源，发现自身产品或服务的独特性，瞄准精准的目标用户，发掘出用户的痛点，设计好针对用户痛点的极致产品，围绕产品打造核心用户群，并以此为据点快速打造一个品牌。

案例分析

网络喜剧创造商业奇迹

艾米热衷于创作网络喜剧。她拥有独特的幽默感和敏锐的观察力，总能从日常生活中找到令人发笑的元素。大学毕业后，艾米在一家广告公司担任创意策划。有一天艾米在浏览社交媒体时，注意到很多人都在分享一些有趣的短视频，这些视频往往能引发大量的点赞和评论。她意识到这些短视频正是她所擅长的领域，于是她决定尝试创作一些有趣的喜剧短视频。

艾米利用业余时间开始拍摄和编辑短视频，她将自己观察到的趣事、生活中的小插曲以及自己的独特见解融入其中。很快，她的视频就在社交媒体上引起了广泛关注。人们被她的幽默和才华吸引，纷纷点赞、分享和留言。后来，艾米辞去广告公司的工作，全职投入短视频创作。她成立了自己的工作室，开始招募团队，并与各大社交媒体平台合作推广自己的作品。

艾米的短视频内容涵盖了生活的方方面面，从职场趣事到家庭生活，从社会现象到人际交往，充满了幽默和智慧。她的作品不仅让人捧腹，还让人从中获得了启示和思考。随着艾米的作品越来越受欢迎，她的工作室也逐渐壮大起来。她开始与各大品牌合作，推出了一系列与喜剧短视频相关的衍生产品，如定制表情包、周边商品等。这些产品深受粉丝们的喜爱，也为艾米带来了丰厚的收益。

第七章　创业者与创业团队

【学习目标】

1. 知识层面：掌握创业者应该具备的素质和能力，认识创业团队对创业成功的重要性。

2. 态度层面：自觉结合创业者能力、素质进行自我剖析，认识到创业团队管理的重要性。

3. 能力层面：能够分析创业团队的优势和劣势，初步培养组建、管理优秀团队的能力。

4. 思政层面：培养团队合作精神和领导能力，认识到团队合作对于创业成功的重要性，在团队中发挥自己的特长，与团队成员共同成长。增强社会责任感和家国情怀，认识到创业者不仅要追求个人的成功和财富，还要关注社会问题，为社会的发展和进步做出贡献。

案例导入

小刘是某大学传媒艺术系的学生，在一次与老师进行暑期调研活动时，他发现有些品牌设计公司的生意不错，这个发现激发了他创业的想法。

听到小刘的想法，早有创业想法的装潢专业的小王立即表示赞同。两人在老师的帮助下获得了一间免费的教室作为工作室。在接下来的一个月里，为了尽快让工作室走上正轨并且营业，两人都跑起了业务，但由于自身能力有限，效果不佳。

这时，两人想到了再找一些有能力且想创业的同学加入他们的团队，为工作室添砖加瓦。让他们没想到的是，他们的合伙创业招聘单刚发出去，就有不少人回应。经过他们的认真筛选，仅仅一周的时间，整个团队的主创人员已全部确定。团队的成员各有所长：在大学生机器人比赛中认识的大三学生小胡动手能力很强；参加辩论赛认识的大三学生小严以口才好见长；大一学生小黄计算机软件技术水平很好；有在广告公司实习经历的小丘以创意见长；中文系大三学生小江不仅写得一手好文章，还擅长把握品牌的文化定位和人文精神；还有擅长编程并获得过编程比赛大奖的小骆。他们组织在一起，正好是一个设计公司完整的人员配备。

这些富有创业激情和能力的人一加入，工作室的氛围立刻变得不一样了。他们根据自己的特长和能力，确定了各自在工作室中的“职务”，如设计总监、策划总监、行政总监、创意总监、销售经理等。在团队人员的共同努力下，工作室终于拿到了第一笔业务：一家连锁洗衣店要求他们为其进行企业形象设计。

接下这笔业务后，每个人都格外珍惜这次机会。为了让设计与众不同，小刘和同学们到各类洗衣店了解和观察消费者的购买行为，并且查阅了大量资料。最终他们拿出了两套设计方案，都得到了洗衣店的认可。

第一笔业务的成功增加了他们的创业激情。随后他们不断积累经验和开拓业务，不久就打响了工作室的名声。现在，他们公司的业务已经遍布全国，客户中不乏一些大型企业。

启示：

这些大学生创业之所以能够成功，是因为工作室的成员不仅都有着创业的激情与创业的梦想，还各有所长，组建了一个较为完美的团队。每名成员在工作中各司其职，共同为工作室的发展贡献自己的力量。

创业者和创业团队都是创业的主导者。有人适合独立创业，他们具有一定的资金和极强的独立性等；有人适合团队创业，他们与人相处融洽。在创业团队中，有的创业者适合担任主导人物，有的创业者适合扮演参与者的角色。因此，创业者要先根据自身的情况进行具体分析，再决定是选择自己独自创业，还是集聚一些拥有相同梦想的伙伴来共同创业。

第一节　创业者

一、创业者的概念

“创业者”这个词最早由法国经济学家坎迪伦引入经济学。19 世纪初，法国经济学家萨伊首次给出了创业者的定义，他将创业者界定为预见特定产品的需求及生产手段，发现顾客，克服困难，将一切生产要素结合的经济行为者。20 世纪初，经济学家熊彼特专门研究了创业者创新和追求进步的积极性所导致的动荡和变化，认为创业者应为创新者。

（一）狭义的创业者

关于狭义的创业者，目前有两个被广泛接受的观点。一是创业者并不等于企业家，从创业者转变为企业家，需要一个逐渐成长和完善的过程。二是狭义的创业者是指参与创业活动的核心人员，而不仅限于企业的法人代表或领导者、组织者。因为在当今的创业活动中，高新技术企业、合伙制企业所占的比例越来越大，离开了核心技术专家和主要合伙人，很多创业活动根本无法进行，所以他们也应被视为创业者。

那么，什么样的人能成为狭义的创业者呢？我们从创业者所承担的责任、义务的角度，将成为狭义的创业者的基本条件概括为：愿意承担创业过程中的所有不确定性和风险，有激情和勇气克服创业中的各种困难，能够持之以恒地为实现自己的创业目标努力奋斗。当然，在科学技术飞速发展、产品和技术老化周期日益缩短、社会分工日益细化的今天，创业者还应熟悉自己所从事的创业领域，并具有较强的创新意识、创新精神和创新能力。

（二）广义的创业者

关于广义的创业者概念，主要有两种界定方式。

一是从人们在工作中所扮演的角色的角度出发，将创业者界定为参与创业活动的全部人员。在这种界定方式下，创业活动的发起者、领导者与创业活动的跟随者都被视为创业者。

二是从人们所从事的工作的性质的角度，将创业者定义为主动寻求变化，对变化做出反应，并将变化视为机会的人。这种界定方式打破了传统的创业概念，将其外延扩大为所有主动寻求变化并对变化做出反应的活动。在这种界定方式下，企业创办者、企业内创业者、个体劳动者、自由职业者、项目合作者等以各种身份从事具有创新性活动的人，都可以称为创业者。

二、创业者的特征

在我们身边有着数不胜数的成功创业的经典案例，我们常常会剖析他们的创业环境和背景，分析他们身上的性格特质，深入挖掘他们成功的因素，试图找到成功的秘诀。但这也使得很多人陷入思想误区，认为创业者是天生的，只有特定的人群才能够创业、能够成功，自己并不在这些人中，因而还未尝试就打起了退堂鼓。管理学家、创业教育创始人之一彼得·德鲁克说过，创业不是魔法，也不神秘，创业是一种训练，人们可以通过学习掌握它。成功的人有相似的特点，但并不是说将这些相似的特点简单地堆加成一个公式，只要符合这些条条框框的人就一定会成功，而稍有偏差便与创业无缘。创业教育家、美国西北大学教授劳埃德·谢夫斯基说过，婴儿的每一天都是新的一天，他们的无所畏惧和带来的惊喜说明，我们每个人都是天生的开创者，也可能成为创业者。然而，很多人面对未知的创业充满了好奇与恐惧，如果将创业者通常具备的心理、行为、知识、能力四个维度的特征做出归纳总结，就可以方便人们参照，以更好地认识自己在创业方面的优势。

要想取得创业成功，创业者除要勇于创业、有所担当之外，也必须具备相应的心理特征及一定知识和能力特征，还必须具有与创业活动相适应的行为特征。

（一）创业者的心理特征

1. 满怀热情

对于一个创业者来说，最先要具备的是对创业这件事情的满腔热情。以很多家长对于孩子的教育为例，如果想要帮助孩子发展一两项特长，一般都会从他自己感兴趣的活动中选择。兴趣才是最好的老师，只有保持兴趣，人们才会主动地去探索，去求知，去渴望体验一次次的实践。创业也是如此，只有对创业饱含兴趣，才会萌生观念与想法，才有继续探索下去的热情，才会展开无限的可能。创业的激情不是一时的，它会伴随整个创业过程。在漫长且艰辛的创业之路上，不是所有人都会一帆风顺，如果在困惑迷茫时能够回想起当初促使自己创业的动力，就更容易拨开云雾，继续为之努力。

2. 敏感好奇

创业者在选择创业项目时，要有新奇点和侧重点，这两点便取决于创业者的好奇心与洞察力，以及能否适时地寻找并抓住机会，对商业机会做出快速反应。机会是留给有准备的人的，也是留给敏感好奇的创业者的。很多时候商机就摆在眼前，能否及时把握，很大程度上取决于创业者的敏感度与好奇心。将别人眼中的平淡无奇变为自己的无限商机，是一个合格的创业者应具备的特质。

3. 情绪稳定

创业过程相当于一次冒险，面对创业路上的种种未知，良好的心态和稳定的情绪显得尤为重要。从前文讲到的创业风险可以看出，创业需要极大的心理承受能力。在这些风险与挑战面前，创业者需要承受的压力和恐惧往往是超出想象的，因此，稳定的情绪在一定程度上会给创业者带来极大的帮助，使其在心理承受能力方面优于常人。

4. 敢于承担

现实生活中的每个人都扮演着不同的角色，而每个角色又承担着相应的责任。抚养儿女是父母的责任，赡养老人是子女的责任，遵纪守法是每个公民的责任。同样，合理合法地创办企业、保障企业和员工的生存、做出合理正确的决策等，都是创业者的责任。作为一个勇于冒险、敢于担当的创业者，责任和义务是要时刻铭记于心的，不能一味地只想索取、获利。同时，敢于承担也不仅仅是承担应尽的责任和义务，还包括对于决策后果的承担，无论公司发展如何千变万化，都要敢于面对和接受现实。有勇有谋有担当，才是一位合格的创业者。

（二）创业者的知识特征

创业者的知识特征对创业起着举足轻重的作用。在商业竞争日益激烈的今天，单凭热情、勇气、经验或只有单一的专业知识，要想取得创业成功是很困难的。即使最简单的创业，也需要一定的文化基础。但并非学历越高取得创业成功的概率越大，因为创业更多需要的是能解决实际问题的知识或能力。

1. 牢固的基础知识

这类知识主要涉及商业常识、社会常识和管理常识。具体地说，商业常识有助于创业者了解经济发展的基本规律，从而能够自觉遵守商业活动的基本规则，维护企业自身的正常运行。社会常识有助于创业者理解自身的社会角色，了解和满足消费者的个性化需求，理解和运用好国家的政策，以及维护好自己的合法权益。管理常识有助于创业者理解人类的特性和行为方式，了解科学的经营管理知识和方法，进而提高管理水平。

2. 丰富的社会阅历及实践经历

这类知识主要涉及商业经验、社会经验和管理经验。这里所说的经验是指通过亲身实践所获得的经验，因为创业活动所需要的上述经验，只有通过亲身实践、亲身体验，才能真正领会。有些同学认为自己看过很多创业成功者的故事，就已经有很“丰富”的经验了。但创业的成功是不可以直接复制的，不经过亲身实践，这些成功者的经验是没有办法变成自己的个人经验的。

3. 精湛的专业知识

这类知识主要涉及与创业活动密切相关的具有较强专业性的知识。创业是开创一番事业，该事业不管规模如何，都需要从事它的人比其他人做得更好、更专业。而要做到这一点，创业者必须具备从事该事业所需要的专业知识。在创业界有个不成文的规定——“不熟不做”。因为各行各业都有一些特殊的地方，如果对它不熟悉，不具备从事这个行当所必需的专业知识，就很难把它做好。

（三）创业者的能力特征

对从事创业活动而言，能力更为重要，知识和素质都是潜在的，它们只有转化为能力，才能变成从事创业活动和实现创业目标所必须具备的本领，才能在创业实践中真正发挥作用。创业者所需要的能力虽然是多种多样的，但从总体上来说主要包括五个方面：机会捕捉能力、决策能力、执行力、经营管理能力、交往协调能力。

1. 机会捕捉能力

创业机会是创业的切入点和出发点，能否发现一个好的创业机会，是创业能否成功最为关键的因素。纵观古今中外的创业成功案例，可以发现绝大多数创业成功者都具有非常强的机会捕捉能力。他们能够看到日常生活中被人忽略的细节，在看似平常的反常现象中抓住问题的关键。他们有爱问问题和重新界定问题的习惯，能够从不同角度看问题，善于挖掘隐藏在偶然事件中的必然规律。

2. 决策能力

决策能力是创业者根据主客观条件，正确地确定创业的发展方向、目标、战略及选择实施方案的能力。创业者的决策能力包括分析和判断两项基础能力。即能够在错综复杂的现象中，通过分析厘清事物之间的联系，通过判断把握事物的发展方向。从某种意义上说，创业者出色的决策能力就是良好的分析能力加上果断的判断能力。

3. 执行力

好的决策必须有好的执行才能变成现实。创业者与梦想者的最大区别就在于创业者不但有发现商业机会的眼光，而且能够果断地决策和坚定不移地执行。好的执行力首先是一种行动能力，创业者不能光想、光说但不去做，一旦有了想法就应当马上去做，毕竟心动不如行动。好的执行力还是一种能够克服重重困难、执行到位的能力，遇到困难就放弃执行或执行不到位，都不是好的执行力的体现。

4. 经营管理能力

成功的创业者不仅要眼光锐利、决策果断、执行到位，还必须善于经营管理。经营管理能力是一种较高层次的综合能力，或者说运筹性能力。它涉及人员的选择、使用、组合和优化，也涉及资金的聚集、核算、分配和使用等。经营管理也是生产力，它不仅会影响创业活动的效率，甚至会决定创业的成败。

5. 交往协调能力

在社会分工日益细化的今天，创业者很难靠个人的单打独斗取得成功，必须具备交往协调能力。交往协调能力既包括妥善处理与政府部门、新闻媒体和客户之间的关系的能力，也包括善于协调下属部门各成员之间关系的能力。企业与外界的接触越多，企业的规模越大，对创业者交往协调能力的要求就越高。

（四）创业者的行为特征

1. 诚实守信

诚信自古以来就是重要的美德。《论语·为政》中写道：“人而无信，不知其可也。”说的是一个人若失去了信用，便无立足之地。《吕氏春秋》中写道：“君臣不信，则百姓诽谤，社稷不宁。处官不信，则少不畏长，贵贱相轻。赏罚不信，则民易犯法，不可使令。交友不信，则离散郁怨，不能相亲。百工不信，则器械苦伪，丹漆染色不贞。”可以说小到个人、家庭，大到整个社会、国家，诚信都起着至关重要的作用。

作为创业者，丢失诚信不仅会导致顾客利益受损，同时也会丧失客流，在诚信的同行面前更是毫无竞争力，注定寸步难行。因此，诚实守信是每一个创业者的立身之本。

2. 勤奋好学

人们常说，一分耕耘，一分收获。因为并不是每个人生来就是天才，也不会轻而易举地获得成功，就连伟大的发明家爱迪生也是在千百次的实验失败后才改良了电灯泡。成功的人总是不断学习、不断进步的，他们知道，只有用勤奋的钥匙才能打开进阶的大门，只有不断地与时俱进，才能把握机会、实现价值。

3. 吃苦耐劳

如果一个人只将创业挂在嘴边，那么他始终不能成为创业者。而他一旦付诸行动，就会感受到创业路上的艰辛。万千世界，唯有适者才能生存。创业也是如此，拥有坚韧不拔的毅力、不轻言放弃的人便是竞争中的适者。

4. 随机应变

创业是任重道远的，创业之路上也布满了荆棘。没有人敢说自己的创业不会出现一点点意外，一切都是在预计的轨道上运行的。一个好的创业者，一定要具备灵活应变的能力以应对面临的各种变数，要脚踏实地，从实际出发，保持清醒的头脑来面对不同的挑战。

三、创业者的素质

（一）进取心

创业者要想成功，必须有强烈的进取心。强烈的进取心能够帮助创业者克服创业道路上的各种障碍，把创业目标作为自己的人生目标。这种进取心往往促使他们打破现在的立足点，打破眼前的樊笼，实现更为远大的目标。所以，创业者的进取心往往伴随着强大的行动力和冒险精神。

（二）忍耐

忍耐是创业者必须具备的素质。“艰难困苦，玉汝于成”，“筚路蓝缕，以启山林”，都是说创业不易。《孟子·告子》云：“故天将降大任于是人也，必先苦其心志，劳其筋骨，饿其体肤，空乏其身，行拂乱其所为，所以动心忍性，曾益其所不能。”可见，身体上和精神上的考验是创业者成功路上的必修课，可以“曾益其所不能”。创业者一定要有坚忍不拔、宠辱不惊的定力与意志，才能直面考验，追求成功。

（三）眼界

对于创业者来说，必须见多识广，广博的见识、开阔的眼界可以拉近自己与成功的距离，使创业活动少走弯路。眼界决定了创业者的创业思路，一般而言，创业者的创业思路有几个共同来源：一是职业，二是阅读，三是行路，四是交友。

（四）明势

创业者一定要跟对形势，研究政策。在政策方面，国家鼓励发展什么，限制发展什么，都对创业的成败有莫大的影响。做对了方向，顺着国家鼓励的层面努力，就可能事半功倍。

（五）敏感

创业者的敏感是指对外界环境变化的敏感，尤其是对商业机会的快速反应。

（六）人脉

创业不是引无源之水，栽无本之木。创业需要资源，而其中最重要的是人脉资源，即创业者构建其人际关系网或社会网络的能力，一个创业者即使在初期能够依靠领先技术，或者自身素质如吃苦耐劳、精打细算等，获得某种程度上的成功，其后续发展也离不开广泛的人际网络，否则很难将事业做大做强。创业者的人脉资源，第一是同学资源，第二是职业资源，第三是朋友资源。

（七）谋略

在产品同质化严重、市场有限、竞争激烈的情况下，创业者的智谋将在很大程度上决定创业的成败。谋略就是一种思维的方式，一种处理问题和解决问题的方法。对于创业者来说，智慧是不分等级的，它没有好坏或高明不高明的区别，只有好用不好用、适用不适用的问题。

（八）胆量

创业本身就是一项冒险活动，必然伴随着风险，因而创业需要强大的心理承受能力，需要胆量、胆识。冒险精神是创业精神的一个重要组成部分，但创业者一定要分清冒险与冒进的区别，创业过程中可以大胆冒险，却应避免冒进。

（九）分享

作为创业者，一定要学会与团队成员、合作伙伴及投资者进行分享。这种分享不仅包括公司的股权激励，也涵盖了对知识和经验的开放交流。分享对于创业者而言是一种长远的战略考虑而非简单的慷慨行为。通过分享，创业者能够激励团队、建立信任、促进合作，从而推动企业的成长和成功。具体来说，创业者的分享包括：①分享愿景，明确并传达企业的长期目标和使命，使团队成员对工作有方向感和归属感。②分享成果，通过合理的激励机制，如股权分配或奖金制度，让团队成员在公司成功后得到收获。③分享知识，鼓励知识交流和技能培训，提升团队的整体能力尤其是创新能力。④分享决策，在决策过程中考虑团队的意见和反馈，增强团队的参与感和责任感。通过分享，创业者不仅能够激发团队的潜力，还能够在更广泛的社会网络中建立良好的声誉，为企业的持续发展打下坚实的基础。

（十）自省

自省其实是一种学习能力。创业既然是一个不断摸索的过程，创业者就难免在此过程中不断地犯错误。自省正是认识错误、改正错误的前提，对创业者来说，自省的过程就是学习的过程、进步的过程。成功的创业者都非常善于学习并勇于进行自我反省。

对于一个创业者来说，遭遇挫折、碰上低潮都是常见的事，在这种时候，反省能力和自我反省精神能够很好地帮助其渡过难关。“吾日三省吾身”，创业者应时时刻刻警醒、反省自己，唯有如此，才能时刻保持清醒。

四、创业者的分类

创业者是创业的主体。创业者既可以是一个单独的个体，也可以是一个团队，既是新创企业的意志主体，又是其行为主体。

（一）按创业内容划分

创业者涉及各行各业，他们创业的动机也千差万别。按照其创业内容，可将创业者划分为生产型、管理型、市场型、科技型和金融型。

1. 生产型创业者

生产型创业者是指通过创办企业推出产品的创业者，这种产品通常科技含量较高，比如，小米的创业是因为其创始人看到智能手机能够打开中国乃至世界手机市场的大门而毅然投入这项事业的开发。他充分利用各种资源，建立了一套非常有竞争力的经营模式，很快打开了市场。

2. 管理型创业者

管理型创业者是指那些综合能力较强的创业者，他们对专业知识可能并不十分精通，但能够通过各种有效的管理手段带动企业前进。例如，卡耐基最初对钢铁生产知识知之甚少，但他看准了钢铁制造业的发展前景，迅速网罗人才进行创业，打造了自己的“钢铁帝国”。

3. 市场型创业者

这类创业者的一个重要特点就是注重市场，善于把握机会。改革开放以来涌现出了大批市场型创业者，如海尔集团创始人就是抓住了市场转型期的大好机遇，将海尔发展壮大的。

4. 科技型创业者

科技型创业者多与高校和科研机构相关联，以高科技为依托创办企业。20 世纪 80 年代以后，为了鼓励科技成果转化为生产力，国家推出了一系列鼓励高等院校创办企业的措施。当今许多知名高科技企业的前身就是原来的“校办企业”和科研院所的“所办企业”，如北大方正、清华同方等。

5. 金融型创业者

这类创业者实际上是一种风险投资家，他们向企业提供的不仅仅是资金，更重要的是专业特长和管理经验。他们不仅参与企业经营方针的制订，还参与企业的营销战略规划、资本运营乃至人力资源管理。

（二）按创业动机划分

创业者的创业动机是多样的，有的是希望获得丰厚的物质报酬，有的是希望拥有一份属于自己的事业，有的是希望满足自己的兴趣，有的是希望获得个人的独立和自主。根据创业动机的不同，可以将创业者分为以下四种。

1. 物质追求型创业者

物质资料是人类赖以生存的基础，而生存是人类的第一需要。在物质资料短缺、劳动就业竞争激烈的情况下，部分人为了谋生，不得不自己创业。另外，人们对物质追求的程度是有很大差异的，许多人在满足了基本的生存需要后，还会有很强的物质追求。在今天的创业者中，有相当一部分属于物质追求型创业者。当然，过度追求物质是不可取的。

2. 事业追求型创业者

马斯洛认为，开创一番事业，实现人生价值，是人类最高层次的需要。任何社会都有一些具有崇高理想和远大抱负的人，这些人以追求事业、改造社会、造福人类为己任，把对社会的贡献作为实现自我人生价值的目标。对这些人来说，当自己的生存有了基本保障之后，就会谋求自我实现的需要。一些既有较好的工作也有不菲的收入的人，也会毅然选择放弃安稳的职业，带着自己的专利和梦想创业，他们都属于事业追求型创业者。

3. 尊重满足型创业者

赢得尊重的需要也是人类的基本需要。人们在物质需要获得满足后，就会转向追求精神方面的需要，赢得尊重的需要就属于这种需要。赢得尊重的方式多种多样，获得让人羡慕的社会地位和做出让人佩服的事情就是较为常见的方式。对大学生创业动机的调查表明，有近30%的同学想创业，是因为在他们看来通过创业致富是劳动致富的体现，还有能力去帮助亲友和社会，从而获得亲友和社会的尊重。

4. 独立自主型创业者

每个人由于遗传和环境影响的不同，都具有不同的人格特征。很多创业者特别向往独立和自由，喜欢自己当家做主。

当然，上述创业者的类型划分，仅仅是从创业内容和创业动机的角度所进行的粗略分类，它们不可能涵盖所有创业者。另外，人们的创业动机是十分复杂的，有些人之所以选择创业，既考虑了物质方面的因素，也考虑了精神方面的因素；既有独立自主的需要，也有获得尊重的需要。之所以从创业动机这个角度对创业者进行分类，就是要提醒同学们想清楚自己为什么要创业，想清楚自己到底想过一种什么样的生活。因为从某种意义上说，选择了一种工作方式，也意味着选择了一种生活方式，而且大多数选择都会有利有弊，很难十全十美。例如，选择做独立创业者，虽然可以在一定条件下充分发挥自己的想象力、创造力，可以掌控自己的工作内容和工作节奏，并按照个人意愿追求自身价值，但是，独立创业的难度和风险很大，工作压力和挑战性也很大，在企业发展到一定规模之前，创业者会经常加班加点，很难过上轻松的生活。所以，同学们在选择是否创业和以什么方式创业之前，一定要了解清楚各种创业方式对创业者的要求，并想明白自己到底想过一种什么样的生活。

第二节　创业团队

21世纪以来，企业面临的外部竞争环境更加复杂多变，越来越多的新创企业采用团队创业的模式，传统的大公司为了应对日趋激烈和多变的竞争形势，增强自身抵御风险的能力，也非常强调以团队管理的方式管理企业。当今世界不缺少丰富的技术、大量的创业者和充裕的风险资本，而相对缺少出色的团队，如何创建优秀的团队是创业者面临的重大挑战之一。那么，什么是创业团队？创业团队与群体有何区别？创业团队又应该担负起怎样的社会责任？

一、创业团队的概念及特征

（一）创业团队的概念

创业团队是指由两个或两个以上具有一定利益关系的、共同承担创建新企业责任的人组成的工作团队。创业团队是团队而不是群体。团队与群体的差别在于团队成员具有共同的目标，相互之间有较为紧密的关系，并且遵守共同的行为准则和规范；群体则没有这些特征。例如，军队是团队，而火车上的旅客是群体。军队有保卫祖国的共同目标和使命，有严明的纪律，军队中的每个成员都将密切合作，分别担任哨兵、侦察兵、狙击手等不同的角色，某个军事任务成功与否取决于所有成员的共同努力。同在一列火车上的旅客们则没有共同的目标，相互之间也没有较为紧密的关系，更不需要密切合作去完成特定的任务。

按成员构成的不同，创业团队可以分为狭义的创业团队和广义的创业团队。狭义的创业团队指才能互补（分工）、责任共担、愿为共同的创业目标而奋斗并能做到利益让渡的合伙人团队。合伙人团队由创业初期投资并参与创业的多个个体组成，是创业团队的核心部分。合伙人团队的技术、知识、经验、社会关系网络等资源是新创企业最有价值的资源。是否拥有较高的受教育程度、丰富的前期创业经历和相关的产业经验与广泛的社会关系网络等是合伙人团队日后能否取得成功的决定因素。广义的创业团队包含狭义的创业团队，也包含创业过程中的一切利益相关者，如风险投资机构、董事会成员和专家顾问等。

（二）高效创业团队的特征

一个处于良性运转的高效创业团队必然具备一些显著的特征，也正是由于这些特征，一个群体组织才能被称为团队或高效创业团队。

1. 目标清晰

高效创业团队对于要达到的目标有清楚的了解，并坚信这一目标包含着重大的意义和价值。反过来，清晰的目标的重要性也能激励团队成员把个人目标升华到团队目标中去。

2. 技能互补

高效的团队是由一群有能力的人组成的。他们具备实现理想所必需的技术和能力，而且相互之间能够展开良好合作，从而能够出色地完成任务。

3. 沟通良好

团队成员如果能够通过畅通的渠道交换信息，就能迅速、准确地了解彼此的想法、增进彼此的情感。管理层与团队成员之间通过正常的信息反馈，也有助于管理者指导团队成员行动，消除误解。

4. 承诺一致

团队成员往往对团体具有认同感，也就是把自己属于该团体的身份看作自我的一个实现。因此，承诺一致表现为其对团队目标的奉献精神，即愿意为实现目标而充分调动和发挥自己的能力。

5. 恰当领导

高效创业团队领导者往往担任的是教练和后盾的角色，他们对团队提供指导和支持，但不试图去控制它。他们鼓舞团队成员的自信心，帮助团队成员更充分地了解和挖掘自己的潜能。

6. 相互信任

团队成员之间的相互作用、直接接触能使彼此相互影响，形成一种默契、关心和信赖。不论何时、不论需要怎样的支持，相互信任的成员都能提供，从而彼此协作，共同完成团队的目标。

二、创业团队的作用与社会责任

（一）创业团队的作用

国内的相关研究表明，60％以上的创业活动都是以团队形式开展的。国外研究表明，高成长企业中，80％的新创企业是以团队创业的形式开展的。为什么团队创业的比例越来越大？这是因为相比个体创业来说，团队创业具有整合资源能力强、抗风险能力强和发展后劲大等优势。在创业过程中，好的创业团队可以发挥以下关键作用。

1. 帮助新创企业应对创业过程中的资源约束

一个企业刚刚诞生的时候，往往面临着众多资源约束，处于“没钱，没人，没客户”的境地，这是新创企业必须解决的问题。一个人的能力、资金、关系网络毕竟有限，所以解决这一问题的过程往往漫长而艰辛。相比个体创业来说，创业团队由于其成员具有不同的经验、能力和关系网络，其整合资源的能力会成倍增加，这无疑有助于新创企业应对创业过程中的资源约束，实现快速成长。

2. 提升新创企业的决策质量

创业活动常面临高度的不确定性，而在导致创业失败的诸多因素中，决策失误高居榜首。由于创业团队的成员具有不同的教育背景、知识经验和个性特征，团队决策的速度会比个人慢，但看问题的角度也更加多样，这不但能降低决策失误的概率，而且有助于用创新的方式解决复杂问题，从而提高新创企业的决策质量，降低新创企业的失败概率。

3. 获取风险投资和银行贷款

风险投资商对于新创企业的发展具有重要的推动作用，其不仅能够带给新创企业发展所需要的资金，还能够带来具有国际视野的管理经验、渠道和网络。美国的研究表明，风险投资商投资的新创企业的存活率高于全国平均水平。对风险投资商来说，投资新创企业的最大风险来自创业者和创业团队的管理风险。由于团队创业在决策质量和工作绩效方面往往优于个人创业，所以风险投资商投资的大多数都是具有良好创业团队的项目。

（二）创业团队的社会责任

企业的社会责任是指企业在其商业运作中对其利害关系人应负的责任。企业的社会责任包括企业环境保护、社会道德及公共利益等方面，由经济责任、持续发展责任、法律责任和道德责任等构成。企业的社会责任要求企业必须超越把利润作为唯一目标的观念，强调在生产过程中对人的价值的关注，强调对消费者、环境、社会的责任和贡献，从而获得在社会、经济、环境等领域的可持续发展能力。这意味着企业不仅要在经济上赚钱，还要兼顾社会和环境的因素，实现可持续发展。

企业的社会责任还涵盖了对环境、社会和治理（ESG）的综合考量。根据2023年的《年度ESG行动报告》，企业在履行社会责任方面的新趋势和行动包括：①气候变化应对。企业越来越重视减少温室气体排放，采取行动以实现低碳运营，包括使用可再生能源、优化供应链管理以及开发环保产品。②社会责任投资。投资者和消费者越来越关注企业的社会影响，推动企业采取社会责任投资，支持社会和环境的可持续发展项目。③数据安全与隐私保护。随着数字化转型的加速，企业在数据管理和保护方面责任感增强，致力于确保个人信息安全。④多元化与包容性。企业致力于创建多元化的工作环境，推动性别平等和文化多样性，为所有员工提供平等的发展机会。⑤供应链透明度。企业加强对供应链的管理，确保供应商遵守劳动法规和环境保护标准，提高整个供应链的可持续性。⑥社区参与与发展。企业积极参与社区建设，通过慈善捐赠、志愿服务和社区项目，为社会发展做出贡献。

强调企业的社会责任不仅是社会对企业的要求，也是企业自身发展的需要。要真正做到这一点，在一开始创业时就要有这种社会责任意识，即使遇到再大的困难，也不能忘记自己的社会责任。

三、创业团队的组建

（一）组建创业团队的步骤

1. 评估人才需求

当创业者选择好创业项目，并下决心开始创业之后，就需要根据创业项目和创业者个人的情况，来确定创业团队的人才选择标准。对任何新创企业而言，资源都是稀缺的，未来都是不确定的。在这种情况下，创业者必须在对个人的优势和劣势进行分析的基础上，根据创业项目运营的实际需要，如当下还缺少什么资源和能力，就选择拥有这种资源和能力的人才。比如，运作创业项目需要市场营销方面的资源和能力，而创业者本人如果恰恰缺乏这方面的资源和能力，就需要寻找拥有市场营销方面资源和能力的人才共同创业。

2. 寻找合作伙伴

在评估完人才需求之后，创业者就可以通过亲戚朋友介绍、媒体广告、互联网、招商洽谈会等形式寻找创业合作伙伴。为了使创业合作伙伴了解创业项目和新创企业的未来发展，创业者应认真准备一份周详的创业计划书。一份周详的创业计划书不但有助于吸引创业合作伙伴，而且能够帮助创业者更好地厘清创业思路、个人已有的资源及急需的资源。另外，在寻找创业合作伙伴的过程中，创业者既需要考虑创业团队成员间的资源和能力的互补，更需要考虑创业合作伙伴的个人品质——良好的个人品质是创业团队成员相互信任的基础。

3. 落实合作方式

在寻找到有创业意愿的合作伙伴后，双方还需就具体的创业计划、股份分配等事项进行全面深入的沟通，以确定创业团队成员之间的正式合作方式。具体来说，要妥善处理创业团队各成员之间的利益分配关系，注重使用与长期绩效有关的利益分配方式，激励团队创业成员为了团队的共同目标而持续努力；也要完善创业团队的决策机制和冲突处理机制，该机制必须具有可操作性和前瞻性，不仅考虑到创业初期团队管理的实际需要，也要兼顾未来企业壮大后的情况。

（二）组建优秀创业团队的方法

1. 做好创业团队领导者

创业团队中领导者的作用非常重要，领导者正如大海航行中的舵手，指引着创业团队的方向，他的能力决定了团队的核心竞争力。创业初期的困难和挫折是不可避免的，团队领导者不仅要解决各种矛盾与困难，更重要的是作为团队成员的精神支柱，不断调整他们的心态，鼓舞他们的斗志。

2. 树立正确的团队理念

一个拥有正确团队理念的创业团队，往往表现出以下几点特征：一是凝聚力强，拥有正确团队理念的成员相信他们处在一个命运共同体中，共享收益，共担风险。二是诚实正直，这是有利于顾客、公司和价值创造的行为准则。三是价值观相似，拥有相似的价值观的团队成员比较容易获得一致的行为方式。四是有共同的愿景，只有拥有共同的愿景，团队成员才会有奋斗目标和战胜困难的勇气，才会为顾客增加价值，使供应商随着团队的成功而获益，即为团队的所有支持者和各种利益相关者谋利。

3. 确立明确的团队发展目标

目标是一种有效的激励因素，如果一个人看清了团队的未来发展目标，并认为随着团队目标的实现，自己可以从中获得利益，那么他就会把这个目标当成自己的目标，并为实现这个目标而奋斗。

4. 制定创业团队的管理规则

创业团队内部需要妥善处理各种权责关系，包括确定谁适合于从事何种关键任务和谁对关键任务承担什么责任，使能力和责任的重复最小化。创业团队内部的利益关系也需要妥善处理，因为每个团队成员所看重的并不一致，这取决于其个人的价值观，有些人追求的是长远的资本收益，而另一些人不想考虑那么远，只关心短期收入或职业安全。

要处理好团队成员之间的权责关系，创业团队必须制定相关的管理规则。一是治理层面的规则，主要解决剩余索取权和剩余控制权问题，关键是明确合伙关系与雇佣关系。在合伙关系下大家都是负责人，而在雇佣关系下只有一个负责人。二是文化层面的管理规则，主要解决企业的价值认同问题。三是管理层面的规则，主要解决指挥管理权问题。

四、创业团队的管理

基于不同逻辑组建的团队各有优劣，在管理方面的侧重点也不一样。对于以理性逻辑组建的创业团队，管理的重点在于经常沟通和协调，整合团队成员的技能，强化成员之间的信任感，具体的措施包括形成明确的分工、透明的决策机制、以信任为中心的团队沟通管理渠道等。针对以非理性逻辑组建的创业团队，管理重点在于信任感的维持、外部资源的整合、避免决策一致性倾向等，具体可采用招募核心员工、聘请外部专业顾问、以利益分配为中心的团队凝聚力管理等方式。无论哪种类型的创业团队，都有必要借鉴以下方式加强对创业团队的管理。

（一）建立以团队理念为核心的公司愿景

真正有效的管理能够激发人的内在动机，进而依靠人的主观能动性进行自我管理。创业者要带领创业团队取得成功，最有效的办法是建立以团队理念为核心的公司愿景，通过愿景的力量激发创业团队成员发挥自身潜能去实现创业目标。优秀的创业团队理念一般有以下几个共同点。

1. 凝聚力

凝聚力是优秀团队的基石，优秀创业团队的成员都会认为，团队的成功离不开每一位成员的共同努力，自身与团队“一荣俱荣，一损俱损”。

2. 合作精神

团队合作精神深深根植于优秀团队成员的心中，他们相互合作，认为在团队中，“别人的事就是自己的事”，可以通过互相补位提高团队整体的效率。

3. 完整性

完整性要求团队成员在完成任务的时候，不能以忽略工作质量、员工健康和其他相关利益者的利益为代价，要“守望相助”而非“以邻为壑”。

4. 长远目标

创业团队一开始就必须树立明确的目标，直至团队完成使命。目标的设置要切合实际，上下级之间要充分沟通与评估，这样双方对困难和期待也会更清晰。目标可以培育团队精神和改进团队合作，也正因为有目标的存在，团队中的每个人才有可能知道自己个人的坐标在哪里，团队的坐标又在哪里。

5. 收获的观念

在优秀创业团队的理念中，“收获的观念”指的是企业最终成功的衡量标准不应仅仅局限于财务收益，主要应体现在其对社会的积极贡献和长远影响力上，如创新与价值创造、可持续发展、社会责任、员工成长与发展和企业文化与品牌影响力等。

6. 致力于价值创造

创业团队成员只有都致力于价值创造，通过努力把“蛋糕”做大，才能不断创新产品和服务，满足客户的需求，让客户、供应商等相关利益者获得更大的价值。

7. 平等而不平均

在成功的新创企业中，每个团队成员由于能力和分工的不同，应承担不同的职责并拥有相应的权利，这样才能更好地激励团队成员。因此，不能追求简单的平均主义。

8. 公正性

优秀团队会在设计针对员工的各种奖励机制的时候，将奖励与个人在一段时期内的贡献和工作成绩相挂钩，并根据实际情况随时做出调整，以保证激励机制的公正。

9. 共享收获

企业的成功是每一位成员共同努力的结果，当企业发展到一定程度的时候，优秀创业团队会根据员工的贡献为其分配企业收益。

（二）建立合理的企业所有权分配机制

在创业团队组建之后，建立合理的企业所有权分配机制是创业团队必须解决的关键问题。合理的企业所有权分配机制能增强创业团队的凝聚力，激励创业团队成员更好地为实现企业目标而奋斗，有利于企业的长远发展。在确定企业所有权分配机制的过程中，需要注意以下几项原则。

1. 树立共享财富的理念

在企业所有权分配问题中，要做到兼顾公平和激励并不容易。而创业者如果拥有宽广的心胸和“与帮助你创造价值和财富的人一起分享财富”的理念，就不过度纠结于持股的百分比问题，而关注于如何把企业做大。只有把企业做大，创业者才能获得更多收益。

2. 重视契约精神

契约精神强调自由、平等、守信。在创业之初就应高度重视契约精神，及早把确定的所有权分配方案纳入公司章程，以契约形式明确创业团队成员之间的利益分配机制。这样能够在长期内有助于创业团队的稳定，避免后续的争端和纠纷。

3. 按照贡献分配所有权

所有权应按照团队成员对企业的长期贡献来分配。在现实中，按照出资额的多少来分配是常见的做法，但也要注意不应忽略出资较少或没有出资却拥有关键技术的成员对企业的贡献，应该在分配中予以考虑。

4. 控制权与决策权统一

在企业初创阶段，实现控制权与决策权的统一对团队合作和公司发展至关重要。具体措施包括：明确各创始人和关键成员的角色与职责，建立清晰的决策流程；合理设计股权结构和投票权，确保决策效率和团队成员间的相互信任；定期沟通和共同制定公司愿景，帮助团队减少分歧，确保团队朝着共同目标前进。

（三）建立职权管理机制

为了有效建立职权管理机制，领导者应当明确团队成员的职责和权限，确保他们能够在授权范围内做出关键决策。这不仅包括参与日常运营，更涉及长期性和战略性规划。领导者更应致力于消除团队内部的矛盾，通过有效沟通确保所有成员对目标和战略有共同的理解。最后，领导者应重视团队能力的提升，通过定期培训和专业发展机会，增强团队的整体执行力和创新能力，从而最大化团队的潜力和企业的功效。

拓展阅读

初创团队最常见的几个问题

一、负责人隐性缺失

初创公司经常出现隐性的负责人缺失问题，主要包括下面三种情况。

(1)高管不服管，名义负责人没有足够的威信。负责人招聘过来的人大多与自己是旧识，这本身并没有太多问题。然而如果有的团队成员因为种种原因(例如是负责人的老领导或老师)，自认为比负责人的能力强，发自内心地缺乏对总经理的尊重，进而在团队沟通和讨论的过程中有意无意地体现出自我的优越感并散布对负责人的不信任，就会给团队管理带来极大的困难和障碍。

(2)总经理处于整个公司的对立面。虽然总经理本来就应该对公司的所有问题承担责任，但是如果出现将公司全部问题都仅仅归咎于总经理的情况，就意味着公司上下都缺乏对总经理的基本尊重。不过，也可能存在公司大部分员工都说公司的技术氛围很好，但是总经理缺乏创业、管理、凝聚人心的基本能力的情况。无论如何，缺少一个可以服众的领导者，对于企业而言无疑是非常危险的。

(3)权分两半，各管一摊。能撑起摊子创业的人大多是比较有想法和强势的人，假如有两个这样的人在一起创业，各管一摊会怎样呢？俗话说，一山难容二虎，两个同样强势和同样能干的人往往难以做到长期合作与和谐共处。平均不可能永远都是最优的解决方案，一个公司还是需要一个绝对的领导者的。

二、股份结构太过分散、平均

在个人主导创业的时代，创始人个人持有融资之前公司80%以上股份的情况并不罕见。但是随着联合创业成为主流，公司股份需要在多个团队成员间进行分配，总经理的股份占比显著降低。在一些项目中，部分总经理融资之前的股份比例甚至不到35%。事实上，从一个中长期的角度来看，过于分散、平均的股权结构对公司而言可能是隐忧，甚至可能成为公司发展道路上的一个“暗雷”。

初创团队中必须推选出明确的领导人(总经理)来做绝对的大股东。如果创业初期，大家的贡献和条件相差不大，则建议总经理通过个人向公司注资的方式获得更高的股权。股份上的明显优势对于总经理提升团队内部的影响力和话语权也是很有帮助的。但与此同时，总经理也不能持有过高的股份比例，需要为创始团队留出股份，也为员工和后续核心成员留出期权的空间。

三、没有提前制定好规则和退出协定

为什么有的企业会“兄弟式合伙，仇人式散伙”？他们合伙创业的时候，大多是因为惺惺相惜、理念相同，而分道扬镳的原因却有很多：有人承诺带来订单和资源，拿到股份后就不见人影；有人不适应创业的生活，时间不长就退出了；有人说得天花乱坠，却一开始动手就被打回原形；有人虽然能力很强，却无法和团队和谐相处。为了在出现这种窘境时尽可能地保护公司和全体股东的利益，创业之前一定要提前签好退出协定，明确不同退出情况下的股份处理和转让相关条款、机制。如果创业之前顾及“兄弟”情面，没有明确规定出现问题后的应对和调整机制，一旦发生不利情况，公司和其余股东将陷于被动的境地。

四、团队成员的背景过于接近

在组建初创团队的时候，有的创业者可能一味地根据喜好和认同感吸纳团队成员。太封闭的团队的生命力和适应性是有限的，每一个初创企业最好都能够组建背景多样化的团队，营造兼收并蓄、开放、平等、自由的文化氛围。

五、贸然和不熟悉的人一起创业

组建团队的时候，是寻找知根知底，但是能力、经历、个性等方面稍有不足的熟人来做创业伙伴，还是更主动地寻找更加合适但不熟悉的队员？为了搭建更有战斗力的团队，需要打开视野，在不熟悉的圈子里寻找合适的创业伙伴。然而，前提是必须擦亮眼睛仔细甄选，还要进行一定的磨合，做到知己知彼。一般来说，这样找到的队员经常是不熟悉的，那么该怎么办呢？这就需要提前做好工作，通过多方面的调查和多次深入沟通来了解准创业伙伴，以期在最短的时间内达到彼此之间的熟悉和了解，下面是一些实际操作的方法。

(1)多谈几次，每次多花点时间谈透，多谈业务和工作的细节。部分人面试时表现很好，很能打动人，所以往往能获得不错的职位，但是实际能力非常一般。其实这种人也容易分辨，可多问业务方面的细节并仔细判断他的回答是否言之有物。

(2)多场景接触。比如一起喝茶、爬山，打球等，在这些场合多谈点与工作无关的事情，从不同的场景对创业伙伴做出综合判断。此外，对于重要合伙人，一定要跟对方的家人或准家人接触，因为创业不仅仅是工作选择，更是生活方式的选择，没有家人的支持是很难坚持下去的。

(3)找帮手一起谈。这个帮手可以是团队中经验和阅历比较丰富的人，也可以是投资人。投资人的工作性质决定了他们需要跟不同的人接触，自然识人的能力也会高一些。事实上，投资人的服务工作重点之一就是帮已投项目找人或看人。

(4)做背景调查。背景调查是有效的方法，尤其是如果能找到了解对方情况、眼光犀利且愿意开诚布公的人，将会事半功倍。之所以把这条放到最后，是因为前三种方法更容易操作，而且不是所有情况下都能找到合适的人去做背景调查。所以，为了能找到合适的创业合伙人，创业者需要提前谋划，扩展人脉。

六、一开始就组建一个豪华团队

部分创业者比较理想化，一开始就想着组建一个"梦之队"。但实际上，在创业初期选择精益创业方式才能最大限度地提升生存概率。因为初创企业的资金较为有限，每一分钱都得用到刀刃上。因此，初创企业的人员不能太多，能满足基本的需求即可。

组建团队时，如果过于求全求好，就容易出现以下两个方面的问题。

(1)团队成员的背景超出了公司早期业务的需求。一些创业者在挑选创业伙伴时，一定要求是同行业大企业的管理层。然而，习惯管理大企业的人，不一定能"接地气"，也不一定能"挽起袖子"，因此开展业务不一定会像在大企业里那样得心应手。同时，大企业管理层的人力成本也不是初创企业能承担的。另外，大家背景都差不多，就可能出现谁也不服谁，在团队股份比例和领导权方面增加内耗的情况。

(2)团队太"完善"，各种关键、不关键的岗位全部到齐。有的创业者局限于过往从业经历中的层级划分、岗位界定的思维定式，即使公司创立的前半年只是在开发产品，也要提前配备好市场和营销人员。更有甚者，有些做天使融资的团队，已经有首席财务官(CFO)了。对于这种团队，投资者一般都会保持警惕。

七、所有成员都是兼职创业

数年前，还有不少人是先兼职创业，等到准备充分之后再辞职。但是近期，随着市场环境的发展和竞争的步调加快，如果你看到了一个市场机会，只要判断出它距离市场的爆发不会太远，就请不要犹豫，尽快全身心投入其中。否则，等你觉得自己准备好了可以创业的时候，没准市场上已经有上百个竞争对手了。

总结：

世界上没有完美的个人，但有接近完美的团队。创业者需要做的，就是建立一支能熬过困难、越战越勇、持续学习并最终夺取胜利的团队。

一个好的创业合伙人，会在企业困难的时候迎难而上，帮助企业实现腾飞。对创业者而言，选择的创业伙伴则意味着要在未来好几年内休戚与共，共同决定公司未来几年内的走向。所以创业者需要选择内在价值观一致、能力互补的创业伙伴，并通过提前制定好的规则、坦率而真诚的交流及彼此之间的包容，努力打造一个富有战斗力和生命力的团队。

案例分析

创业成功的小胡

小胡是一名兼职创业者，他大学毕业后进入一家外企做研发。小胡很喜欢玩游戏，玩得久了就想自己开发一点什么东西。于是他和几个朋友一起合计，决定自己做一个桌游。

这成了他兼职创业的项目，他找来了另外三个人，成立了一个创业团队。团队加上小胡共四个人，一个负责产品设计，一个负责公关、市场和销售，一个负责美工，另一个负责物流。四个人筹划了一个月，项目就正式启动了。

小胡作为发起人承担了很多工作，而这些工作全是他在 8 小时工作之外完成的。两年多过去了，小胡团队的项目也有了很大起色，他们的团队也正在筹划从兼职创业走向专职创业。

思考与讨论：

1. 进一步搜寻资料，试分析小胡团队创业成功的原因。
2. 假如你要创业，你想做什么？你会选择哪些成员来组建团队？

模块四　创业实施

第八章　撰写创业计划书

第九章　创业融资

第十章　创办公司

第八章　撰写创业计划书

【学习目标】

1. 知识层面：分析团队创业项目的商业模式，掌握创业计划书的撰写方法。

2. 态度层面：做好创业的心理准备，逐步培养树立正确的创业目标的意识。

3. 能力层面：能够完成团队创业计划书的撰写。

4. 思政层面：培养创新精神和创业意识，认识到创业计划书的撰写是创业过程中非常重要的一环，在撰写计划书时积极探索和创新，为自己的创业项目提供有力的支持。

案例导入

小米科技公司的创业故事和营利模式对大学生创业者具有启发性。小米不仅以其高性价比的智能手机闻名，还在智能家居、生活消费品等领域取得了显著成就。2024 年，小米宣布进军电动汽车行业，这一举措体现了公司不断创新和拓展新领域的决心。

小米的营利模式基于其强大的硬件产品线，包括智能手机、智能家居设备等，并通过互联网服务和软件生态实现增值。小米通过构建一个综合性的智能硬件生态系统，实现了产品的互联互通，为用户提供了无缝的智能生活体验。这种模式不仅增强了用户黏性，也为公司带来了多元化的收入来源。

小米汽车项目的启动，标志着小米在硬件领域的进一步拓展。这一战略举措可能会为小米带来新的增长点，同时也为大学生创业者提供了一个通过技术创新和市场拓展实现企业增长的案例。小米的这一新动向强调了企业需要紧跟科技发展的趋势，不断探索和开发新的业务领域，以适应不断变化的市场需求。

小米的多元化战略和对创新的持续追求鼓励年轻的创业者要敢于梦想，勇于进入新的市场领域并通过提供有价值的产品和服务来满足消费者的需求。小米的成功也表明，通过构建强大的品牌和生态系统，企业可以在激烈的市场竞争中保持领先地位。

第一节　商业模式画布

一、商业模式画布简介

(一)商业模式设计的概念及特点

商业模式设计是指根据客户需求而进行创新的战略重塑，为追踪可持续利润而进行的企业战略设计。它是一个为了“创造客户价值”而精心规划的价值创造系统，它的重点在于全部架构必须紧扣客户价值。

商业模式设计有以下特点：一是可将他人或自己此前做不成的商业，转变为自己可以做出的商业；二是有助于新创企业尽快实现“正的现金流”和“最大化利润”；三是应反复试错、修正；四是表现为企业战略设计的基础。

许多成功的商业模式给企业带来了巨大的效益，它之所以可以达到这样的效果，其中的奥秘之一，就是它遵循着一个基本框架。这就是在商业模式设计、分析时常用到一个基本工具：商业模式画布。

(二)商业模式画布的定义

商业模式画布是指一种用来描述商业模式、可视化商业模式、评估商业模式及改变商业模式的通用语言。

商业模式画布常用于会议和头脑风暴，是设计、分析商业模式时用到的一个工具。它通常通过一面白板、一张白纸或者一面墙来展现，可以给决策者呈现一种简约而又高效的内容，从而更有效地帮助设计者设计商业模式(图 8-1)。

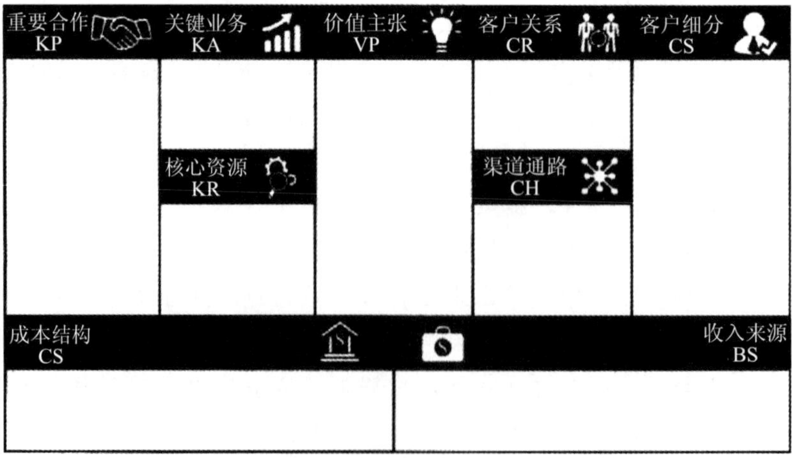

图 8-1　商业模式画布式样

二、商业模式画布模块介绍

商业模式画布通常由以下九个部分构成。

1. 客户细分(Customer Segments，CS)

客户是指企业或机构所服务的一个或多个群体。企业可以把客户分成不同年龄段或者不同需求的群体，甚至专为一种客户群体服务。例如，各大银行把理财客户分为稳健型客户、保本型客户、激进型客户，从而为他们提供不同的理财方案。

案例分析

大学生小梁毕业后在某大学校园旁开了家名为“职尚”的校园正装店，他的正装店瞄准了那些需要参加学生干部面试、求职面试、拍毕业照等对正装有需求的在校大学生，小梁还将客户细分到学生干部、毕业生等。

分析：小梁的客户细分策略较为明确，这种定位有助于他更精准地进行市场推广和库存管理。从长远发展角度看，他还可以考虑拓展服务范围。例如，提供正装租赁服务，以满足更多预算有限但对正装有需求的学生；与学校的职业发展中心合作，提供职业形象培训，从而增加服务的附加值，吸引更广泛的客户群体；等等。

2. 价值主张(Value Propositions，VP)

价值主张用来描述为特定客户创造价值的系列产品和服务。价值主张的重要性在于它表明了商业模式的价值定位和未来发展方向。例如，阿里巴巴的价值主张是为商家提供平台，让天下没有难做的生意。而校园正装店的价值主张是专门为有需要的大学生提供性价比高的正装服务。

3. 渠道通路(Channel Highway，CH)

渠道通路是指企业向客户传递价值主张的环节。过去，苏宁只通过线下直营店进行商品销售，但如今，苏宁已经把销售渠道主要分为线上商城和线下实体店，并与高效物流合作，构成完整的营销渠道模式，双管齐下进行营销。而校园正装店的销售渠道也可分为线上和线下，线下通过实体店进行销售，线上通过微信朋友圈、微博等方式宣传。

4. 客户关系(Customer Relationships，CR)

客户关系是指企业在客户细分的基础上，与客户之间建立与维护的互动关系。星巴克通过在线 APP 设置会员积分卡，在增加客户黏性的同时提升客户地位，维持良好的客户关系。而校园正装店会通过让顾客关注微信公众号来建立客户关系，并定期通过优惠、回馈活动等方式来维持客户关系。

5. 收入来源(Revenue Streams，RS)

收入来源是指能够产生收入的那些成功提供给客户的价值主张。例如，零售商沃尔玛的收入来源主要为其细分市场下的零售商品收入，而校园正装店可通过专门为有需要的大学生销售正装，从中获取买卖的差价。

6. 核心资源(Key Resources，KR)

核心资源是指对公司价值创造和竞争优势形成起到关键性作用的资源。例如，对于一家科技创新企业而言，其核心资源可能是专利技术和研发团队。而对于校园正装店来说，拥有的与校园学生建立起来的强大的客户关系网络则是其核心资源。

7. 关键业务(Key Activities，KA)

企业往往是通过执行一些关键业务活动来运转商业模式的。校园正装店的关键业务有两种：一是为有需要的大学生做好每一次的正装服务，甚至包括售后服务；二是通过各种优惠、回馈、公众号推文等方式与学生维持良好的客户关系。

8. 重要合作(Key Partnerships，KP)

重要合作之所以产生，是因为企业的部分业务需要外包，而另外一些资源需要从企业外部获得。基于此类需要，企业可以通过合资等方式建立战略合作伙伴关系。校园正装店可与服装供应商建立战略合作关系，保证服装质量优质和服装按时到达，并与同学构建关系网络进行合作，大力宣传品牌。

9. 成本结构(Cost Structure，CS)

成本结构是指商业模式的上述要素所引发的成本构成。对于一个类似阿里巴巴的B2B电商平台而言，它的成本在于平台维护费用、平台推广费用和人力费用等。校园正装店的成本则为进货成本、宣传成本、店铺租金、人力成本等。

第二节　撰写创业计划书

一、创业计划书概述

创业计划是创业者首先应该做的，所形成的创业计划书是创业者的创业想法、路径、目标的细化。对于创业者而言，创业计划书会使其最初的创业想法系统化，使其对企业的发展有更加明确的预期。对于合作者而言，创业计划书能使其更加明确企业的愿景及实现路径，能够增强合作的信心。对于投资者来说，可以依此对自己投资的可能回报率做出较为明确的预期。虽然有了计划书并不一定能成功，但一份好的计划书可以提高创业的成功率。对于新创企业来说，计划书好比建筑效果图，虽然在施工的过程中可能有所改变，但可以直观地反映实施后的效果，对于建筑施工图的绘制起着决定性的作用。

（一）创业计划书的概念及作用

1. 创业计划书的概念

创业计划书是用来清晰、完整地阐述创业的目的、基本设想、发展前景、团队组成、实施路径等方面情况的总体规划，即创业者关于创业设想的书面概述，包括市场机会、营运战略、财务和人力资源战略，特别是其团队的管理能力和技巧。计划书需要详细地分析机会的价值、要求、风险和潜在收益，以及该如何把握市场机会。创业者要能够通过把各种调查研究、周密的思考和创造性的问题融合成一份完整的创业计划书，来指导创业的过程并向投资者和债权人展示创业成功的潜力和策略。

2. 创业计划书的作用

如果将创业计划书作为内部管理资料，那么需要准备一份以市场营销和财务报表为重点的短期计划，以防范初创管理常出现的“走哪儿算哪儿”的现象。如果创业者为寻求融资资金或扩张资本，那么制订一份更完整的计划就十分必要了。在创业准备阶段，创业计划书的重要作用主要体现在以下两个方面。

（1）创业计划书是指导新创企业走向成功的路标

①有助于明确创业目标，以之作为企业行动方向。在创业融资之前，创业计划书首先应该是给创业者自己看的。办企业不是“过家家”，创业者应该以认真的态度对自己所有的资源、已知的市场情况和初步的竞争策略做尽可能详尽的分析，并提出一个初步的行动计划，通过创业计划书做到心中有数，规划自己的创业蓝图，使自己对创业目标更加明晰。

②有助于分析创业的可行性。制订一份正式的创业计划书，是创业资金准备和风险分析的必要手段。对初创的风险企业来说，创业计划书的作用尤为重要，一个酝酿中的项目往往很模糊，通过撰写创业计划书，把正反理由都写下来，然后再逐条推敲，创业者就能对这一项目有更加清晰的认识，有助于分析创业的可行性。

③有助于指导新创企业的经营管理。创业计划书涉及创业资金的筹措、战略与目标、财务计划、生产与营销计划、风险评估等企业经营管理的各个方面，可以帮助创业者周密地安排创业活动，有利于新创企业的经营管理。创业计划书使目标得以量化，为创业者预测未来结果提供了可度量的标准。

④有助于吸引新的团队成员加入。创业计划书通过描绘新创企业的发展前景和成长潜力，使管理层和员工对企业及个人的未来充满信心；通过明确要从事什么项目和活动，使大家了解将要充当什么角色，完成什么工作，以及自己能否胜任这些工作。因此，创业计划书对于创业者吸引所需要的人力资源及凝聚人心都具有重要作用。

（2）创业计划书是与利益相关者沟通的桥梁和媒介

①有助于利益相关者全面理解新创企业。创业计划书作为一份全方位的项目计划，它对即将开展的创业项目进行可行性分析，同时向风险投资人、银行、客户和供应商宣传拟建的企业及其经营方式，包括企业的产品、营销、市场及人员、制度、管理等

各个方面，因而创业计划书一定程度上也是对拟建企业进行宣传和包装的文件。此外，好的计划还可能有机会得到政府的扶持。

②有助于使投资者产生兴趣和增强信心。一份出色的创业计划书不但会增强创业者自己的信心，也会增强风险投资人、合作伙伴、员工、供应商、分销商对创业者的信心。而这些信心正是企业走向创业成功的基础之一。

③有助于外部读者评阅指导。创业计划书涉及企业的诸多方面，难免有不妥或遗漏之处，作为企业自我推销的文件在供外部读者评估审阅时，往往有机会得到他人的指导，使计划更加切实可行。

（二）创业计划书的基本内容

创业计划书的内容和形式因具体创业环境、创业者及创业机会的不同而千变万化，撰写时应不拘一格。但创业的一些基本要素是相似的，了解和掌握这些基本要素有助于创业者更好地编制计划。撰写创业计划书的方法众多，有诸多结构和模板可以参考，而制订完善的创业计划，首先要求创业者明确创业的关键问题。在创意真正转变为创业的过程中，通过提出必须面对和解决的问题，关注创业的关键成功要素，可有效保证后期的成功。虽然创业计划书没有严格的格式与体例，但通常情况下它应该包含以下内容。

1. 执行摘要

执行摘要应对创业的所有要点进行总结，如经营模式、所有者和主要员工、目标市场、财务要点等。从财务分析来说，它包括销售计划、资金需求、资金用途、何时及如何偿还借款等。为了引起读者的注意，创业者应以简洁的方式把重点放在债权人和投资者感兴趣的创业基本要素中。执行摘要应尽量简洁，最多两页，把要点陈述清楚即可。一份精心准备、条理清晰的摘要有助于创业者和企业建立良好的外在形象，从而取得财务支持。

执行摘要的具体内容包括：①企业基本状况，简要介绍企业的成立时间、主要业务和创业团队的核心成员。②商机，描述企业所针对的市场机会和创业的基本战略。③竞争优势，简述企业相对于竞争对手的优势。④目标市场，指出企业的目标客户群体和市场定位。⑤财务概况，提供企业的财务预测摘要，包括预计的收入、成本和营利能力。

2. 企业描述

创业计划书的主体部分是从企业描述开始的。企业描述主要介绍当前企业创建的进展。创业者需要提供简单的有关企业的信息，主要包括：①发展历程，详细叙述企业从成立到现在的发展历程，包括重要的里程碑事件。②愿景和目标，阐述企业的长远愿景和具体的发展目标。③研发和创新，介绍企业在产品研发和技术创新方面的努力和成果。④市场策略，详细描述企业如何扩大市场份额，包括营销策略和客户关系管理方式。⑤成功案例和挑战，分享企业已经取得的成功案例和在发展过程中遇到的挑战及应对策略。

3. 产品(服务)介绍

列举企业当前所提供的产品和服务类型，以及将来的产品和服务计划，陈述产品和服务的独到之处，产品介绍通常应包括以下内容：产品的基本情况，产品的市场竞争力，产品的研究和开发过程，发展新产品的计划和成本分析，产品的市场前景预测，产品的品牌和专利。产品(服务)介绍是创业计划书必不可少的一项内容。在产品(服务)介绍部分，创业者要对产品(服务)做出详细的说明，说明要准确，也要通俗易懂。通常产品介绍中要附上产品原型、照片及其他介绍。

4. 市场与竞争

编制营销战略前要进行有效的市场分析。市场分析包括行业竞争情况分析、自身竞争实力，即市场规模和趋势、企业地址、市场营销组合和预算等。

对提供的产品和服务，应确认是否存在真正的市场。创业者需要描述目标市场和市场特征：谁买，在哪里买，多少人买，为什么买，什么时候买，如何满足需求，和竞争对手不同的地方是什么。一个成功的创业者需要具备这样的能力——吸引那些有购买意愿而且确实有消费能力的真正的客户前来购买产品和服务。创业者所犯的最严重的营销错误之一就是不确定目标市场定位，试图将其产品卖给所有人。此外，创业者要向未来的投资者展示客户对其产品和服务感兴趣，就需要提供测试市场的方案并取得书面评估证明。创业者必须用市场研究中得到的事实数据来证明所提出的市场规模和增长率等。

在创业计划书中，创业者应细致分析竞争对手的情况。谁是主要的竞争对手，其市场份额、产品或服务、战略、优势和劣势及企业形象等信息数据应在这部分进行分析和描述。应明确与竞争对手相比，在对客户有价值的产品或服务及企业经营模式等方面，哪些是企业的竞争优势。诚然，创业者应把企业战略的重点放在客户的需求而不是竞争对手上，但这部分内容也是必不可少的。

5. 营销

营销是企业经营中最富挑战性的环节，影响营销策略的主要因素包括消费者的特点、产品的特性、企业自身的状况、市场环境、营销成本和效益等。营销策略应包括以下内容：市场机构和营销渠道的选择、营销队伍和管理、促销计划和广告策略、价格决策。

对新创企业来说，由于产品和企业的知名度较低，因而很难进入其他企业已经稳定的销售市场。因此，企业不得不暂时采取高成本低效益的营销战略，如上门推销、大打商品广告、向批发商和零售商让利，或交给任何愿意经销的企业销售。

6. 运营

在寻求资金的过程中，为了增大企业在投资前的评估价值，风险企业家应尽量使运营计划更加详细、可靠。创业者应该构建企业组织结构，用来确定企业的主要岗位并挑选合适的员工。确定合适人选组建管理团队无疑是困难的，而留住这些人才来一起创建并发展企业则更为困难。因此，创业计划书应简要描述如何采取措施来鼓励企业的重要管理人员留在企业。通常，企业会采取雇佣合同、股权分配和津贴等方式来留住和激励这样的员工。因此，在创业计划书中描述企业的股权分配方案、租赁、合约和其他与企业相关的协议是有益的。

7. 团队及组织结构

创业团队人员包括核心董事会成员、管理人员和重要的股东。创业成功的重要因素之一就是管理团队的素质，比如他们的能力和经验，由行业内的专家组成的董事会有助于提高管理团队的素质。创业计划书应表述管理高层的可证明的技能和优势，并说明该怎样留住重要员工：股权激励或是其他一些激励手段能够降低员工流失率。

此部分要重点解答以下问题：创业者和早期关键人员的背景和角色是什么？创业团队的热情和技能怎样？该创业团队为何致力于该创业机遇？组建创业团队必须聘用哪些关键人员？每个职能部门预期需要多少人员？这家公司是否具有顾问人员或董事会成员以促进创业过程？

此外，还应对公司结构做简要介绍，具体包括以下方面：公司的组织机构图、各部门的功能与责任、各部门的负责人及主要成员、公司的报酬体系、公司的股东名单(包括其认股权、比例和特权)、公司的董事会成员、各位董事的背景资料。

8. 财务预算

创业者需要提供未来一到三年的企业经营的财务预算报表(包括损益表、资产负债表、现金流量表)。这些基本的财务预算报表对创业者来说是十分重要的，而财务预算的制定有助于财务报表的准备。创业者应该制定的几个关键预算包括经营预算、现金流量预算和资本预算。经营预算一般先是进行销售预测，然后评估经营费用。现金流量预算提供了特定时期的现金流入和现金流出的总体情况。财务预算报表是用来规划企业未来特定时期内的财务状况(如预算损益表)或未来某一时间的经营状况信息(如预算资产负债表)的，经营预算和现金流量预算经常被用来制定这些财务预算报表，而资本预算是用来帮助创业者做投资决策用的。常见的三个资本预算的方法为投资回收期法、净现值法和内部回报率法。

财务预算和现金流分析一样重要。因为投资者关注的就是现金回报率和回报时间。根据企业三年或五年的财务预算，投资者可以通过自己的分析研究来决定投资与否。因此创业者应该对新创企业的财务进行科学、合理、有说服力的预测——不要夸大其词，那样会让投资者对你的诚信产生怀疑，但也不可以太过保守，因为回报率太低是没有办法吸引投资者的。

9. 附录

这部分应附上关键人员的履历、职位，组织机构图表，预期市场信息，财务报表，以及创业计划书中陈述的其他数据资源等。

二、撰写创业计划书与创业计划的展示

“写作使人精确”，撰写一份创业计划书能促使创业者进行冷静、系统、缜密的思考。有些创意可能听起来很棒、很诱人，但是，当把所有细节和数据写下来的时候，就可能发现创业活动与创业者的个人目标和期望并不完全一致。那么，如何避免这种情况呢？

（一）撰写创业计划书应具备的条件

一个计划一经设定，便会成为人们行动的指南，人们要循着它的方向去做。那么，要制订既容易实行、效果又好的计划，需要具备哪些条件呢？

第一，要具体。必须明确地表达具体的行动、目的和方针，目的和方针可以稍具抽象性，但行动应明白地指出，让负责实行这一计划的人了解自己该如何去做。

第二，要有限期。目标就像一只无形的手在远方召唤着我们，而对于路有多长也要做到心中有数。所以拟订一个计划时，必须考虑时间的设定。

第三，要具备经济性。在费用、人员、资料等方面都有必要精打细算。

第四，要简洁。如果计划过于繁杂，实行时往往会缺乏可操作性。

第五，要有弹性。为了应对条件的变化及偶然因素出现，拟订计划时必须考虑到修改甚至变更部分计划的可能性。

第六，要有优先顺序。对于所实施的项目，要根据它们的重要性决定先后次序。

第七，要有反馈。对于计划必须及时进行总结与反馈，这样才能检验计划的实施程度如何并及时调整计划的可行性。

（二）创业构想的研讨与可行性分析

创业计划书的编写涉及的内容较多，因而制订创业计划前必须进行周密安排。主要有如下准备工作：确定创业的目的、宗旨与种类，组成创业计划书撰写工作小组，制订创业计划书撰写计划，确定创业计划书的总体框架，制订创业计划书撰写的日程安排与人员分工。

以创业计划书的总体框架为指导，针对创业的目的与宗旨，广泛搜寻内部与外部资料，包括新创企业所在行业的发展趋势、产品市场信息、产品测试、实验资料、竞争对手信息、同类企业组织机构状况、同类企业财务报表等。资料调查可以分为实地调查与收集二手资料两种方法。实地调查可以得到创业所需的一手真实资料，但时间及费用耗费较大。收集二手资料较容易，但其可靠性相对较差。创业者可根据需要灵活采用。通过掌握的资料分析新创企业的当前状况、预期需求及结果预计，展示新创企业的清晰面貌——企业经营内容、发展方向、预期目标如何实现等。

1. 探讨创业的目标与方向

撰写创业计划书的筹备阶段，需要先探讨和评价新创企业或创业者的目标，据此来制订符合新创企业或创业者实际需要的翔实而周密的创业计划。创业者要重点思考以下两方面的问题。

一是创办企业的原因。创办企业的一些常见的原因包括拥有自己的企业、渴望职业和财政独立、实现自己的愿望、充分展示自己的技能、奉献社会等。

二是哪些商务领域适合自己创业。为此需要思考这些问题：自己对哪些行业感兴趣？企业将提供什么样的产品或服务？企业的生意是否现实，它是否满足或适应了某种需要？企业的竞争对手是谁？与现有的公司相比，本企业的优势是什么？企业能够提供高品质的服务吗？自己(创业团队)有能力驾驭企业的运营和管理吗？

2. 检验创意的市场潜力

创业的"金点子"不在于其是否新颖，也不必在意是否为自己独创，关键在于创意本身必须具有市场发展潜力，以下是检验这方面的有用问题。

(1)构想能否满足目标市场所需？这种需求是否在未来也有持续的市场？

(2)产品的销量是否足以维持企业日常运营成本(特别是创业初期)？目前市场的发展空间怎样？竞争对手发展到何种阶段？

(3)自己具备将构想转化为现实的实力吗？是否有相关的技术配合？产品或服务的成本是否在消费者可接受范围之内？

(4)自己是否具备驾驭转化构想所需的知识、技术及能力？此构想是否有人尝试过？其结果如何？为什么？

3. 分析创业可能遇到的问题和困难

凡事预则立，不预则废。创业之初亦同此理，事先预想到创业过程可能遇到的各种问题和困难并考虑一些解决之道或应对方法，将为今后的创业之路扫清障碍。因此在创业之初，对于创业者而言，最好的方法是要先学会换位思考，可站在投资人的角度认真思考以下问题。

(1)市场机遇与开发策略。国家、社会、市场当下存在哪些问题？我们准备以什么产品或服务来解决这些问题？我们的产品或服务可能的潜在销售额有多大？如何实现这些销售额？我们的目标顾客何在？

(2)产品与服务构思。我们的产品或服务是否能够满足顾客的真实需要，帮助他们解决面临的实际问题？我们将来如何销售自己的产品或服务？我们的收入来自何处？

(3)竞争优势。我们的竞争对手是谁？在哪里？我们的产品或服务与竞争对手相比，在使用价值、生产成本、外观设计、环境和谐、上市时间、战略联盟、技术创新、同类兼容等方面有何长处？

(4)创业管理团队。如果团队已组建好，应详细说明团队的组织架构、分工及个人在其中承担何种角色，特别应该强调各成员具备的相关从业经验、特长等背景。如果创业团队尚未组织好，可以强调核心团队成员所需的知识和技能。

在仔细思考以上问题之后，还需认真思考和回答下述问题：业务是否具有高速增长的潜力？能否应对竞争对手的竞争？需要多少前期投资？需要多长时间才能推向市场？是否具有成为该市场领先者的潜力？业务的创意在目前阶段开发得如何？经营这项业务的团队成员的素质水平与技能是否互补？为什么说这项业务能够在今后五年茁壮成长？

（三）创业计划书的撰写

1. 创业计划书的撰写重点

创业计划书是对整个创业团队构思的凝练，对于没有写作经验的创业团队而言，虽然直接套用现成的创业计划书模板是一种比较快捷的方式，但容易使创业计划书的内容陷入空泛。究其原因，在于负责撰写的创业成员并未深刻理解创业的实质和读者所需，只是把它作为一般意义上的文字材料来组织，运用惯有的写作手法行文。为写作而写作的创业计划书，既不能给投资者以充分的信息，也不能让投资者产生兴趣。为了确保创业计划书更加具备说服力，应该紧密围绕以下几个重点来撰写：①关注产品；②敢于竞争；③了解市场；④表明行动的方针；⑤展示管理队伍；⑥出色的计划摘要。

2. 创业计划书的撰写步骤

（1）明确创业计划书的形式。不同的阅读者对创业计划书有不同的兴趣和侧重点，因此，创业者撰写创业计划书的第一步就是确定读者是谁，他们想要的是什么，哪些问题必须有针对性地呈现给他们，进而明确创业计划书的形式。

（2）确定创业计划书大纲。即拟定创业执行纲要，主要是创业的各个项目的概要。大纲应该确定创业计划的目标和战略，在此基础上确定创业计划书的撰写计划、创业计划书的总体框架和主要内容。

（3）收集创业计划书所需要的信息。根据创业计划书大纲，创业者应收集撰写计划书需要用到而目前尚不清楚的信息。创业计划书的内容涉及面很广，因此需要收集的信息也非常多。具体来说，创业者需要收集行业信息、生产与技术信息、市场信息、财务信息等。信息的收集是一个十分重要的过程，信息的质量直接关系到创业计划书的质量。创业者可以通过现有资料的检索、实地调查、互联网查找等方式来收集信息。

（4）起草创业计划书。即草拟初步创业计划，依据创业执行纲要对新创企业的市场竞争及销售、组织与管理、技术与工艺、财务计划、融资方案、风险分析等内容进行全面编写，形成较为完整的创业计划书初稿。

（5）修改并完善创业计划书。创业计划书的初稿完成以后，创业者必须从目标读者的角度来检查创业计划书的客观性、实践性、条理性和创新性，看其是否能够打动目标读者。创业计划小组在这一阶段应对创业计划进行广泛调查并征求多方意见，进而提出一份较为满意的创业计划方案。

（6）创业计划书定稿。即定稿并印制成正式创业计划文本。创业计划书撰写的目的是为创业融资、宣传提供依据，同时作为创业实施的规划方案，因此最终定稿的创业计划书除尽可能地展现创业项目的前景及收益水平外，还要展现出创业项目的可实现性。

3. 创业计划书撰写的注意事项

(1)要重点突出、注重时效。

(2)产品(服务)描述要使用专业语言；财务分析要形象直观，尽可能地采用图表描述战略、市场分析、营销策略；创业团队要使用管理学术语，尽可能地做到规范、科学。

(3)创业计划书内容多、涉及面广，因此一般要求创业小组分工完成，但应由组长统一协调定稿，以免出现零散、不连贯、文风相异等问题。

(4)要详略得当、突出优势，机密部分应略为简洁，以防泄密。

4. 创业计划书的撰写原则

一份好的创业计划书往往能够吸引潜在投资者的特别关注。如果创业计划书语言流畅、充满激情，有严密的调查数据支撑，少外行话，那么阅读者就很容易把这些优点和创业者本人的能力联系起来。因此，创业者在撰写创业计划书时一定要遵循以下原则。

(1)真实性原则。创业计划书中的内容务必真实，不能有虚假成分。

(2)简洁性原则。创业计划书中应避免一些与主题无关的内容，要开门见山，直接切入主题。语言应简洁、精练。

(3)完整性原则。创业计划书的结构基本是固定的，应完整、清楚，其内容应全面。

(4)一致性原则。创业计划书的前后基本假设或预测要相互呼应、保持一致，也就是说前后逻辑要合理，这就要求财务预算部分根据市场与技术分析所得出的结果进行各种报表的规划。

(5)保密性原则。创业计划书中涉及的核心机密可适当进行规避。

总的来讲，有经验的投资者、潜在的商业伙伴和关键职位应聘者，不是靠臆测或憧憬来做判断，而是用事实数据来评价企业的前途的。最吸引他们注意力的是可行性评估结论以及对独特商业模式所产生的竞争优势的描述。此外，创业计划书的排版和装订也要尽量专业，切忌粗制滥造，更不能出现低级错误。

(四)创业计划的展示

创业计划的展示虽然是短暂的，却也是决定性的。如果一项创业计划非常好，即使创业者的展示平淡无奇，甚至有些差错，也足以吸引风险投资人。但大多数创业计划并不能起到这样的作用。更何况风险投资人投资的时候，除了考虑创业项目本身的优劣外，还会考察创业者的能力和个人魅力，而展示创业计划正是创业者展示自己能力的难得机会。

1. 创业计划展示的要点

进行创业计划展示的一个重要指导思想，就是不仅要向观众传达信息，而且要感染和鼓舞他们。通常情况下，创业计划展示的时间比较短，一般不超过 15 分钟。显然，在如此短暂的时间内，不可能把创业计划的全部内容都展示给观众，所以必须把重点放在观众认为最重要的部分。有专家在对创业计划展示正反两方面经验进行深入分析的基础上，给出了创业计划展示的要点，具体内容如下。

(1)标题。包括公司名称和公司图标、创建者姓名、创始人联系方式、致谢人、日期。

(2)概述。包括产品或服务的简要介绍、目标顾客、演讲要点的简单介绍、这项商业活动带来的潜在收益(商业的、社会的及财务的)的简要介绍。

(3)问题。简述企业要解决的问题和问题的严重性，通过调查、研究、证实问题并分析以下内容：问题在哪里？为什么顾客对现有结果不满意？未来的出路是什么？潜在顾客的需求是什么？

(4)解决办法。简述企业要解决的问题和要满足的需求，展示自己的解决方案与其他解决方案相比的独特之处、能在多大程度上改变顾客的生活，说明为了防止他人短期内抄袭，该方案设置了什么障碍。

(5)机会和目标市场。阐明目标市场，可用调研数据来展示市场潜力和趋势，描述保持目标市场广阔前景的商业和环境趋势；也可用图表展示目标市场的规模、预期销售额(最少 3 年)和预期市场份额，说明达到预期销售额的方法。此外，还应准备好解答观众对于数据的疑问。

(6)竞争。说明产品或服务的差异化及其竞争优势和竞争策略。详述自己直接、间接、未来的竞争者，展示竞争者分析方格，通过竞争者分析方格说明自身优势以及为什么这种优势是持久的。如果你的退出战略是被某个实力更强的竞争对手收购，不妨在这里提出这种可能性。

(7)市场和销售。描述总体市场计划；描述营销策略和定价策略，讨论营销流程；描述购买意愿表的调查结果和产品需求的初步调研结果；说明行业内消费者(厂商)的购买动机，怎样引起消费者对自身产品或服务的注意；说明产品怎样抵达消费者，是自己培育销售力量还是与中间商合作。

(8)管理团队。介绍现有的管理团队，包括成员的背景、专长，以及对这份事业的成功发挥怎样的作用；介绍团队如何展开合作；说明管理团队现存的缺陷，以及打算如何弥补；简要地介绍董事会或顾问委员会成员。

(9)财务规划。简要讨论财务情况，介绍未来 3～5 年的总体收入规划及现金流规划；介绍需要多少资金，想要融资的渠道及资金使用方式；强调企业何时获利，何时达到盈亏平衡。

(10)总结。总结介绍企业和创业团队最大的优势，以及企业的退出战略。

2. 创业计划展示应注意的问题

(1)做好充分准备。展示者一定要有备而来，不但要对展示的内容、方式和应该注意的问题有所准备，而且要事先推测对方可能提出哪些问题并思考如何回答这些问题。展示的准备要由集体完成，每次展示后也要进行集体讨论，以便及时总结经验教训。

（2）展示时不要只顾自说自话。要创造机会让到场的投资者也参与发言或演示，实现相互之间的交流和互动。为此，展示应保持条理清晰，突出市场前景，刺激投资者的兴奋点，并且在展示开始时就应声明在展示过程中允许提问。

（3）不要过分强调技术因素或故意使技术环节复杂化。关于技术问题，可以准备一份专门介绍的活页，在需要的时候插入。技术类图表的出发点是为支持市场与产品定位预测服务，如果没有特殊要求，就不必多做解释。

（4）分别做两份完整的计算表，一份面向技术背景有限的私人投资部门，另一份则面向熟知专业技术的投资者。演示应针对投资者的技术基础和专业背景，如投资者的背景是财会专业，则应有侧重地应用账务来举例。

（5）如有必要，在展示前先签一份保密协议。通常第一次展示不会披露太多的专业信息，所以非不得已也不必强求对方签订这种协议。

（6）实际执行展示的人员应具备突出的沟通表达能力。展示者不一定是经理，这样安排的效果可能更好。因为经理可以在展示时观察听众的反应，并在适当的时机给出一些强调性或补充性说明，增加内容的可信性。

3. 创业计划的推介技巧

合理有效地推介创业计划能使创业者少走弯路，节省时间和精力，并且有效实现预期目标。进行创业计划的推介必须有好的方法，优秀的推介方法能让局外人了解企业的形象和创业者的魅力，使创业者受益。由于缺少经验，创业者难免对前景盲目乐观。在这种情况下，推介方法可以帮助创业者认准方向，减少企业投资风险。另外，创业者为了实现自己的理想，需要各方面的支持，而有效的推介方法能够更大限度地把企业的想法推介出去，增强原有投资者的信心，使创业计划发挥用武之地。

推介的基本技巧如下。

（1）有针对性地准备推介内容。创业者要针对不同的推介对象，准备他们比较关注的内容。还要注意训练自己言简意赅的表达能力，如训练自己用一分钟来表达、阐述新创企业的性质与职能。

（2）利用好幻灯片演示创业计划。对于企业的目标市场、竞争等各方面的情况，创业者可能已经在平时做了很多的功课，于是，如何利用好手中的幻灯片把投资者感兴趣的内容讲出来，是创业者在推介项目时最关心的。幻灯片不能代替创业者向人们展示创业计划，创业者和创业团队的讲解才是关键。幻灯片只提供一个总体的框架，强调创业者发言内容的重点，因此应简明扼要，只包含主要标题和一些解释性语句。

（3）准备一定的演讲技巧。演讲的第一条注意事项就是严格控制时间。如果是半小时的发言时间，最后 5 分钟用来提问，那么就必须在 25 分钟之内结束演讲，不能超时。演讲时着装要得体，如果不确定自己到底该选择怎样的衣服，可以打电话咨询一下着装事宜。还要尽可能多地了解演讲场地的情况，尽量避免因不熟悉场地或紧张而引起项目介绍找不到重点、材料和演示工具准备不足、时间把握不好等问题。在演讲前，最好多带几份创业计划书备用，也许有的听众是初次听计划并且很感兴趣，那么他就有可能想要看一看整份创业计划书。

(4)调整好个人状态。在向投资者推介自己的创业项目时，要表现出自信积极的心态，展现出对自己项目的信心，以及愿意为项目付出巨大努力的准备。在回答投资者的问题时，应记住“四不要”：不要啰唆重复，不要软弱回避，不要针锋相对，不要语无伦次。

(5)反复练习。大部分人不是天生的演说家，因此需要反复演练，对演讲内容烂熟于心，控制时间。激情、气场、语速、语调、手势动作等演讲基础技巧要勤加练习，可在创业团队面前进行试讲，让他们帮忙计时，反馈演讲效果并及时改进。

(6)注意语言模式。在个人演讲时要精准地把控语速和时间，争取在最短的时间内讲出最有价值的内容。控制语速能让创业者讲解得更清晰，也可以减少犯错误。需留意的是，演讲的内容要准确，特别是其中的一些分析性内容，少用形容词，不要把问题说得太抽象，尽量用翔实的数据、具体的事例和故事进行讲述，展示清晰的故事叙述能力。

推介的进阶技巧如下。

(1)形成良好的第一印象。与投资者首次会谈通常需要1～5小时，具体时间因讨论问题的深度、广度而异。平均看来，会谈的时间大约为2小时。在会谈过程中，对方将以企业家的标准分析创业者的个性，考核创业者的能力。大多数投资者认为，创业者给他们的第一印象具有决定性意义，如果第一印象不好，双方的接触很可能就此终止。那么，怎样才能给对方留下良好的第一印象呢？得体的穿着、礼貌的行为、诚恳的态度是最基本的要求。

(2)会谈要围绕创业计划书进行。一个有效的方法就是运用数据，明确告诉投资者企业的目标用户是谁，项目将会怎么做，为什么在同行业中比其他创业者更优秀，同时再给投资者提供一份详细准确的财务预算。虽然数据看起来略显枯燥，但实际上数据才是最准确、最吸引人的描述。部分创业者认为自己应向对方出示大量资料和图表，但没有认真考虑这些资料的必要性，甚至对所带的资料缺乏深入的了解，就会导致投资者提问时不能给予满意的回答。所以，一些资深投资者建议，会谈前一定要围绕创业计划书涉及的内容认真准备，会谈要始终围绕创业计划书进行，如果有产品模型或样品，一般可以随身带去。

(3)不要过分夸大。许多创业者认为，会谈的机会非常难得，应在有限的时间内尽可能通过自己的表达打动投资者。基于这种考虑，创业者为了赢得投资者的兴趣，往往会表现得特别健谈，甚至会不由自主地夸大自己的项目优势。如果创业者在推介自己的计划书和项目时只顾自己而不顾投资者的感受，那么创业者及其项目都很难受到投资者的青睐。创业者一定要注意“言多必失”，尽量避免提及自己在将来的宏大计划，更不要提及在创业计划书中并没有说明的那些新产品。实际上，投资者首先需要创业者具备倾听的能力，能充分倾听、理解并诚实回答投资者的问题，才会让投资者觉得创业者是可以信任的。“过分自夸只会让人感觉你是一个梦想家或是一个眼高手低的人”，这是一位风险投资人对创业者的忠告。

(4)展示自己的热忱和激情。创业是一件非常艰苦的事，只有充满热忱和激情的人才能取得创业成功。事实上，投资者在考察创业者时，除了希望对方具备完成创业项目的知识和能力外，还希望对方具有坚定的信念和乐观的精神，对自己的事业拥有火一样的热情。所以，提醒创业者不要过分自夸，并不是要其沉默，而是要实事求是地展现自己和自己的创业项目。在会谈过程中，创业者就像一个推销员，在向投资者推销创业项目的同时，也是在推销自己，而对自己创业项目的热忱和激情，正是推销自己的过程中非常重要的一环。

(5)捕捉投资者的兴趣。在推介创业计划之前，创业团队应了解投资者的喜好，尽量多地搜集内部信息。比如，他们是否有自己的公众号或博客，他们是关注长远目标还是关注当前的财务状况，他们关注创业者的什么特质，等等。例如，有资料显示，关注信息技术的投资者一般喜欢新产品和新服务。因此，我们要尽量了解投资者的兴趣，如果能在推介时合理利用这些，就可以给投资者留下深刻印象。如果创业团队在推介前无法得到这些信息，也可以在推介的过程中注意观察，及时做出调整。

(6)表现出真实的自己。在双方会谈过程中还要注意，创业者所表现的只能是自己，不要试图扮演另外一个成就很大的企业家。会谈之间要谈吐自如，要把注意力放在准确理解和回答对方提出的问题上。作为一个寻求帮助的人，不必试图把自己表现得很强大，因为真正的自信者能够客观地看待自己的优势，坦然地面对自己的不足。要尽可能真诚地表达自己的想法，要实事求是地评价自己的项目和能力。须知一名创业者不可能吸引所有投资者，他要寻找的是真正懂得、信任自己，真正看好自己的创业项目，并确实有能力帮助自己的人。如果遇到的不是这样的人，也千万不要为了迎合他的要求而改变自己。

(7)准备回答最刁钻的问题。在听创业者推介创业计划时，投资者往往会提出各种比较刁钻的问题。在推介之前，创业团队最好就可能被问的问题提前做准备，尽量避免措手不及。但是如果投资者提出的问题确实是创业团队没有想到或没有妥善解决的，也不用过于担心，只要诚实回答即可。诚实是企业家重要的品质之一，如果搪塞、糊弄，则可能让之前留下的良好印象大打折扣。

拓展阅读

与创业计划书相关的重要文件

战略规划书

企业战略规划是指依据企业外部环境和内部资源状况及其变化来制订、组织的长期发展目标、规划与具体的实施战略。战略规划是一个动态的过程，在特定的时期，企业往往会根据之前战略规划的实施情况来调整，或制订新的战略规划。战略规划书是反映企业战略规划的文件。

清晰的战略规划决定着企业的发展方向、市场定位及重大经营策略，是创业计划最终获得成功的重要基石。因此，战略规划书也可以单独列出来，为后期撰写创业计划书提供充分的依据。由于战略规划书的内容与创业计划书的内容有重叠部分，其核心内容通常在创业计划书中突出体现即可。

项目可行性分析报告

项目可行性分析通常是指在投资决策之前，对与拟实施项目相关的自然、社会、经济、技术等条件进行调研、分析、比较，预测项目完成后的社会经济效益，并在此基础上科学地综合论证项目实施的必要性、财务的盈利性、经济上的合理性、技术上的先进性以及实施的可能性和可行性，从而为投资决策提供科学依据。编制项目可行性分析报告是确定和实施项目前具有决定性意义的工作。

项目可行性分析也是创业计划书撰写的前提，因为创业计划书是基于项目的科学调研分析形成的。因此，项目可行性分析报告是创业计划书的重要内容之一。

年度经营计划

年度经营计划是指企业为达到战略目标、实现企业长远发展而制订的下一年度的一系列目标、计划及行动方案。

年度经营计划是创业计划书中初期工作计划落地实施的有力保障，因此它也是创业计划书的重要补充内容之一。

项目管理规划

项目管理规划是对项目管理的各项工作的综合性的、完整的、全面的总体计划。

我们可以将创业项目理解为一个整体项目，将创业过程中产生的一些项目理解为独立的子项目。这里主要指后期的一些子项目管理规划。项目管理规划是确保创业计划书中各个子项目得以有效实施的重要方案，也是创业计划书的重要补充内容之一。

（资料来源：何建湘：《创业者实战手册》，北京，中国人民大学出版社，2015。选入时有改动。）

案例分析

"即食泡菜"项目创业计划书

1. 项目背景

泡菜属乳酸菌发酵食品，在我国历史悠久。泡菜制作一般采用高盐分、长时间腌制工艺，其原理为：在一定浓度的食盐溶液中，借助天然附着在蔬菜表面的有益微生物(主要是乳酸菌)，利用蔬菜泡制切割处理时涌出的汁液，进行缓慢的发酵产酸，降低 pH 值，同时利用食盐的高渗透压，共同抑制其他有害微生物的生长。经15～30天的发酵，即可获得泡菜成品。

国内泡菜企业多采用自然发酵工艺，该工艺的主要问题有以下几点。

(1)发酵周期相对较长，生产力低。

(2)受卫生条件、生产季节和用盐量影响较大。

(3)发酵质量不稳定，不利于工厂化、规模化及标准化生产。

(4)沿用老盐水的传统工艺，难以实现大规模的工业化生产。

(5)异地生产，难以保证产品的一致性。

(6)亚硝酸盐、食盐含量高。

目前市场上的部分泡菜不是采用传统的制作方式泡制的，容易导致盐分过多，餐厅或家庭在使用之前必须用水脱盐，这样会导致营养流失。有些企业在后期采用柠檬酸等调味，泡菜吃起来就不鲜了。目前市场上的泡菜品种较为单一，用的蔬菜也较单一，又因为泡制时间长，产品不易保存。

即食泡菜的研发正是在这种背景下应运而生的。用特制的容器腌制泡菜，更重要的是只利用乳酸菌发酵，对人体健康是有益的。另外，发酵过程中还会产生醇、酯等物质，吃起来很香。还有一种制作时间更短，几小时即成的即食泡菜，味道也不错，因其简单、经济，正适合作为早餐佐粥、午餐开胃的小菜。即食泡菜正逐渐成为日常餐饮多变的料理和消夜清爽口味的佳肴，同时也是各餐厅、酒楼为顾客提供下饭的配菜。

2. 指导思想

将泡菜提升为卫生、方便、美味、快捷、人见人爱的食品，这将给市场带来新的亮点和卖点。它不是所谓超前的产品，而是以其古老的传统和习俗、风味来贴近消费者的。一旦进入市场，更易于被人们接受，这将使泡菜具有旺盛的生命力。

利用现代食品工程高新技术研发出的即食泡菜，是继承传统泡菜工艺和配方，用专门设计的泡菜机械设备制成的，不仅取消了一些烦琐的程序，而且可以随意地按照泡菜时间的先后顺序生产所需品种，无需借助其他捞取工具，避免了污染，从而延长了保存的时间。因此，产品一经上市便会受到消费者的青睐，特别是中老年人和工作繁忙的人群。如今，即食泡菜已不是单纯的节令食品，而成为一年四季随时可吃的佳肴，确实是中小投资者小本创业的好项目。

此项目研发不但考虑了广大消费者的利益，而且考虑了生产上的可行性。固定资产投资较低，回报率较高，发展前景较好。每500克即食泡菜的售价为7～10元，然而成本不过是售价的30%。又如，日营业额在2000元左右的餐厅，一般日销售泡菜量近3千克。一些中大型城市及周边地区，按4万多家餐饮企业年需用泡菜20万吨计算，减去这些企业每年自制的5万吨，每年还需从市场上购买(市场年缺口)15万吨，因而市场潜力巨大。

此项目技术可以制成多种口味和品种的即食泡菜，而且可制成在常温下保质期为6个月的产品，不断给市场制造出新亮点和新卖点，在给生产和经营企业带来丰厚利润回报的同时，也能给消费者带来不少惊喜。

3. 资金投入

①固定资产(此投资为先期小规模投入)：9万元左右，不包括厂房、压力锅炉(2吨)及交通工具。②流动资金：3万元。③前期筹建资金：1万元。④包装物费用：3万元。⑤市场推广(营销费用)：2万元。⑥不可预见费用：2万元。

4. 主要任务和步骤

(1)筹备组建企业，从筹备到试产为3～6个月。

(2)可分期、分批投入资金、人员等，由小到大逐步发展。原则：销售逐步增加，资金逐步投入，厂房逐步扩大，设备逐步增加，人员逐步增加。

(3)做市场应注意的问题(建议)：①可采用多渠道并举(包括电子商务)的营销方式，做好促销工作，力求尽快达到盈亏平衡点，尽快整合好进入主流渠道的各方面资源及配送体系。②尽快进入龙头店，带动二级店，协调好代理商，不断扩展形成销售网络，并细分好渠道和市场。③逐步推广市场，扩大市场份额(占有率)。④逐步树立品牌和企业形象。⑤进一步把市场细分做透、扩展和延伸，并适时推出新产品。

5. 效益分析

①年产量：约150吨。②年产值：约210万元(按售价每500克7元计算)。③年纯利润：约100万元。④纯利润率：约50%。

6. 项目所需其他条件

①人员：10人。②厂房：100平方米以上。③水：5吨/小时。④电：20千瓦/小时。

7. 风险预测

此项目属于现代食品工程高新技术。其特点是研发期长，技术含量较高，自我保护期长。这使之较难仿造、伪造，能够保持强有力的竞争力。

结论：固定资产投入较少、风险较小、回报率高、市场前景广阔。竞争对手少，见效较快，并易形成垄断的技术、市场、利润。

8. 产品发展设想

(1)创业企业的生存与发展离不开四个要素，即营销、资金、技术、团队。企业具备以上要素的同时，还要突出一个“快”字。产品应快速占领市场，避免一些不必要的竞争和消耗。

(2)本产品的目标消费者为中等收入群体。面对目前国内城市的市场状况，可把其产品定位在精装、高品质、中等价格。

(3)宜采用多个鸡蛋放在多个篮子中的策略，使产品品种、规格、口味等呈多样化，从而形成强有力的市场冲击力，获得丰厚的利润回报。

思考与讨论：

1. 该创业计划书存在哪些问题？你觉得哪些方面还需要进一步改进？

2. 如果你是投资者，你会为这个创业项目投资吗？为什么？

第九章　创业融资

【学习目标】

1. 知识层面：了解创业融资的方式和一般过程。

2. 态度层面：了解并正确看待创业融资应注意的问题。

3. 能力层面：掌握融资途径、融资策略。

4. 思政层面：树立正确的价值观和商业道德观，认识到在创业融资过程中，诚实守信是获得投资者信任和支持的关键。增强法律意识和风险防范意识，在融资过程中遵守法律法规，合理规避风险。在融资过程中积极探索和创新，为自己的创业项目赢得更多的资金和资源支持。

案例导入

高效的供应链体系是电商成功的关键。消费者对于快速、准确配送的服务有着强烈的需求，而传统物流存在效率低、配送时间长等问题。某电子商务公司于2007年开始自建物流，希望通过技术创新和模式优化，打造一个能够提供当日达、次日达服务的物流平台。以提升用户体验和市场竞争力。

该公司通过建立智能仓储系统、大数据分析和云计算平台，实现了物流效率的大幅提升。这些创新不但缩短了配送时间，降低了运营成本，还为用户提供了更加透明和便捷的物流服务。

随着服务的不断优化和品牌影响力的提升，该公司的自建物流已经成为支撑自身电商平台快速发展的重要力量。同时，该物流还向第三方开放，为更多企业提供物流解决方案，推动了整个行业的升级和发展。

其实，在发展过程中，该物流也面临着巨大的资金投入和技术挑战。对此，该公司采取了多种融资策略，包括内部资金调配和外部投资引入。在坚持长期投资理念的基础上，该公司不断优化物流网络，提高自动化和信息化水平，不仅支撑了自身的电商业务，也为整个实体经济的发展提供了有力支持。

分析：在创业过程中，深入了解市场需求、持续技术创新和巧妙的融资策略同样重要。只有找到合适的合作伙伴，才能共同推动项目的成功。

第一节　融资渠道

一、融资途径

如果想组建一个创业团队，想注册一家公司，就要考虑一个至关重要的问题——自己创业的第一桶金从哪里来？长期以来，这个问题困扰着无数创业者。或许对于部分起点高的人而言，他们能够通过各种渠道迅速找到创业的突破口；但对于仅凭满腔热血创业的普通创业者来说，赚取第一桶金几乎难如登天。

很多创业故事已经告诉我们，富裕的启动资金会帮助我们在创业路上少走一些弯路。这里总结了 10 种获取启动资金的渠道。

（一）自筹资金

总的来说，成功的企业家的创业资金一般有 30％来自自己的积蓄。创业初期团队成员依靠自身的筹资，往往具备了初期项目启动的能力。同时自筹资金也是一种自我承诺，可以极大地坚定与鼓舞团队士气。

一般来说，大学生创业初期所选择的项目及投入都不会太大，所以创业的启动资金大部分是由几个股东一起凑起来的，单人的资金基本上是自筹的。从萌生创业想法到最终付诸实践，其间总会有机会攒下积蓄。“先打工赚钱，再出来创业”也成了许多创业者规划的路径。

（二）向家人朋友借钱

向家人朋友借钱是很多创业者采取的方法。这种方法的优势是成功概率高、投资和利息条件更优惠，而且能够更快地拿到钱。劣势是容易出现纠纷，可能会被插手公司事务，并且如果创业失败，会对家人朋友有强烈的负罪感。因此，在想要做出一番事业的同时，也要为家人朋友考虑，向家人朋友借钱时不要超出他们的损失承受能力。

（三）股东融资

指共同参与的所有股东合伙筹集启动资金。不少人选择合伙创业的方式来减轻创业初期的资金压力，人多力量大，一个人出几万元，启动资金很快就能凑齐了。这种方法的优势是容易共同前进，达成统一利益共识；劣势是出现亏损时股东可能因承受不住压力而撤资，会影响士气。

（四）申请创业贷款

指针对每年扶持创业政策进行申请，以获得当地政策与资金的扶持。这种方法的优势是创业贷款资金使用压力较小，有贴息、免息等政策；劣势是因申请数量较多而获得扶持的难度较大。申请创业贷款的一般要求如下。

(1)大学生创业贷款申请者须年满十八周岁，具有合法有效身份证明和贷款行所在地合法居住证明，有固定的住所或营业场所。

(2)大学生创业贷款申请者应持有工商行政管理机构核发的营业执照及相关行业的经营许可证，从事正当的生产经营活动，有稳定的收入和还本付息的能力。

(3)大学生创业贷款申请者的投资项目已有一定的自有资金。

(4)大学生创业贷款的用途符合国家有关法律和银行信贷政策规定，不允许用于股本权益性投资。

(5)在银行开立结算账户，营业收入经过银行结算。

（五）加入孵化计划/赢取创业基金

每年都有大量社会公益机构针对创业者举办比赛、论坛，经过评委评定，发放部分资金帮助创业者。这种方法的优势是获得的扶持资金可享有免偿或免息政策，劣势是公益机构创业扶持的评审周期较长。

很多城市的创业园区、政府机构都有为创业者提供创业基金的政策和孵化器，甚至办公场所和初始基金。一些知名创业扶植服务机构、基金也会定期举办创业大赛、Demo(演示)活动。用赢取创业基金的方式筹集创业的启动资金，不失为一个高效可行的办法，这种方法要求创业者具备足够的实力，从众多申请者中脱颖而出。

（六）天使投资

《中共中央关于进一步全面深化改革 推进中国式现代化的决定》提出，鼓励和规范发展天使投资。天使投资是自由投资者或非正式风险投资机构对处于构思状态的原创项目或小型初创企业进行的一次性的前期投资。天使投资虽是风险投资的一种，但它是一种非组织化的创业投资形式，其资金大多源于民间资本，而非专业的风险投资商。天使投资的门槛较低，有时即便是一个创业构思，只要有发展潜力，就能获得资金，而多数风险投资一般对这些尚未诞生或嗷嗷待哺的“婴儿”兴趣不大。在风险投资领域，“天使”这个词指的是企业的第一批投资人，因为这些投资人在公司产品和业务成型之前就会把资金投入进来。天使投资人通常是创业者的朋友、亲戚或商业伙伴，由于他们对该创业者的能力和创意深信不疑，因而愿意在业务远未开展之前就投入大笔资金。

天使投资具有以下特征。

(1)天使投资的金额一般较小，而且是一次性投入，它对风险企业的审查也并不严格，更多是基于投资人的主观判断。通常天使投资是由一个人投资，并且是见好就收，是个体或者小型的商业行为。

(2)很多天使投资人本身就是企业家，了解创业者面对的难处，是起步公司的最佳融资对象。例如在硅谷，相当多的天使投资人是那些成功创业的企业家、创业投资家或者大公司的高层管理者，他们不仅拥有一定的财富，而且有经营理财或者技术方面的特长，对市场、技术有敏锐的洞察力。

(3)天使投资人不但可以带来资金，同时也能带来关系网络。如果他们是知名人士，还可以提高公司的信誉。天使投资往往是一种参与型投资，也称为增值型投资。

一般而论，一个公司从初创期到稳定成长期，需要三轮投资。第一轮投资大多来自个人的天使投资，作为公司的启动资金。第二轮投资往往会有风险投资机构进入，为产品的市场化注入资金。最后一轮投资则基本是上市前的融资，来自大型风险投资机构或私募基金。

（七）商业银行贷款

商业银行贷款有个人生产经营贷款、个人创业贷款、个人助业贷款、个人小型设备贷款、个人周转性流动资金贷款、下岗失业人员小额担保贷款和个人临时贷款等类型。

目前各类银行都有针对中小企业的贷款政策，可供初创企业短期借贷使用。一些人对政策、手续不熟悉，觉得银行贷款审查会很麻烦，投入的时间和精力成本有些不划算。但实际上很多银行都设有政府出资设立担保基金的小额担保贷款，在必要时可用于满足企业日常生产经营的资金周转，帮助创业公司突破瓶颈。

（八）众筹募资

众筹源于 crowdfunding 一词，顾名思义，就是利用众人的力量，集中大家的资金、能力和渠道，为小微企业、艺术家或个人进行某项活动等提供必要的资金援助。创业者可以把自己的产品原型或创意提交到众筹平台上，发起募集资金，由感兴趣的人捐献指定数目的资金(捐助者可以在项目完成后得到一定的回馈，如这个项目制造出来的产品)。众筹最初是艰难奋斗的艺术家为创作筹措资金的一个手段，现已演变成初创企业和个人为自己的项目争取资金的一个渠道。众筹平台使任何有创意的人都能够向几乎完全陌生的人筹集资金，消除了从传统投资者和机构融资的许多障碍，于是越来越多的国外创业者开始在众筹平台募集资金，国内也出现了很多规范的众筹平台。这些平台的众筹分属于股权式众筹、奖励型众筹、捐赠型众筹等不同形式。

（九）担保机构融资（信用担保）

信用担保融资主要由第三方融资机构提供，是一种民间有息贷款，也是解决中小企业资金问题的主要途径。《中华人民共和国中小企业促进法》规定，国家完善担保融资制度，支持金融机构为中小企业提供以应收账款、知识产权、存货、机器设备等为担保品的担保融资。目前，国内中小企业信用担保融资机构已经有很多了。

（十）其他融资方式

其他融资方式包括设备融资租赁、孵化器融资、集群融资、供应链融资等。

二、创业融资经验

创业者亟待获得启动资金，但也需要积累一定的融资经验。以下几点可供参考。

（一）争取主动

创业企业筹集风险资金的过程的确很艰难。一般来说，风险投资公司一年要听数百位创业者阐述他们的创业计划，可最后投资的企业极少。因此，做好准备，把握机会，主动争取创业资金，对中小企业融资相当重要。对创业者来说，融资过程也是推销其公司、产品和梦想的过程。成功的企业家之所以会成功，一个重要的原因就是他们懂得怎样向经验最丰富的投资商推销其第一商品——初创的企业，从而获得资金的支持。

（二）不要因急于求成而廉价出售技术或创意

许多创业者急于得到启动或周转资金，往往在融资时急于求成，给小钱让大股份。在“只要能获得启动资金就行”的观念的影响下，不少核心技术的拥有者廉价地出售了自己的技术或创意。他们在公司运营一段时间后，往往会后悔当初的技术卖便宜了，于是有人开始对当初的投资协议不满，造成合作的不愉快，甚至有人会轻率地提出毁约。因此，不急于求成，同多个合作者谈判是非常必要的。

（三）要对投资者负责

创业不仅是创业者实现理想的过程，更是使投资者的投资保值增值的过程。创业者和投资者是一个事物的两个方面，只有通过企业这个载体发展的过程，才能达到双赢的目标。对投资者负责，也是对自己负责，因为只有投资者有钱可赚，他们才会信任并帮助创业者，创业者才有更多的机会成就事业。

（四）对多种融资方案进行比较

创业企业的融资渠道主要有合资、合作、外资融资，以及银行或金融机构贷款、政府贷款、风险投资、发行债券、发行股票、转让部分经营权、BOT（建设—经营—转让）项目融资、民间融资、利用商业信誉融资。对以上企业融资渠道进行比较与选择，可以有效降低中小企业融资成本，提高中小企业融资成功率。一方面，创业融资不能为了获得资金而不择手段，不做比较选择就进行融资；另一方面，做好融资组合可将资本金和债务资金做比较合理的安排，其中的债务资金以不给企业带来风险为前提，股权稀释以不至于失去对创业企业的控制能力为底线。

（五）准备好项目和资金规划

有些创业者以为获得了资金创业就一定会成功，其实不然。资金进入企业后，如果不能很好地使用，企业也会失去发展的动力。中小企业缺乏融资准备的最典型表现是多数创业者对资本的本性缺乏深刻的研究和理解，盲目进行企业融资。资本的本性是逐利，不能让其闲置，这就需要企业先准备好项目再融资。如果没有项目的支持，要想找到资金支持是很困难的。如果没有资金使用规划，支持者也会因为企业失败而遭受损失。因此，中小企业在融资前，应先将企业梳理一遍，做好相应的准备，要能够把企业及公司业务清晰地展示在投资者面前，让中小企业融资者看到融资后获利的可能性和现实性。

（六）建立广泛的金融联系

创业者要居安思危，在企业正常经营时就应考虑融资需要，与资金提供方建立广泛联系，向其介绍企业进展，与其进行资金融通，形成你中有我、我中有你的资金融通格局。这种广泛的联系可以使企业在成长期间容易获得超过基本融资能力、由多方组合而成的资金的联合支持。

（七）准备必要的融资知识

很多创业者有很强的融资意愿，但缺少相应的融资知识。一些创业者仅仅寄希望于通过自身人际网络获得资金，这样就把中小企业融资简单化、随意化了。也有部分创业者视野不够开阔，只看到银行贷款或中小企业股权融资，不懂得或不知道租赁、担保、合作、并购及无形资产输出和转让等方式都可以达到融资目的。其实，中小企业融资的相关知识是非常专业的，需要有丰富的融资经验、广泛的融资渠道，不仅对资本市场和投资人要有充分的认识和了解，还要有很强的专业策划能力及解决融资过程中遇到的各种现实问题的运作能力。因此，创业者必须加强对相关知识的学习和理解，还可以聘请融资顾问，培育和铸造企业资金链的高度，帮助企业获得发展的资金支撑。

（八）适度宣传

有些创业者为了企业融资，不惜粉饰财务报表，甚至造假进行“包装”，这种做法是不可取的，也很容易被专业人员看破，失去融资机会。还有些创业者认为自己的企业经营效益好，应该很容易取得融资，不愿意花时间及精力去宣传企业。实际上，资金方看重的不只是企业的短期利润，更要看企业的发展前景、企业可能面临的风险及创业团队带领员工战胜风险的能力。因此，清晰地进行创业思路的描述就是对企业的适度宣传，也是创业者理性认识自己事业的一个过程。

（九）建立合理的公司管理结构

企业的规范化管理是企业自身的融资能力的体现。一些民营企业虽然在不断扩张、发展，但企业管理却越来越粗放、松散，这是因为其管理者忽略了在企业发展的过程中不断完善企业治理结构、增强自身的融资能力和规避企业扩张过程中经营风险的能力。如果企业内部或各部门之间缺乏共同的价值观，就没有协调能力，也就不具备银行评估的基本贷款条件和中小企业融资的条件，这也是中小企业贷款难、融资难的一个重要原因。

（十）不要轻易对外出具融资担保函

由于创业企业融资比较困难，因此一些创业企业往往相互进行融资担保，这种盲目担保往往会给创业企业带来很多意想不到的风险。意气用事和感情用事容易使创业者深陷财务困境，导致创业失败，是不可取的。

第二节　创业融资的策略

一、不同渠道融资的特点

股权融资和债权融资各有优缺点，需要在融资之前进行了解，以便做出最有利于企业发展的融资决策。股权融资和债权融资的特点如表 9-1 所示。

表 9-1　股权融资和债权融资的特点

项目	股权融资	债权融资
本金	永久性资本，保证企业最低的资金需要	到期归还本金
资金成本	根据企业经营情况变动，相对较高	事先约定固定金额的利息，较低
财务风险承担	低	高
企业控制权	按比例或约定享有，分散企业控制权	无，企业控制权得到维护
资金使用限制条款	少	多

总体而言，债权融资的资金成本较低，合理使用还能带来杠杆收益，但债权资金使用不当会带来企业清算或终止经营的风险。股权资金的使用成本要在企业所得税之后支付，成本较高，但本金在企业正常生产经营过程中不用归还投资者，是一项企业可永久使用的资金，没有财务风险。创业者在融资时需结合诸多因素予以考虑。

二、选择融资渠道需要考虑的因素

创业者在筹集资金时，应对债权资金、股权资金的优缺点进行比较，并针对企业资金的可得性、企业自身的风险收益特征、企业生命周期阶段（含筹资的成本和风险）以及控制权分散等问题来进行综合分析。

（一）资金的可得性

对于创业初期急需资金的企业，可能很多时候对于融资方式的选择是迫于无奈的，无论哪一种方式，只要能够满足当时的资金之需，解企业的燃眉之急即可。此时，资金的可得性会成为创业者考虑的首要目标。这是现实的需要，不过也应保持冷静的头脑合理规划，如果规划适当，则可以更加理性地进行决策，有利于企业的长远发展。

（二）企业自身的风险收益特征

创业企业所处的行业不同，其面临的风险收益特征会有很大的不同，因而对融资方式的选择也应有所不同，如表 9-2 所示。

表 9-2 创业企业类型和融资方式

创业企业类型	创业企业特征	融资方式
高风险、预期收益不确定	弱小的现金流，低、中等成长，未经证明的管理层	个人积蓄、亲友款项
低风险、预期收益易预测	一般是传统行业，强大的现金流，优秀的管理层，良好的资产负债表	债权融资
高风险、预期收益较高	独特的商业创意，高成长，利基市场，得到证明的管理层	股权融资

（资料来源：[美]布鲁斯·R. 巴林格、R. 杜安·爱尔兰：《创业管理：成功创建新企业》，杨俊、薛红志译，北京，机械工业出版社，2010。）

（三）企业生命周期阶段

种子开发期的企业处于高度的不确定性当中，很难从外部筹集债权资金，创业者个人积蓄、亲友借款、天使投资、创业投资以及合作伙伴的投资可能是采用较多的融资渠道。进入启动期之后，创业者还可以使用抵押贷款的方式筹集负债资金。

企业进入成长期后，已经有了前期的经验基础，发展潜力逐渐显现，资金需求量增加，融资渠道也会更多。在早期成长阶段，企业获得常规的现金流用来满足生产经营之前，创业者更多采用股权融资的方式筹集资金，战略伙伴投资、创业投资等是常用的融资方式，此时也可以采用抵押贷款、租赁，以及商业信用的方式筹集部分生产经营所需资金。在成长期后期，企业的成长性得到充分展现，资产规模不断扩大，产生现金流的能力进一步提高，有能力偿还负债的本息。此时，创业者更多采用各种负债的方式筹集资金，获得经营杠杆收益。

企业生命周期阶段和融资渠道的对应关系，以及各种融资渠道的成本与风险如表 9-3 所示。

表 9-3 企业生命周期和融资渠道及其成本与风险参考示例

融资渠道	种子开发期	启动期	早期成长期	成长后期	成本和风险说明
个人积蓄	主要来源	主要来源	次要来源	可能采用	低成本，无风险，但资金有限
亲友款项	主要来源	主要来源	次要来源	次要来源	成本低，风险小，可能涉及个人关系风险
天使投资	可能采用	主要来源	主要来源	主要来源	可能提供较高资金，但会要求一定股权

续表

融资渠道	种子开发期	启动期	早期成长期	成长后期	成本和风险说明
合作伙伴	可能采用	次要来源	主要来源	主要来源	共享风险，共担成本，但可能涉及控制权分散问题
创业投资	可能采用	可能采用	主要来源	主要来源	提供资金支持，但通常要求较高的回报
抵押贷款	次要来源	次要来源	主要来源	主要来源	利率相对较低，但需要抵押物，存在违约风险
融资租赁	次要来源	次要来源	次要来源	主要来源	减轻资金压力，但长期成本可能较高
商业信用	次要来源	可能采用	次要来源	主要来源	无需额外资金成本，但过度依赖可能影响现金流

（四）企业控制权

大量学生的创业案例显示，在创业早期，如果创业团队的股权被过分稀释，就会使团队失去对企业的控制权，给企业发展后劲带来严重问题。在创业早期发展阶段，创业企业对于创业团队尤其是核心创业者的能力是非常依赖的，因此企业控制权相对集中为宜。

三、创业融资的原则

（一）效益性原则

新创企业进行融资的目的是进行投资从而获得更大的经济效益，而通过融资吸纳进来的资金是要支付一定成本的。企业在进行融资活动时，应当考虑融资产生的财务费用和管理费用，综合平衡资金的效益性。

（二）合理性原则

考虑到资金的使用成本和企业的风险承受能力，新企业在融资时要合理地确定融资的金额和期限，并确定合理的融资结构。

（三）及时性原则

在市场经济条件下，创业机会往往稍纵即逝，如果企业不能及时获得所需要的资金而致使新产品不能及时开发，不仅有可能导致新产品过时而丧失市场机会，还有可能使竞争对手提前进入而获得时间优势和“先人者优势”，导致自身产品丧失竞争力。

（四）合法性原则

合法性原则要求新企业在融资时，其融资目的和采用的方式要符合国家法律法规的规定，必须通过合法的渠道来筹集企业所需要的资金。

案例分析

利用资源整合打造有机旅居小镇

在一个偏僻的小镇，农民都用着传统的牛耕田的模式。一家公司的经理来到这里后，突发奇想，准备把这里变成有机大米种植基地。于是，该公司打出了“旅居村民”的概念，把农民的地整合起来，与农民签订合同，统一按照要求种植同一品种的优质水稻。公司不仅免费给农民发放种子，还给农民按照土地面积发放增收保证金。只要农民种植，公司就保证收购所有的大米，且收购价是普通大米的1.5倍。

对于农民来说，种植大米有人收购，还签订了价格较高的收购合同，意味着获得了保障；对于公司来说，则非常轻松地获得了这些有机大米。但有了有机大米，如何销售呢？公司又开始把这个小镇变成一个生态无污染的农产品种植基地，然后在上面规划出几百块建设用地，用来建设旅居小木屋，一栋旅居小木屋占地30～90平方米。然后招募“有机新村民”，就是让用户投资建设并给用户70年的使用权。用户可以自己设计，也可以委托公司帮忙，甚至可以邀请朋友一起出资，也就是说公司提供土地，用户出钱。

旅居小木屋有什么作用呢？第一，用户可以自己或者和亲朋好友度假使用。第二，用户可以委托公司经营，然后坐享收益。第三，也是比较吸引人的，如果用户出资建设，公司会给用户颁发证书证明用户是这里的“有机新村民”，有资格参与有机小镇的集体经济分红。成为旅居小木屋的投资人后，用户除了可以用超低价获得小镇生产的农产品以外，自己卖出去的大米还可以获得分红，也就是说，用户还是公司的分销商。

就这样，这家公司把一个普通的小镇变成了一个有机旅居小镇，通过建设旅居小木屋的模式，让更多的人来这里旅游。因为这些小木屋，小镇又成为一个度假休闲的地方。

第十章　创办公司

【学习目标】

1. 知识层面：了解新企业注册登记流程，了解创业政策及大学生创业扶持政策。

2. 态度层面：完成对创办公司的心理准备，进一步培育自己的创业精神。

3. 能力层面：能够识别新企业创办的各种因素，并予以合理利用。

4. 思政层面：增强法律意识和风险防范意识，了解创办新企业过程中可能涉及的法律问题和风险，在创办新企业时遵守法律法规，合理规避风险。

案例导入

2023 年，毕业于某学院艺术设计系的小陈准备与他的 3 个大学同学一起创办一家专门从事彩绘、墙绘、企业文化建设的公司。他们凑齐了 12 万元，随后就开始张罗着选址、注册公司，并给公司起名字。4 个没有创办企业经历的年轻人在公司注册这一步就被难住了。虽然在绘画、艺术设计方面他们个个都是好手，但是在准备创办企业这件事上，他们甚至连工商管理部门在哪里都不清楚，这让他们心里没了底。为了了解注册程序，他们先从工商管理部门获取了一套注册公司的程序介绍。几个人回来研究了一番，却发现越研究越不明白：究竟应该注册成什么类型的企业？应该提供哪些资料？具体的费用是多少？究竟该怎么给自己的公司起名？几个人商讨了好几个晚上还是没有个结果。再加上烦琐的注册程序，使几个人同时产生了畏难情绪。

思考与讨论：

1. 小陈和同学们准备创业开公司，他们第一步应该做什么呢？

2. 小陈和同学们的公司采用什么样的组织形式比较合适呢？

第一节　企业的组织形式

创业企业的组织形式不同，对创业者的要求也不同。只有对创业企业的概念、组织形式有了深入的了解后，创业者才能做出正确的选择。

企业指依法设立的以营利为目的，从事商品的生产经营和服务活动的独立核算经济组织。现代企业的组织形式按照财产的组织形式和所承担的法律责任不同，通常划分为不设立公司的企业和设立公司的企业。不设立公司的企业形式为个人独资企业、合伙企业。设立公司的企业通常称为“公司”，指依照《中华人民共和国公司法》(以下简称《公司法》)规定设立的企业，包括有限责任公司和股份有限公司两种。下面分别讲解现代企业的各种组织形式。

一、个人独资企业

个人独资企业(以下简称独资企业)指由一个自然人投资，财产为投资者所有，投资人以其个人财产对企业债务承担无限责任的经营实体。独资企业是一种较为古老的企业组织形式，至今仍被广泛运用，其典型特征是个人出资、个人经营、个人自负盈亏和自担风险。

二、合伙企业

合伙企业指由两个或两个以上的自然人通过订立合伙协议，共同出资经营、共负盈亏、共担风险的企业组织形式。

三、有限责任公司

有限责任公司，又称有限公司，指由符合法律规定的股东出资组建，每个股东以其出资额为限对公司承担责任，公司法人以其全部资产对公司的债务承担责任的经济组织。

四、股份有限公司

股份有限公司，又称股份公司，其注册资本由等额股份构成，股东通过发行股票筹集资本。我国《公司法》规定，股份有限公司的股东以其认购的股份为限对公司承担责任。

第二节　企业注册流程

设立新企业的第一步是公司注册。一般来说，公司注册的流程包括企业核名、提交材料、领取执照、刻章。完成公司注册后，企业想要正式开始经营，还需要办理银行开户、税务报到、申请税控和发票、社保开户等事项。

随着"五证合一"改革的推行，现在开设企业的流程简化了许多。新企业设立流程从工商注册到正式运营简化为办理"五证合一"、刻章、银行开户、税务登记。

一、"五证合一"工商注册

2016年10月1日起，"五证合一"在全国正式实施。"五证合一"指营业执照、组织机构代码证、税务登记证、社会保险登记证、统计登记证合并为一个加载有统一社会信用代码的工商营业执照，实现"一照一码"的最终目的。其中，"一照"指"五证"合为一张营业执照，"一码"指营业执照上加载的相关登记部门直接核发的统一社会信用代码（图10-1）。

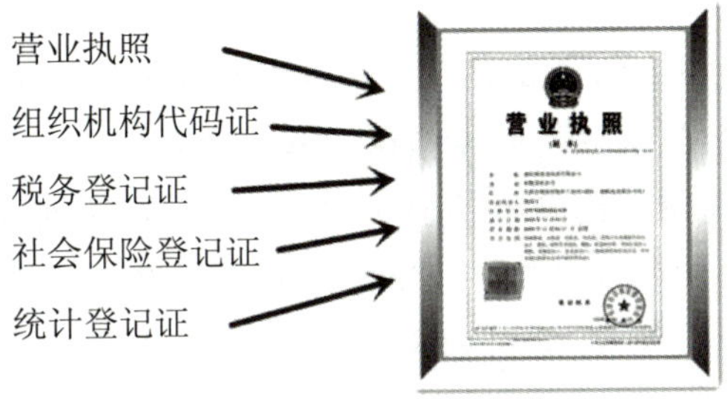

图10-1 "五证合一"的营业执照

（一）"五证合一"的办理

随着"五证合一"的推行，新办企业的工商注册变得更为简单。与以前的办证流程相比，"五证合一"减少了在不同部门来回奔走审核资料的烦琐，可以直接在办证大厅的多证合一窗口办理。当然，"五证合一"同样需要企业首先进行企业名称预先核准，然后填写《新设企业五证合一登记申请表》，提交相关材料。

"五证合一"办理的整个过程强调了线上服务和一次性办理，以提高效率和便利性。企业在办理过程中应关注市场监管总局的最新指南和要求，确保流程的顺利进行。具体的办理流程可能会因地区和政策的不同而有所差异。在办理前，建议详细咨询当地工商局或相关机构，以获取最准确的信息和指导。同时，确保提供完整、准确的申请材料，以避免因材料不全或错误而延误办理进度。

（二）"五证合一"办证资料归纳

新设企业要想顺利完成"五证合一"的办证流程，需要准备的资料一般有以下几种。

（1）法定代表人身份证原件，全体股东身份证复印件。

（2）各股东间股权分配情况。

（3）《企业名称预先核准通知书》原件。

（4）工商部门审核通过的公司经营范围资料。

(5)企业住所的租赁合同(租期一年以上)一式两份及相关产权证明(非住宅)。

(6)如果企业为生产型企业，还要有公安局消防科的消防验收许可证。

(三)“五证合一”换证须知

对于非新设立企业而言，不需要重新办理营业执照，只需进行“五证合一”的换证操作即可。换领“五证合一”营业执照时，需要用到的资料主要包括企业营业执照更换申请书，联络员信息和财务负责人信息，以及营业执照正、副本等。

二、刻制印章

印章具有法律效力，不能随意刻制。新成立的企业申请刻制企业相应的印章时，须持《企业法人营业执照》、法定代表人和经办人身份证复印件各1份，以及由企业出具的刻章证明、法人代表授权委托书到公安局指定的机构进行刻章。一般来说，企业常用的印章有如下几种。

(1)公章。公章代表企业的最高效力。它对内对外都代表了企业法人的意志，使用公章可以代表企业对外签订合同、收发信函、开具企业证明。

(2)合同专用章。合同专用章在企业对外签订合同时使用，相关合同的签订在企业经营签约范围内必须盖上合同专用章才能最后生效，因此它代表着企业可以享有和需要承担的由此产生的权利和义务。一般情况下，公章可以代替合同专用章使用。

(3)财务专用章。财务专用章的用途比较专业化，一般针对企业会计核算和银行结算业务。

(4)法人章。法人章就是企业法人的个人用章，它对外具备一定的法律效力，可以签订合同、授权委托书等文件。

(5)发票专用章。发票专用章就是企业在经营活动中购买或开具发票时需加盖的印章。在发票专用章缺少时，可以用财务专用章代替，反之不可以。

三、开立企业银行账户

创业者要创办一家企业，往往需要通过银行进行资金周转和结算。因此，创业者需要了解银行开户、销户等手续的办理。

(一) 银行账户的种类

1. 基本存款账户

基本存款账户是企业因办理日常转账结算和现金收付需要开立的银行结算账户，企业日常经营活动的资金收付及其工资、奖金和现金的支取，应通过该账户办理。

2. 一般存款账户

一般存款账户是企业因借款或其他结算需要，在基本存款账户开户银行以外的银行营业机构开立的银行结算账户。该账户可以办理现金缴存，但不得办理现金支取。

3. 专用存款账户

专用存款账户是企业按照法律、行政法规和规章，对其特定用途资金进行专项管理和使用而开立的银行结算账户，用于办理各项专用资金的收付。单位银行卡账户的资金必须由其基本存款账户转账存入。该账户不得办理现金收付业务。基本建设资金、更新改造资金、政策性房地产开发资金、金融机构存放同业资金账户需要支取现金的，应在开户时报中国人民银行当地分支行批准。

4. 临时存款账户

临时存款账户是企业因临时需要并在规定期限内使用而开立的银行结算账户，用于办理企业临时经营活动发生的资金收付。临时存款账户应根据有关开户证明文件确定的期限或存款人的需要确定其有效期限。临时存款账户支取现金，应按照国家现金管理的规定办理。

（二）银行开户手续的办理

办理银行开户手续需要填写开户申请书并提供有关证明文件。开立不同的账户所需文件不同，不同银行也可能会有一些差异，建议在办理前咨询银行的具体要求。以下可供参考：

·基本存款账户：《企业法人营业执照》正本。

·一般存款账户：企业开立基本存款账户规定的证明文件、基本存款账户开户登记证。因向银行借款需要，应出具借款合同；因其他结算需要，应出具有关证明。

·专用存款账户：企业开立基本存款账户规定的证明文件、基本存款账户开户登记证。基本建设资金、更新改造资金、政策性房地产开发资金、住房基金、社会保障基金，应出具主管部门批文；单位银行卡备用金，应按照中国人民银行批准的银行卡章程的规定出具有关证明和资料；其他按规定需要专项管理和使用的资金，应出具有关法规、规章或政府部门的有关文件；等等。

·临时存款账户：异地建筑施工及安装单位，应出具其营业执照正本或其隶属单位的营业执照正本，以及施工及安装地建设主管部门核发的许可证或建筑施工及安装合同；异地从事临时经营活动的单位，应出具其营业执照正本以及临时经营地工商行政管理部门的批文；注册验资资金，应出具工商行政管理部门核发的企业名称预先核准通知书或有关部门的批文；等等。前两项还应出具其基本存款账户开户登记证。

（三）银行销户手续的办理

存款人(这里指企业法人)可以根据需要撤销在银行开立的存款账户。撤销存款账户时，必须与开户银行核对银行结算账户存款余额，交回各种重要空白票据及结算凭证和开户登记证，银行核对无误后方可办理销户手续。以下几点需要注意。

(1)存款人有被撤并、解散、宣告破产或关闭的，注销、被吊销营业执照的情形，应于5个工作日内向开户银行提出撤销银行结算账户的申请。存款人基本存款账户的开户银行应自撤销银行结算账户之日起2个工作日内将撤销该基本存款账户的情况书面通知该存款人其他银行结算账户的开户银行；存款人其他银行结算账户的开户银行，应自收到通知之日起2个工作日内通知存款人撤销有关银行结算账户；存款人应自收到通知之日起3个工作日内办理其他银行结算账户的撤销。存款人超过规定期限未主动办理撤销银行结算账户手续的，银行有权停止其银行结算账户的对外支付。

(2)未获得工商行政管理部门核准登记的单位，在验资期满后，应向银行申请撤销注册验资临时存款账户，其账户资金应退还给原汇款人账户。注册验资资金以现金方式存入，出资人需提取现金的，应出具缴存现金时的现金缴款单原件及其有效身份证件。

(3)存款人尚未清偿其开户银行债务的，不得申请撤销该账户。

(4)银行撤销单位银行结算账户时应在其基本存款账户开户登记证上注明销户日期并签章，同时于撤销银行结算账户之日起2个工作日内，向中国人民银行报告。

(5)银行对一年未发生收付活动且未欠开户银行债务的单位银行结算账户，应通知单位自发出通知之日起30日内办理销户手续，逾期视同自愿销户，未划转款项列入久悬未取专户管理。

四、办理税务登记

新设立企业领取由工商行政管理部门核发的加载法人和其他组织统一社会信用代码的营业执照(“五证合一”营业执照)后，虽然无须再次进行税务登记，办理税务登记证，但仍需要前往税务机关办理相应的后续事项，才能正常缴税。新办企业纳税人需要办理国地税一户通，国地税一户通实际上是企业、银行与税务机关三方签订的扣款协议，用于企业网上申报税款。办理方法比较简单，到税务机关的办公点(行政服务中心地方税务局登记窗口、各属地主管税务机关)取得《委托银行划缴税(费)款三方协议书》(一式三份)，加盖本企业公章后，到银行开设缴税(费)专用账号(一般就是企业的基本存款账户)，银行在协议书上盖章并退回两联。纳税人将银行盖章的协议书送到主管税务机关办理划缴税(费)登记手续。新办企业在办完首次涉税业务后，需按期持续申报，这是企业要注意的关键事项。

第三节　大学生创业政策

近几年，国家对于大学生就业创业的关注度越来越高，出台了一系列优惠扶持政策，支持高校毕业生创业、鼓励在校大学生创业。与此同时，各地政府部门也都开始通过推行各种政策来帮助高校学生进行创新创业教育，加大对大学生就业创业的支持，也积极地鼓励和引导大学生创业。

一、税收支持

持人力资源和社会保障部核发的《就业创业证》(注明“毕业年度内自主创业税收政策”)的高校毕业生，在毕业年度内(指毕业所在自然年，即1月1日至12月31日)成立个体工商户、创办个人独资企业的，3年内按每户每年8000元为限额依次扣减其当年实际应缴纳的营业税、城市维护建设税、教育费附加和个人所得税。对高校毕业生创办的小型微利企业，按国家规定享受相关税收支持政策。

二、创业担保贷款和贴息

符合自主创业条件的大学生，可在创业地按规定申请创业担保贷款，贷款额度为10万元。鼓励金融机构参照贷款基础利率，结合风险分担情况，合理确定贷款利率水平。对个人发放的创业担保贷款，在贷款基础利率基础上上浮3个百分点以内的，由财政部给予贴息。

三、免收有关行政事业性费用

毕业2年以内的普通高校学生从事个体经营的(除国家限制的行业外)，自其在工商管理部门首次注册登记之日起3年内，免收管理类、登记类和证照类等有关行政事业性费用。

四、培训补贴

对大学生创办的小型微利企业，新招用毕业年度高校毕业生，签订1年以上劳动合同并缴纳社会保险费的，给予1年的社会保险补贴。对大学生在毕业学年(从毕业前一年7月1日起的12个月)内参加创业培训的，根据其获得创业培训合格证书或就业、创业情况，按规定给予培训补贴。

五、免费创业服务

有创业意愿的大学生，可免费获得公共就业和人才服务机构提供的创业指导服务，包括政策咨询、信息服务、项目开发、风险评估、开业指导、融资服务、跟踪扶持等“一条龙”创业服务。

六、取消高校毕业生落户限制

高校毕业生可在创业地办理落户手续(直辖市按有关规定执行)。

七、创新人才培养机制

创业大学生可加入各地各高校实施的系列“卓越工程师教育培养计划”“科教结合协

同育人行动计划”等，同时可以学习跨学科专业开设的交叉课程、加入创新创业教育实验班等。社会及学校也正在探索建立跨院系、跨学科、跨专业交叉培养创新创业人才的新机制。

八、开设创新创业教育课程

自主创业大学生可利用各高校的各类专业课程和创新创业教育资源，学习面向全体学生开设的研究方法、学科前沿、创业基础、就业创业指导等方面的必修课和选修课，同时可学习各地区、各高校推出的资源共享的慕课、视频公开课等在线开放课程，可进行在线开放课程学习认证和学分认定。

九、强化创新创业实践

自主创业大学生可共享学校面向全体学生开放和使用的大学科技园、创业园、创业孵化基地、教育部工程研究中心、各类实验室、教学仪器设备等科技创新资源和实验教学平台，可参加全国大学生创新创业大赛、全国高职院校技能大赛和各类科技创新、创意设计、创业计划等专题竞赛，以及高校学生成立的创新创业协会、创业俱乐部等社团，提升创新创业实践能力。

十、改革教学制度

自主创业大学生可享受各高校建立的自主创业大学生创新创业学分累计与转换制度的政策，还可享受将开展创新实验、发表论文、获得专利和自主创业等情况折算为学分，将参与课题研究、项目实验等活动认定为课堂学习的新探索的政策。同时，可享受为有意愿、有潜质的学生制订的创新创业能力培养计划，以及创新创业档案和成绩单等系列客观记录并量化评价学生开展创新创业活动情况的教学实践活动的政策，还可享受优先支持参与创业的学生转入相关专业学习的政策。

十一、完善学籍管理规定

有自主创业意愿的大学生，可享受高校实施的弹性学制，允许放宽修业年限，允许调整学业进程、保留学籍休学开展创新创业的政策。

十二、大学生创业指导服务

自主创业大学生可享受各地各高校对自主创业学生实行的持续帮扶、全程指导、一站式服务，以及地方、高校两级信息服务平台为学生实时提供的国家政策、市场动向等信息和创业项目对接、知识产权交易等服务。可享受使用各地在充分发挥各类创业孵化基地作用的基础上，因地制宜建设的大学生创业孵化基地的相关培训、指导服务等扶持政策。

拓展阅读

新企业名称的设计

企业名称是一个企业区别于其他企业或组织的特定标志。企业的名称首先要合法，需要遵循《企业名称登记管理规定》和《企业名称登记管理规定实施办法》，到工商行政管理部门申请注册。此外企业名称要顺口、响亮，尽可能朗朗上口。企业的命名要注意以下原则。

(1)应符合企业理念、服务宗旨，这样有助于企业形象的塑造。

(2)应简短明快。名称字数少、笔画少，则易于和消费者进行信息交流，便于消费者记忆，同时还能引起人们的联想，寓意更加丰富。

(3)应具备自己的独特性。具有个性的企业名称可避免与其他企业名称雷同，以防人们记忆混淆，并可加深人们对企业的印象。

(4)企业名称要响亮，易于上口，易于记忆和传播。

(5)企业名称要符合区域文化。

(6)企业名称要富有时代感。富有时代感的名称具有鲜明性，符合时代潮流，并能迅速为人们所接受。

(7)企业名称要考虑世界各地的通用性。

参考文献

[1] 曹坚，赵若尘．大学生创新创业教育[M]．长春：吉林出版集团股份有限公司，2019.

[2] 黄必义．大学生职业发展与就业指导教程[M]．北京：高等教育出版社，2018.

[3] 刘延，高万里．大学生创新创业基础[M]．武汉：华中科技大学出版社，2020.

[4] 严有武，董开鹏，雒保祥．职业生涯规划与就业指导[M]．武汉：华中科技大学出版社，2019.

[5] 袁敏．大学生职业生涯规划(职业素养与能力篇)[M]．北京：北京理工大学出版社，2020.

[6] 钟秋明．大学生创业基础[M]．北京：高等教育出版社，2017.